広告コミュニケーション効果

――ホリスティック・アプローチによる実証分析――

竹 内 淑 恵 著

千 倉 書 房

は じ め に

　本書は，広告の理論と実務のギャップを埋め，実務の戦略的広告コミュニケーションの展開に資するため，広告効果測定の新しい理論枠組みを提案するとともに，実際のデータを用いて検証するものである。

　広告に関する理論的枠組みは，これまでいくつも提示されている。しかしながら，それらは実務の広告制作に本当に生かせるフレームなのか？　これは，私自身が実務家として広告づくりの現場にいたときから感じていた疑問である。国内外を問わず，広告分野では実務経験が豊富な学者や研究者も多い。実務に偏りすぎると，背景となる理論に乏しい，仮説がない，あるいは，単に手元にあるデータを分析しただけだと批判される。逆に，理論研究の場合，特に概念枠組みの提示のみで実証分析を行っていないと，実際の広告戦略に反映しにくい机上のものとして扱われる。まさに自分自身が広告制作に携わっていたときに実感したことでもあり，理論と実務の埋めがたいギャップといえる。広告制作の仕事に従事する傍ら，理論を体系的に学び，その後，広告コミュニケーションの研究者として自立するようになって以来，いつか理論と実務を結び，融合させるような本を書くべきであると，漠然とではあるが考えていた。これが本書を執筆することとなった第1の理由である。

　第2の理由として，広告を取り巻く企業と消費者という空間軸，効果発現の長・短という時間軸を組み込んで全体像を把握したかったことが挙げられる。広告は，企業と消費者の間で展開されるコミュニケーションである。しかしながら，テレビ，新聞，雑誌，ラジオに代表されるマス・コミュニケーションは，企業側から発信するのみで，受け手である消費者の反応を捕捉しようとする努力が不十分であったように思う。コミュニケーションという以上，双方に対する理解，関係づくりが必要であるにもかかわらず，また，それらが一朝一夕に形成できるものではないにもかかわらず，理論枠組みの中に，長期的視点といった時間軸も明示的には考慮されていなかった。さらに，ネガティブ効果まで

把握しようという姿勢はなかった。実は，空間と時間で再整理できたのは，本書を書いた成果である。本書を構成しているそれぞれの研究の着眼点は，すべて「現場発」であり，先行研究を踏まえつつも，仮説の多くは実務でいつも課題として疑問視していたことである。それぞれ独立した研究論文の1本ずつを積み上げ，俯瞰的に再検討した結果，主張したかったことが私自身よく見えたということでもある。

　第3の理由は，研究者のみならず，実務家にこの種の専門書を読んでいただくことの社会的意義である。私はこれまで，研究論文を書くことに重きを置き，書籍としてまとめることに対してあまり熱心ではなかった。研究を行うことの方が楽しいと感じていたのであろう。しかしながら，筑波大学大学院修士・博士時代，そして現在に至るまでお世話になっている西尾チヅル教授から，「学術誌への投稿だけでは，広告実務の担当者への伝達という意味では不十分である。出版することは社会的に意義がある」とアドバイスをいただいた。広告コミュニケーションの研究者でありながら，研究成果を真に伝えるべき人々に発信しないのは，まさに紺屋の白袴である。実証分析では，数式モデルも多少あり，また，因子分析，クラスター分析，分散分析，重回帰分析，共分散構造分析のみならず，データ・マイニングやテキスト・マイニングも行っている。統計解析に不慣れな実務家にとって理解しにくい個所もあると思うが，その部分を飛ばして読んでいただいても，本書で主張したいことは十分伝わるであろう。

　本書の構成の概要を述べたい。まず，序章「ホリスティック・アプローチによる広告効果モデルの構築」では，刺激―反応モデル，S-O-Rモデル，消費者情報処理理論の枠組みを援用して，広告効果の新たな理論的枠組みである「広告刺激・消費者反応に関する包括モデル」を提案する。その上で，第1章「広告効果測定の理論：先行研究のレビュー」において，本書の根幹となる4つの次元，すなわち，ポジティブな短期効果の観点から「広告によるプロモーション効果」，ネガティブな短期効果として「広告表現内容がもたらす誤認」，また，ポジティブな長期効果については，「ブランド価値を醸成する広告の役

割」，さらに，ネガティブな長期効果として「広告の消耗・寿命」に関して，これまでに明らかにされた知見と残された課題を整理し，取り組むべきテーマを設定する。次章以降は，これらの具体的なテーマに沿って，8本の実証研究を行っている。

第Ⅰ部「ポジティブな短期効果：広告によるプロモーション効果」は3つの章からなっている。第2章「広告投下による短期効果とブランド・パワーの分析」では，短期的な広告出稿による量的効果と，その成果としての認知率に焦点を当て，効果測定のモデルを定式化し，実証分析する。また，強いブランドと弱いブランドを比較し，広告投下量による認知率の向上への寄与を検証する。第3章「テレビ広告の質的内容による短期効果」は，広告に対する反応をどのような測定尺度で測れば良いのかを検討する。第4章「広告認知と店頭配荷による販売への影響」では，広告投下量と販売実績を結ぶ媒介変数として「広告認知率」を明示的に組み込んだモデルを提案し，広告投下による店頭配荷への影響，また，認知率と店頭配荷率の売上げに対する効果を実証的に分析する。

第Ⅱ部「ネガティブな短期効果：広告表現内容がもたらす誤認」の第5章「携帯電話広告の表示に対する消費者反応の分析」と第6章「医療保険広告の表示に対する消費者反応の分析」は，携帯電話と医療保険を対象に，広告への誤認による広告効果プロセスに対する影響を検討する。両章とも，消費者の関与や価値観，すでに培われたブランド価値やブランド・イメージなどの要因も考慮し，誤認がもたらす広告効果への差異を実証する。

第Ⅲ部「ポジティブな長期効果：ブランド価値を醸成する広告の役割」は，第Ⅰ部で検討した2つのテーマを発展させ，長期的なポジティブ効果をデータに基づいて実証する。第7章「テレビ広告の質的内容による累積効果」では，第3章の成果を受け，テレビ広告における広告イメージの累積効果を検討する。続く第8章「消費者のメンタル・プロセスを組み込んだ統合型広告効果測定モデル」は，第4章で検証したプルとプッシュ，2つのルートによる「売上げ」への影響を拡張し，メディア・ミックスや長期投下の影響，消費者反応のメンタル・プロセス，店頭プロモーションを盛り込み，「統合型広告効果測定モデ

ル」を提案し，実証分析を行う。

　第Ⅳ部「ネガティブな長期効果：広告の消耗・寿命」の第9章「テレビ広告のウェアアウトの発生とその要因」では，実際に長期間にわたりオンエアされたテレビ広告を分析し，具体的な飽きの発生要因を明らかにする。

　終章「実務へのインプリケーションと残された研究課題」では，実証分析で得られた成果を知見としてまとめ，より広い視野から，今後の広告効果研究の課題を論じている。

　本書は，2003年4月法政大学に着任した際，当時の学部長だった小川孔輔教授から「5年を目途に専門書を書くように」と課された宿題への答えでもある。学部執行部の仕事に携わり，また，自身の怠慢もあり，延び延びになっていた。しかし，いつまでも悠長に構えてはいられない。毎年，漠然と興味の赴くままに進めてきたともいえる研究もいくつか論文として掲載され，また，2009年度国内研究という機会を頂戴したこともあり，重い腰を上げた次第である。

　私の研究歴は，1995年の筑波大学大学院修士論文が最初であり，2010年は15年になる節目でもある。実務経験の方がはるかに長い。メーカー23年，広告会社2年弱であり，広告業務には足かけ20年間携わっていた。広告を制作すること自体は楽しい。しかし，仮に広告のできばえが良くて製品が売れたとしても，なかなか広告制作への評価にはならない。逆に，売上げが芳しくないときに限って，広告が悪いと悪者にされる。これは単に記憶であり，多少被害妄想の感はあるが，その根底にあるのは，広告効果測定の手法が確立しているとはいい難く，決め手に欠き，また，広告の評価は誰でも主観的にできるといった宿命があるからだろう。業務として担当している時点では，人ごととして客観視することは困難であったが，現職についてからは，正面からばかりでなく，裏側も側面も直視できるようになった。そのお陰で，日本では研究テーマとしてネガティブ効果を扱っている数少ない研究者となったと自負している。

　宿題を仕上げた安堵感のみならず，私にとって集大成ともいえる成果を1冊の書籍としてまとめることができ，今，達成感と充実感を味わっている。こう

した機会を与えてくださった法政大学イノベーション・マネジメント研究科小川孔輔教授，経営学部柳沼 寿教授，矢作敏行教授，木村純子教授，田路則子教授にお礼申し上げたい。出版社のご紹介をいただいた新倉貴士教授にも感謝申し上げる。また，実証研究のためにデータを提供してくださったビデオ・リサーチ，電通，インテージ，ニールセンにもお礼申し上げる。さらに，本出版に際し，「広告の2次使用」を許諾してくださったエヌ・ティ・ティ・ドコモ，KDDI，アフラック，かんぽ生命保険，ジャニーズ事務所，ユニゾン株式会社，融合事務所にも大変お世話なった。具体的な事例を提示できたことにより，読者の理解もより深まることと確信している。

　初めての出版を力強くサポートしてくださった千倉書房編集部長関口 聡氏ならびに同編集部黒羽夏彦氏にもお礼を申し上げる。また，出版助成金を頂戴した（財）吉田秀雄記念事業財団，特別研究助成金を授与してくださった法政大学経営学部にも感謝申し上げたい。多くの人に支えられながら，本書が完成したことになる。

　最後に，この機会に改めていつも温かく見守ってくれている母・竹内ハルと妹・柴田美恵子には，最大の感謝の気持ちを伝えたい。

2010年8月東京・神楽坂にて

竹　内　淑　恵

目　次

はじめに

序章　ホリスティック・アプローチによる広告効果モデルの構築 …… 1
1　刺激に対する反応としてモデルを考える ……………………… 2
2　消費者情報処理理論の枠組みでモデルを考える ……………… 4
3　広告効果の新たな理論的枠組みを考える ……………………… 5
4　新たな広告効果モデルに沿って取り組むべき課題とテーマを考える ……………………………………………… 9
5　広告効果をホリスティックに考える …………………………… 9

第1章　広告効果測定の理論：先行研究のレビュー …… 13
1　ポジティブな短期効果：広告によるプロモーション効果 … 13
　1.1　消費者の反応を測定するための尺度開発 ………………… 13
　1.2　消費者の反応とブランド及び広告への態度 ……………… 14
　1.3　消費者の反応と広告及びブランドへの態度の因果関係 …… 16
　1.4　情報処理理論や消費者の関与に関連づけた広告効果 …… 17
　1.5　広告の繰り返し効果及び記憶 ……………………………… 19
2　ネガティブな短期効果：広告表現内容がもたらす誤認 …… 22
　2.1　誤認に関する概念研究とレビュー論文 …………………… 23
　2.2　誤認に関する実証研究 ……………………………………… 23
3　ポジティブな長期効果：ブランド価値を醸成する広告の役割 … 29
　3.1　ブランド・エクイティと広告効果 ………………………… 29
　3.2　広告の長期効果 ……………………………………………… 32

3.3　広告の長期効果に関するメタ分析とレビュー論文による一般化……35
　4　ネガティブな長期効果：広告の消耗・寿命 ………………………39
　　4.1　ウェアアウトに関する概念研究とレビュー論文 ………………40
　　4.2　ウェアアウトの測定尺度と実証研究 ……………………………41
　　4.3　テレビ広告のウェアアウト ………………………………………43
　5　本書で取り組む課題に関するまとめ ………………………………47
　　5.1　ポジティブな短期効果：広告によるプロモーション効果 ………47
　　5.2　ネガティブな短期効果：広告表現内容がもたらす誤認 …………48
　　5.3　ポジティブな長期効果：ブランド価値を醸成する広告の役割 …49
　　5.4　ネガティブな長期効果：広告の消耗・寿命 ……………………50

第Ⅰ部　ポジティブな短期効果：
　　　　広告によるプロモーション効果

第2章　広告投下による短期効果と
　　　　ブランド・パワーの分析 ……………………………55

　1　広告投下による短期効果に関する仮説 ……………………………56
　2　「広告想起継続率」「広告想起参入率」及び
　　　ブランド・パワーの定義 ……………………………………………58
　　2.1　広告想起継続率と広告想起参入率の定義 ………………………58
　　2.2　ブランド・パワーの定義 …………………………………………59
　3　「広告残存効果モデル」の定式化 ……………………………………60
　4　「広告残存効果モデル」の検証に用いるデータ ……………………61
　5　「広告残存効果モデル」のパラメータ推定結果 ……………………62
　6　推定パラメータによるシミュレーション …………………………66
　　6.1　t 期に必要な広告投下量 ……………………………………………66

6.2　広告投下量とパターンの違いによる広告想起率の推移 ………67
　7　広告投下量は認知率の向上にどれだけ効くのか：
　　　強いブランド vs. 弱いブランド ………………………………70

第3章　テレビ広告の質的内容による短期効果 …………73
　1　広告イメージによる短期効果の分析の枠組みと仮説 ………74
　2　質的内容による短期効果の分析に使用するデータ ………75
　3　広告イメージの測定項目 ……………………………………76
　4　広告イメージの抽出 …………………………………………78
　5　質的内容の短期効果：分析結果 ……………………………80
　　5.1　認知率が高い広告イメージ ……………………………80
　　5.2　好意度が高い広告イメージ ……………………………82
　　5.3　購買意図が高い広告イメージ …………………………82
　　5.4　認知率と好意度及び購買意図が高い広告イメージの比較 …85
　6　広告への反応はどの尺度で測定すれば良いのか：
　　　好きになる広告 vs. 買いたくなる広告 ………………………86

第4章　広告認知と店頭配荷による販売への影響 ………89
　1　広告認知と店頭配荷及び販売実績の因果関係 ………………89
　2　「広告・店頭配荷効果モデル」の検証に用いるデータ ………91
　3　「広告・店頭配荷効果モデル」の共分散構造分析の結果 ……92
　4　製品カテゴリーによる違いの検証 …………………………98
　　4.1　シャンプー・カテゴリーとお茶飲料カテゴリーの
　　　　違いに関する仮説 ………………………………………98
　　4.2　2つの製品カテゴリーに対する多母集団の同時分析の結果 …99

5　広告は店頭配荷に対して効果を発揮するのか：
　　　プル効果 vs. プッシュ効果 …………………………102

第II部　ネガティブな短期効果：
　　　　広告表現内容がもたらす誤認

第5章　携帯電話広告の表示に対する
　　　　消費者反応の分析 ……………………………107

　1　景品表示法における誤認の定義 ……………………107
　　1.1　優良誤認とは ………………………………110
　　1.2　有利誤認とは ………………………………110
　　1.3　公正取引委員会により行政指導を受けた事例 ………111
　2　ブランド要因と個人要因を組み込んだ
　　　広告効果モデルの構築 ………………………113
　3　携帯電話広告の表示に関する調査の概要 ……………116
　4　携帯電話の広告に関する広告効果モデルの分析方法 ………117
　　4.1　潜在変数と観測変数 …………………………117
　　4.2　携帯電話広告に対する誤認の定義と測定 ……………118
　5　携帯電話広告の効果プロセスの検証 …………………119
　　5.1　全体モデルでの分析結果 ………………………119
　　5.2　携帯電話広告の表現の違いによる広告効果の差異：
　　　　　3ブランド間の比較 …………………………125
　　5.3　携帯電話広告への誤認による効果プロセスにおける差異 ………126
　　　5.3.1　全体モデルでの分析結果 ……………………126
　　　5.3.2　ブランド別の分析結果 ……………………128
　6　携帯電話の広告を誤認すると
　　　広告への反応はどうなるのか ……………………132

第6章　医療保険広告の表示に対する
　　　　　消費者反応の分析 ……………………………137

1　医療保険広告に関する設定仮説と仮説モデル ……………138
2　医療保険広告の表示に関する調査の概要……………………139
　2.1　調査対象広告の選定 ………………………………139
　2.2　医療保険広告に対する誤認の定義と測定 …………140
　2.3　調査実施状況 ………………………………………141
3　医療保険の広告に関する広告効果モデルの分析結果 ………142
　3.1　潜在変数と観測変数 ………………………………142
　3.2　医療保険広告の効果プロセスの検証：全体モデルでの分析結果 …143
　3.3　医療保険広告の表現の違いによる広告効果の差異：
　　　　3ブランド間の比較 ………………………………148
　3.4　医療保険広告への誤認による効果プロセスにおける差異 ………151
　　3.4.1　全体モデルでの分析結果 ……………………151
　　3.4.2　ブランド別の分析結果 ………………………153
4　自由回答のテキスト・マイニングによる分析結果 …………157
5　医療保険の広告を誤認すると広告への反応はどうなるのか …162

第Ⅲ部　ポジティブな長期効果：
　　　　ブランド価値を醸成する広告の役割

第7章　テレビ広告の質的内容による累積効果 …………169

1　広告イメージによる累積効果の分析の枠組みと仮説設定 …169
2　「広告イメージの累積効果モデル」の構築 …………………171
　2.1　広告イメージの累積による購買意図形成に影響する態度 ………171
　2.2　広告イメージの累積効果モデル ……………………172
　2.3　ブランドの異質性 …………………………………174

2.4 「広告イメージの累積効果モデル」の定式化 …………………176
　　2.5 パラメータの推定方法 ……………………………………177
　3 広告内容による累積効果の実証分析 ………………………………177
　　3.1 累積効果の分析に使用するデータ ……………………………177
　　3.2 広告キャンペーンの長期的展開の基準 ……………………………178
　　3.3 広告イメージの抽出 ……………………………………178
　4 累積効果の分析結果 ………………………………………………179
　　4.1 モデルの妥当性の検証とパラメータの推定 ……………………179
　　4.2 累積効果のパターンの分類 ……………………………………180
　　4.3 ブランドの異質性に関する考察 ……………………………186
　5 購買意図形成に対する短期効果と累積効果の比較 …………………188
　6 広告内容はどのような累積パターンに分類できるのか………………189

第8章　消費者のメンタル・プロセスを組み込んだ統合型広告効果測定モデル ……………………193

　1 統合型広告効果測定モデルに関する仮説……………………………194
　2 統合型広告効果測定モデルの検証に使用するデータ ………………197
　3 統合型広告効果測定モデルの分析結果 ………………………………198
　4 売上げに対して何がどのように影響するのか ………………………204

第Ⅳ部　ネガティブな長期効果：広告の消耗・寿命

第9章　テレビ広告のウェアアウトの発生とその要因 …209

　1 分析方法：2進木分類法とCART …………………………………209
　2 ウェアアウトの実証分析に供するデータの概要 ……………………211
　　2.1 使用データソース ……………………………………………211
　　2.2 CMカルテの調査項目 …………………………………212

2.3　調査対象とする製品・サービス ……………………………212
　3　データ・マイニングによる分析結果 ……………………………214
　　3.1　シンジケート型 CM カルテによる分析 ……………………214
　　3.2　オーダーメイド型 CM カルテによる分析 …………………218
　4　多変量分散分析と多重比較による分析結果 ……………………231
　5　なぜウェアアウトは発生するのか ………………………………238

終章　実務へのインプリケーションと残された研究課題 …243

　1　実務へのインプリケーション ……………………………………243
　2　残された課題 ………………………………………………………246
　　◆ 消費者に対する深い洞察 ………………………………………246
　　◆ 広告投下量や広告媒体に関するさらなる検討 ………………247
　　◆ 優れた広告クリエイティブの開発 ……………………………248
　　◆ ネガティブ効果のさらなる検討と失敗事例の分析 …………249

参考文献 …………………………………………………………………253
索　　引 …………………………………………………………………267

序章　ホリスティック・アプローチによる
　　　　広告効果モデルの構築

　製品やサービスを提供する企業は，消費者への情報提供を目的としたコミュニケーション活動をあらゆる手段を講じて行っている。単に良い製品やサービスを魅力的な価格で，どこでも入手できるようにしただけでは消費者に認知されず，購買行動には至らないからである。その一方で，もはや広告には効果がなく，広告を打つのは無駄であるという言葉を耳にすることが多い。後述する国内外の先行研究を概観しても，売上げに対する効果を疑問視した論調は枚挙にいとまがない。実務の広告担当者は，はたして有効なのかと首を傾げながら，日々の広告投下を行っているのも事実なのである。また，広告以外のコミュニケーション活動や販売促進などのプロモーション活動に注力すべきであるという主張もある。ここで重要なポイントは，コミュニケーション活動自体の必要性が問われているのではないことである。コミュニケーションすべきかどうかではなく，誰に，何を，どの程度伝えるかといったコミュニケーション活動における戦略的デザインが求められる時代になってきた。企業のコミュニケーション活動において，広告の占める比重は今なお高い。したがって，本当に広告に効果がないのであれば，広告を止める必要があるし，逆に広告に何らかの効果があるなら，どのような効果があって，広告の役割や機能がどのようなものなのかを再確認すべきではないだろうか。
　広告効果を測定したいというニーズは相変わらず強く，広告効果を探究する研究者にとっても，また，広告に携わる担当者にとっても永遠のテーマといえる。しかしながら，一体どういう尺度をもって測定すれば効果を捕捉したことになるのか，つまり，何に対して，どのように効いているのかをどう捉えれば良いのかについて，広告効果測定の研究分野でも，また，広告を担う実務家においても明確な答えを持っていないのが実情である。

広告効果を測定する上でやっかいなのは，測定尺度の問題だけではない。広告は投下量の多寡といった量的効果と，広告表現内容の巧拙といった質的効果の側面を持ち，量と質を両輪として捉える必要がある。また，1回限りの露出を目的に投下される広告もないとはいえないが，基本的には繰り返し露出することを前提としているという特徴もある。したがって，短期効果のみならず，長期的な累積効果も検討すべき課題となる。さらに，ブランド・エクイティ論の中で「ブランドには資産と負債がある」と主張されているように，広告にも資産となる望ましいポジティブ効果と，できるなら避けたい負債ともいえるネガティブ効果も共存する。こうした広告コミュニケーションならではの前提や特徴を踏まえて，広告効果の理論的枠組みや概念を新たに構築すべきであろう。そこで以下では，広告効果をどう捉えるかという大きな問題について考えたい。

1　刺激に対する反応としてモデルを考える

　一般的には，企業が広告を投下し，それを見た消費者が購買行動を起こす。したがって，広告という刺激に対する購買行動という反応，つまり，刺激―反応モデル（刺激：stimulus，反応：response，その頭文字を取ってS-Rモデルともいう）で捉えるという考え方がある。これに対して，消費者行動研究分野では，消費者の内面を捕捉する概念モデルS-O-Rモデル（O：organism，生活体の意）が提案されている。その代表が図序-1に示すハワード-シェス（Howard-Sheth）モデルである（Howard & Sheth 1969）。

　ハワード-シェスモデルでは，消費者をブラックボックスとせず，生活体としての消費者の中身を解明している点で，従来のS-Rモデルとは一線を画している。図序-1を用いながら，消費者がどのようなルートをたどって，購買という反応にまで至るのかを確認しよう。消費者は，実体的刺激として実際の製品・サービス，象徴的刺激としてテレビ広告，社会的刺激として口コミなどに「注意」し，場合によっては自ら刺激を「外的探索」することもある。これらは「知覚構成概念」と呼ばれる。知覚とは，目や耳などの感覚器官を通して

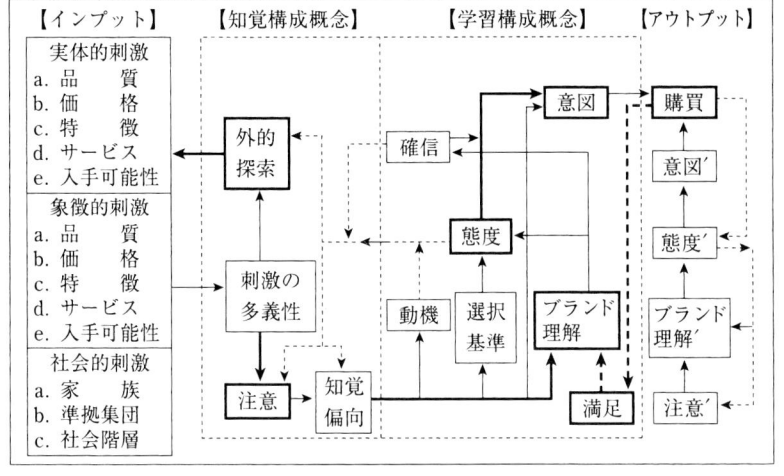

図序-1　ハワード-シェスモデル

(注) Howard, J.and J. N. Sheth (1969), *The Theory of Buyer Behavior*, Wiley, p.30を修正・加筆した。

モノやコトを認識する働きである。この知覚を通じて，製品・サービスに対する「態度」が形成され，それが好意的な場合には購買への「意図」を生み，最終的に「購買」行動を起こすことになる。さらに購買した製品・サービスに対する「満足」や不満足の結果はフィードバックされ，「ブランド理解」(ブランドに対する知識)が強化され，あるいは修正されることになる。「態度」，「意図」，「満足」，「ブランド理解」は「学習構成概念」と呼ばれる。図序-1の右側に布置された「注意′→ブランド理解′→態度′→意図′」の各項目は，生活体の同名の4項目と呼応している。生活体の要素は多くの意味を含む概念であるのに対して，アウトプットに記した4項目は，広告効果測定などの調査の際，実際に用いられる測定値である。

　ハワード-シェスモデルは，ブランドへの理解を経て態度形成に至ると仮定しているが，はたして「理解しないと好きにならない」といい切れるだろうか。先に何となく好意を持ち，後から理解が進むという場合も，日常生活の中ではしばしば経験するのではないだろうか。階層効果モデルでも，学習ヒエラルキーでは認知的→感情的→行動的，不協和／属性ヒエラルキーでは行動的→感情

的→認知的，低関与ヒエラルキーでは認知的→行動的→感情的といったように，反応の順番に関しては諸説提案されている。本書で広告効果の全体像を捉える際，この点を考慮したモデルを構築したい。

2 消費者情報処理理論の枠組みでモデルを考える

ハワード-シェスモデルのようにS-O-Rモデルでは，情報処理の結果として，理解や態度などの関係を記述している点で画期的といえる。一方，消費者情報処理研究では，消費者の行動を情報処理活動として捉える点に核心があり，購買に至る実際の情報処理のプロセスが記述される。阿部（1984）は，消費者情報処理の基本図式を図序-2のように概念化している。消費者は，感覚レジスター（目・耳など）を通してさまざまな情報（広告・口コミなど）を取得し，それらの外部情報としての刺激と，長期記憶内に貯えていた内部情報（過去の購買経験など）を短期記憶内において統合する。その際，消費者個人がどのような目標を持ち，どのように動機づけされているかも，短期記憶に影響を及ぼす。これらの結果をもとに購買行動を起こすことになる。さらに，一連の情報処理の結果として得られた情報は長期記憶内に保持される。

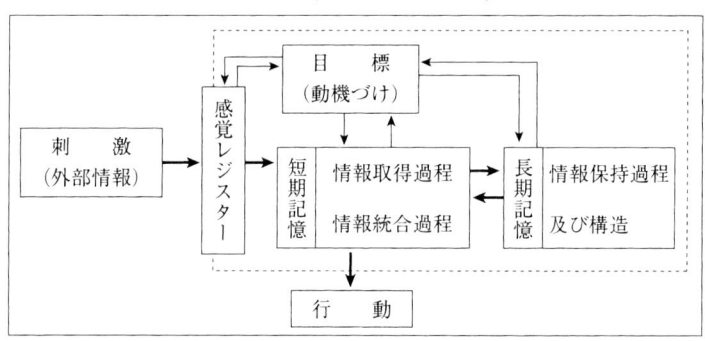

図序-2 消費者情報処理の基本図式

(注) 中西正雄編著（1984），『消費者行動分析のニュー・フロンティア』，p. 122を修正・加筆した。

消費者情報処理の基本図式で提示された短期記憶と長期記憶は，広告効果モデルを考える上でも重要な概念となるだろう。投下された広告に接触することによって短期的な効果が生まれ，短期記憶となる。この短期効果が生じる際に，長期記憶からブランド知名やブランド・イメージ，ブランド連想などのブランド・エクイティとして保持されている情報が引き出され，短期記憶と統合され，現時点で見ている広告に対する反応が発生する。さらに，記憶として残したいと考える，あるいは，無意識に残る情報が長期記憶に取り込まれると，新たな知識として長期記憶は構造化され，広告の長期効果として累積することになる。短期的な成果の追求に警鐘を鳴らし，長期的なブランド構築の必要性を主張したAaker（1991）やKeller（1993）は，ブランド・エクイティを形成するに際して，広告によるコミュニケーションの果たす役割が重要であることを指摘している。ブランドの育成は一朝一夕にできるほどたやすいものではなく，まさに短期記憶と長期記憶の要素を広告効果モデルに組み込んで捕捉する必要があるだろう。

3　広告効果の新たな理論的枠組みを考える

　上記の考え方に基づき，消費者情報処理の基本図式とハワード-シェスモデルをベースに広告効果の全体像を示すと図序-3のようになる。基本的には，企業が投下する広告による刺激に対して，消費者が何らかの反応を発生させるという意味でS-Rモデルがベースである。しかしながら，消費者の内面をブラックボックスにせずに，短期効果と長期効果を発揮する源泉とし，広告を情報処理し，反応に至るプロセスを記述している点に特徴がある。また，広告への反応を同次元に扱わず，認知，理解，態度，購買意図，購買行動の流れを加味して，反応に関するサブモデルを想定している。そこで，本モデルを「広告刺激・消費者反応に関する包括モデル」と命名する。ネーミングの由来は，より全体的で包括的なアプローチである「ホリスティック・マーケティング」[1]という新しいマーケティング・コンセプト（Kotler & Keller 2008）にある。ホ

図序-3　広告刺激・消費者反応に関する包括モデル

```
(企業側)                                    個人要因                      (消費者側)
                                         (価値観・関与)
    刺  激         広                ┌─────────────┐ 参照 ┌─────────────┐
   ┌─────┐       告      短期      ポジティブ：プロ          ポジティブ：ブランド・エク
   │広告量│  →   媒  →  効果      モーション効果    →     イティ形成           長期
   │  ×  │       体              ─────────────   統合   ─────────────      効果
   │広告内容│                    ネガティブ：誤認          ネガティブ：ウェアウト
   └─────┘       
   ┌─────────┐                           ↓
   │ブランド要因│                    反応（広告コミュニケーションの成果）
   │(B価値・イメージ・知識)│         認知・理解・態度・購買意図・購買行動
   └─────────┘              フィード
                              バック                          フィードバック
  《反応に関するサブモデル》         ┌─ブランド理解─┐
                 ブランド認知  →   │            │ → 購買意図 → 購買行動
                                  └─ブランド態度─┘
                                              フィードバック
```

(注) 図中のB価値はブランド価値の略である（以下第Ⅰ～Ⅳ部中扉の図同様）。

リスティック・マーケティングでは，統合型マーケティングの1項目としてコミュニケーションを掲げているが，広告自体こそ，ホリスティックな存在と規定し直し，広告効果を包括的に評価する姿勢が必要であると考える。

　それでは，図序-3のフローに沿って反応プロセスを説明しよう。刺激としての広告は，投下量による量的側面と広告表現内容による質的側面を持っている。広告投下量といった量的側面に比重を置き，効果測定を行うことがこれまでは多かったが，それだけでは広告効果を語れない。仮に30秒のテレビ広告を100回投下するとしよう。広告表現内容が優れていて，認知や理解を促進するテレビ広告であれば，100回の投下がそれ以上の効果を発揮する。逆に，訴求力が弱く，優れた内容の広告の半分程度しか理解させられないものであれば，100回の投下による効果も半減する。つまり，広告の量的側面と質的側面は広告効果の両輪であり，相乗効果を生むものなのである。また，新製品の場合，ブランドに対する知識も価値も形成されていないため，ブランドからの後押し

は期待できないが，既存品の場合，投下した広告に対して何らかの影響が及ぼされる。これが図中に示した「ブランド要因」である。ブランド要因の影響も加わり，刺激としての広告は，メディアに載って初めて消費者の目や耳に触れる。現在では広告媒体も多様化しており，また，インターネットは無視できない存在であるが，本書の実証分析の章で扱うのはいまだに大きなシェアを占めている，いわゆるマスコミ4媒体の中でもテレビ，新聞，雑誌である[(2)]。こうした広告媒体は個人の価値観や関与の程度によって接触とその頻度も異なり，「個人要因」の影響を受ける。

　広告媒体に載った刺激物としての広告に接した消費者は，個人の興味関心の程度や価値観によって影響されながら，ポジティブな側面として広告を認知して，広告やブランドへの態度である好意や理解を促進し，購買意図を形成するといったプロモーション効果が発揮される。しかしながら，ネガティブな側面として，広告の表示が不適切な場合には内容に対する誤認が生じる可能性も否めない。また，ポジティブ，ネガティブの両側面とも，短期的な反応が発生する際には，消費者の記憶に蓄積された長期効果からも影響が与えられる。長期記憶内に保持・構造化されたブランド・エクイティ（ブランド・イメージ，ブランド知識など）や何度も見ている広告に対する飽き（ウェアアウト）といった記憶を参照して取り出し，統合することになる。こうした長期効果も個人要因と相互に影響しあう関係にある。また，短期効果として反応を示した結果は，長期記憶内に保持・構造化される。

　では，広告に対する反応とは何を指すのだろうか。たとえば，広告を認知する，態度や購買意図を形成する，購買行動を起こす，これらすべてが広告への反応である。どのようなブランドでもマーケティング戦略や広告戦略上の目標がある。新製品であれば，早期に知名をあげるという目的の下，広告を作り，投下する。また，既存品の場合，内容理解の促進や好意度向上を目指すことになるだろう。しかしながら，広告の目的をそれだけに限定する必要はない。媒体の購買や広告制作費など高額の投資を行う以上，それに見合うよう購買意図の形成も視野に入れるべきであり，購買意図も広告への反応の測定尺度として

重要といえる。ただし，製品やサービスなどのカテゴリーに依ることを考慮する必要がある。日用品や食品などでは，購買意図を狙うことも実務上多いが，一方，自動車などの場合には，広告を見たからといって，即それが購買意図につながるとは考え難い。むしろ，日頃から個別ブランドに対する好意度を形成し，企業イメージを維持・向上させておくということを主目的とする方が一般的である。さらに，広告に対する反応として，実際の購買行動までを求めるべきかどうかは議論が分かれるだろう。なぜならば，広告を見たからといってすぐに購買するとは限らず，また，購買行動は消費行動の中でも複雑な要因が絡む問題であり，広告だけで購買行動を語ることは難しいからである。加えて，店頭配荷など自社の努力だけで解決できないような外部要因も絡むため，購買に対する効果として広告投下を捉えるとうまく現象をつかむことができない場合も多い。しかしながら，広告投下は，企業イメージの向上を目的とすることもあるが，多くの場合，自社製品・サービスの売上げへの貢献であることは間違いない。したがって，購買行動を反応として捉えることも，制約や限界があるのを理解した上で測定するのは問題ないといえよう。

　広告への反応として認知，態度，購買意図などが得られ，それが実際の購買行動に移ると，製品・サービスを使用した経験が加わり，ブランドに対する価値，イメージ，知識が強固なものとなり，ブランド要因としてフィードバックされる。「コミュニケーション」という以上，実際には一方通行ではなく，基本的に双方向性がある。しかしながら，従来コミュニケーション活動といった場合，企業から消費者への一方向しか考慮されないことが多かった。インターネットの普及に伴い，「モノを言わない消費者」から「モノを言う消費者」へと変化してきており，今後ますます企業側は自社の提供した情報の垂れ流しではなく，消費者が情報をどのように受け止め，反応したかを消費者からフィードバックしてもらう機能を活用し，広告投資に見合う成果が得られたかを把握する必要が出てきた。したがって，本書でも広告効果は刺激としての広告の量×質がメディアに載り，短期効果＋長期効果をもたらしながら蓄積し，ブランド育成の好循環が期待できるというフィードバックを重視したモデルを想定

している。

4　新たな広告効果モデルに沿って取り組むべき課題とテーマを考える

「広告刺激・消費者反応に関する包括モデル」は，広告効果の全貌を把握するための概念モデルである。企業側に視点を置くと，どのような広告物を制作し，どの程度の量を出稿するかという刺激に関する意思決定を戦略的に行う必要がある。また，刺激をいかなる媒体を通して消費者側に伝達するかという広告媒体の選択に関する意思決定も重要である。これらに着目し，広告効果を測定するという研究は古くからかなり行われ，多くの研究成果が蓄積されている。一方，消費者側に着目し，消費者の内面を捉え，短期効果と長期効果を統合して測定することはそれほど多く行われていない。そこで本書では，消費者側に視点を置き，短期効果と長期効果，ポジティブとネガティブの両側面の解明を試みる。本書は，以下の4部で構成される。

　第Ⅰ部　ポジティブな短期効果：広告によるプロモーション効果
　第Ⅱ部　ネガティブな短期効果：広告表現内容がもたらす誤認
　第Ⅲ部　ポジティブな長期効果：ブランド価値を醸成する広告の役割
　第Ⅳ部　ネガティブな長期効果：広告の消耗・寿命

いずれにおいても，刺激の量×質，反応の測定尺度が重要なポイントとして関係してくる。具体的な内容については，次章で先行研究をレビューした後，本書の実証テーマについて論じる。

5　広告効果をホリスティックに考える

本書は広告効果の測定尺度，量的効果と質的効果，短期効果と長期効果，ポジティブ効果とネガティブ効果の側面から，広告効果をホリスティックに捉えて測定する。本書の特徴として，以下の点が挙げられる。

① 広告効果の測定尺度：広告は単独で売上げに対して影響を及ぼすわけではなく，店頭での販売促進などのプロモーション活動といった他のマーケティング変数の影響の方がむしろ大きい。しかしながら，広告の目的を単に認知の向上や，好意の獲得，理解の促進などの態度形成といった狭義に捉えない試みをする。

② 量的効果と質的効果：広告投下量の多少といった量的側面と，広告表現内容による訴求力の強さの違いといった質的側面を持つという前提に立ち，量と質を両輪とする。

③ 短期効果と長期効果：原則として，1本の広告は繰り返し露出されるので，短期効果はもとより，長期的な累積効果を重視し，ブランド育成やブランド価値の提供という視点を持って効果を測定する。

④ 対象とするカテゴリーとメディア：実務では，製品やサービスのカテゴリーによって活用する媒体が異なる。また，カテゴリーに応じて取扱店も異なる。そうした実際のマーケティングの現場を反映する。

⑤ 消費者個人の特性：従来，広告を評価し，反応する消費者個人の特性，たとえば価値観や関与を明示的に取り込んでモデル化することは少なく，ブラックボックス化していた。そこで，メンタル・プロセスを考慮したモデルを構築する。

⑥ ブランド・エクイティ：広告への態度とブランドへの態度の両方を扱ったモデルは示されているが，ブランド・イメージや知覚価値などのブランド・エクイティの構成要素は加味されてこなかった。本書ではブランドという視点をも明示的に扱う。

⑦ ポジティブ効果とネガティブ効果：広告を投下する目的は，認知向上や，好意の形成，理解促進，売上げ増加であり，ポジティブな効果を狙っているのはいうまでもない。しかしながら，その表裏としてネガティブ効果の発生も避けられない。どのようなネガティブ効果が生じ，いかなる影響が及ぶのかを検討することも，長期的な広告展開の中では必要となる。そこで，継続的な広告投下による資産だけでなく，負債をも視野に入れ，ポジティブ効果

とネガティブ効果の2側面から検討する。カスタマー・エクイティ，ブランド・エクイティという用語がすでに存在するが，本書の主張は，広告コミュニケーション・エクイティという言葉で表現でき，広告効果の全貌を捉えようとする新しい視点を持っている。

　本書の発端であり，筆者が進めてきた研究のメインテーマは，いかなる広告表現内容であれば訴求力が強く，認知率を高めて，理解促進，好意度獲得という広告へのより良い態度が形成できるのか，いわゆる「広告の質的効果」である。量を凌駕する質というのは無理だろうが，少なくとも大量の広告出稿に負けずに，自己の存在をアピールできる広告クリエイティブの効果である。しかしながら，広告の質的効果だけに偏ったり，固執したりせずに，広告効果の全体像を網羅的，包括的に捉えることにより，より良いコミュニケーション活動の展開に役立つ広告効果測定の理論的枠組みを提示し，その実証を行いたいと考える。

　世に成功事例は存在する。しかしながら，広告を含め，マーケティング活動に正解はないのではないか。成功事例があるだけなのではないか。仮に成功事例を真似て，次も成功するのであれば，そもそも失敗はなくなるはずである。成功事例を一般化し，理論化することは困難であり，むしろ例外として存在するのだろう。本書の基本的なスタンスは，アドホックに広告効果を測定し，効果の良し悪しを一喜一憂するのではなく，先行研究の成果や知見に基づいて，新しい広告効果モデルを構築し，本当に広告は効いているのか，いないのか，効いているとしたら何に対して，どのような効果があるのかを実証する点にある。一般化や理論化を目指して，データに基づく広告効果の検証を行うが，導かれた結果や成果はある意味限定的といえる。しかしながら，概念や理論的枠組みの提示にとどまらず，消費者反応に基づいて実証し，これまで包括的に捉えられていなかった広告効果の量×質，短期×長期，ポジティブ×ネガティブな側面を網羅するのは初めての試みであり，広告効果の理論，また，広告の実務に対しても意義深いと考える。

序章　ホリスティック・アプローチによる広告効果モデルの構築

（1）　ホリスティック・マーケティングでは，マーケティングのプログラム，プロセス，活動それぞれの幅と相互依存性を認識し，その上でこれらを開発，設計，実行する。リレーションシップ・マーケティング，統合型マーケティング，インターナル・マーケティング，パフォーマンス・マーケティングの4要素から成り立ち，マーケティング活動の範囲と複雑性を認め，調和させるアプローチである。

（2）　新たな媒体に対して「広告刺激・消費者反応に関する包括モデル」が適用できないわけではない。本書では，実務の広告投下の実際に従い，また，データ入手の可能性などの制約もあり，テレビ・新聞・雑誌広告を扱っている。

第1章　広告効果測定の理論：先行研究のレビュー

本章では，新たな理論枠組みである「広告刺激・消費者反応に関する包括モデル」に沿って，以下の4部構成で広告効果測定に関する先行研究をレビューし，先行研究で明らかにされた知見と，不十分あるいは未着手の研究分野を整理し，さらに取り組むべき課題について検討する。

第Ⅰ部　ポジティブな短期効果：広告によるプロモーション効果
第Ⅱ部　ネガティブな短期効果：広告表現内容がもたらす誤認
第Ⅲ部　ポジティブな長期効果：ブランド価値を醸成する広告の役割
第Ⅳ部　ネガティブな長期効果：広告の消耗・寿命

1　ポジティブな短期効果：広告によるプロモーション効果

広告の質的効果の研究は，広告への態度，ブランドへの態度の形成などの視点から，これまでにさまざまな形で検討されてきた。以下では，①測定尺度の開発に関する研究，②消費者の反応とブランドへの態度，広告への態度に関する研究，③これらの因果関係を検証した研究を検討する。また，広告を評価する消費者の関与度などの個人要因によって広告効果は異なるので，④情報処理理論や消費者の関与に関連づけて広告効果を検討した研究をレビューし，⑤広告の繰り返し効果や記憶に関する研究も精査する。

1.1　消費者の反応を測定するための尺度開発

質的効果の測定に先立ち，Wells, Leavitt and McConville (1971)，Schlinger (1979)，Aaker and Bruzzone (1981) などによって，消費者反応の測定尺度の開発が試みられた。これらの研究では，消費者のテレビ広告に対する感情的反応のスケール開発を主目的とし，広告効果の測定は行っていない。また，

対象者や対象ブランドによって反応を表現する形容詞も抽出された因子も異なり，測定尺度の一般化には至っていない。しかしながら，ここでの成果に基づいて，フィールド調査の手法が開発された（Aaker, Batra & Myers 1992）という点で意義深い。

どのようなコピー要素が広告を成功に導くのかをテーマに，理解，関与，説得に関して検討したMoldovan（1985）は，測定尺度の開発と広告効果測定を行った。その結果，説得力のある広告が成功する広告であり，信頼性は，広告効果にとって十分条件ではないが，必要条件であると結論づけている。Zinkhan and Fornell（1985）は，先行研究に基づいて尺度の因子を構造化し，態度や購買意図の観点から予測妥当性を検証した。その結果，Wellsの反応プロファイルとは因子構造が一致したが，Leavittのコマーシャル・ファイルとは一致しなかった。2つのファイルともブランドへの態度に対する予測力は同程度であったが，購買意図に対してはWellsの反応プロファイルが優れているということを見出している。

1.2 消費者の反応とブランド及び広告への態度

Aaker and Stayman（1990）は，集計される前の個人ごとのデータをそのまま因子分析にかけて，15個のクラスターに分類し，広告への好意度，ブランドの態度形成について検証した。その結果，各クラスターで差はあるものの，情報提供性，おもしろさ，苛立ちなどの感情的反応が影響することを明らかにしている。また，McQuarrie and Mick（1992）は，実験とインタビューを用いて，雑誌広告のヘッドラインとビジュアルの調和を分析し，ビジュアルとコピーが合っている方が広告への好意度，ブランドへの態度，ヘッドラインの再生率が高いことを見出している。

測定方法の工夫という点で特徴的なのがDerbaix（1995）である。感情的反応のインパクトを言語的尺度で測定する是非を問題意識とし，消費者のより自然な反応を収集し，広告への態度と事前のブランドへの態度に対する感情的反応のインパクトについて検証した。実験手法ではあるものの，強制露出の方法

を採らず，広告を見て心に留めたことをインタビューし，言語的測定とともに顔の表情の観察により，自然な反応を得るという試みもしている。顔の表情の変化で感情的反応を測定する難しさ，測定誤差などの問題をはらんでいるが，方法論の開発として興味深い。また，目の動きをトラッキングする視標追跡法で広告への注目や態度形成を検討した研究もある（Rosbergen Pieters & Wedel 1997, Pieters & Wedel 2004, Pieters, Wedel & Zhang 2007, Pieters & Wedel 2007, Zhang, Wedel & Pieters 2009）。Rosbergen Pieters and Wedel（1997）は，広告ビジュアルへの注目を目の動きで測定する方法論を提案し，消費者セグメントによって，製品への関与，ブランドへの態度，広告再生が異なるように，ビジュアルへの注意のパターンも異なることを報告している。ブランド，絵，文章の3要素に着目したPieters and Wedel（2004）では，絵はサイズにかかわらず注意喚起力が高い，文章はサイズに比例して最も注意を喚起する，ブランドは他の要素に注意を効果的に移転することを見出している。その後，Pieters, Wedel and Zhang（2007）は，3要素に加えて価格，プロモーションを含む小売店のチラシ広告を対象に分析し，さらに，Pieters and Wedel（2007）では，広告の記憶，正しい認識，ブランドの学習，ブランド評価の4つの情報処理について検討した。広告の記憶はボディコピー，絵的要素，ブランドへの注意によって強化され，また，ブランドの学習はボディコピーによって強化されるが，同時に絵的要素によって阻害されることなどを明らかにしている。最新の研究Zhang, Wedel and Pieters（2009）では，サイズ，色，配置がいかに売上げに影響するのかを検討し，広告への凝視時間で効果を捕捉できることを実証している。

　広告への態度に関する日本の研究として岸（1989）が挙げられる。広告への感情的反応の重要性を指摘し，認知的反応の測定が中心であったDAGMARに対して，認知と感情の相互作用を理解して広告効果を測定することが必要であるとし，感情的反応が広告への態度，ブランドへの態度に対する重要な影響源であることを検証した。また，古川・片平（1995）は，オンエア前の広告テストで得られた感情的反応の値は，オンエア後の広告好意，ブランド好意，購

買意図を予測するのに役立つこと，オンエア前の広告テストで高い広告好意度を得た広告では，シリーズ化することにより，より高い広告好意度を獲得できることを見出している．さらに，広告クリエイティブ効果は，製品カテゴリーによって異なることも明らかにしている．シリーズ広告の展開は，企業が広告効率や累積効果を狙ったものであり，シリーズ広告の効果について検証した数少ない研究として注目できる．

1.3　消費者の反応と広告及びブランドへの態度の因果関係

Lutz（1985）は，広告への態度を「特別な露出機会の，特別な広告刺激に対する好意的あるいは非好意的に反応する準備傾向」と定義し，広告への態度を形成する認知的及び感情的な規定要因を，広告への信頼性，広告への知覚，広告主への態度，広告一般への態度，気分に分類し，モデル化している．Lutzの研究は概念モデルの提示にとどまり，実証していないが，Miniard, Bhatla and Rose（1990）の研究，Brown and Styaman（1992）の研究によって，Lutzの二重媒介仮説は支持された．

感情の役割に注目したEdell and Burke（1987）は，①ネガティブな感情とポジティブな感情は1つのCMの中で相互に生じる，②いずれの感情も広告効果を予測するために重要である，③感情は，広告への態度，ブランド属性への信念，ブランドへの態度にユニークに寄与している，④感情と広告の特徴に対する判断の相対的な重要性は，広告の移転性と情報性をベースに変化するという知見を得ている．また，阿部（1987）は，広告への態度は広告に対する全体的評価であると一般的には考えられているが，広告への態度を一次元の広告に対する全体的評価として捉えると，広告への態度とブランドへの態度を同じような尺度で測定することになり，相関が大きくなりがちであると指摘した．広告への評価を多次元的概念であるとし，感情的反応により広告への態度を表す因子を抽出している．

従来の研究では新製品を対象にすることが多かったが，現実には成熟ブランドの投下も多い．Machleit, Allen and Madden（1993）は，ジーンズやソフト

ドリンクなどの成熟ブランドを対象に，広告による感情と，ブランドへの興味[1]，ブランドへの態度の因果関係を検証した結果，①広告露出前のブランド興味は，露出後のブランド興味に影響し，事前のブランドへの態度は事後のブランドへの態度に影響する，②ポジティブな感情と広告への態度は，ブランドへの態度に影響せず，ブランドへの興味に影響を及ぼす，③ブランドへの接触意図（購買意図より弱い意図）に対して，広告露出後のブランドへの興味が有意であることを見出している。また，高いブランドへの興味が製品に接触したいという意図を生み，使用により好意を持つ結果，間接的にブランドへの態度の変容が起こるとしている。ブランドへの興味度の強化は，バラエティ・シーキングを減らすために役立つこと，最初のうちは新鮮でエンターテイメントのあるコピーであっても，広告の繰り返しにより訴求力が弱くなることも指摘している。

1.4 情報処理理論や消費者の関与に関連づけた広告効果

広告を評価する個人の異質性を考慮する必要性は，広告への態度の研究でも指摘されているが（Aaker & Stayman 1990），「関与」という観点から消費者を分類し，広告効果について検討した Petty, Cacioppo and Schumann (1983) は，中枢ルートと周辺ルートの2つのルートを持つ「精緻化見込みモデル」を提案している。議論の質に関しては，低関与より高関与の方が態度へのインパクトが大きいが，製品の推奨者に関しては，低関与の方がインパクトが大きく，高関与と低関与の状況下では，製品への態度形成ルートが異なることを明らかにした。

ブランドへの態度は単一の次元で構成されるものではなく，感情的反応と認知的反応の2次元から成りたち，また，関与は，情報処理の能力と動機づけ，経験，機会によって影響されるという視点から，Batra and Ray (1985) は，感情的反応が広告への態度とブランドへの態度に異なる影響を及ぼすことを検証した。メッセージへの関与が高い場合は，メッセージの議論に対して認知的反応が起こり，属性に関する議論や態度が変容し，購買意図や行動に至る。一

方，関与が低い場合，表現への好意度や露出頻度から感情的反応が起こり，表現に対する態度が変わり，その後購買意図や行動が生じ，使用経験後に議論に関する態度が形成される。

　Pettyらの研究（1983）に基づき，多項目の測定尺度を統合して広告を評価するモデルを提案したMehta（1994）では，推奨者が有名な人物の場合と一般人の場合では，購買意図に対する説得のルートが異なることを検証した。有名人が登場している場合，中枢ルート及び周辺ルートでまず広告への態度に，次に広告への態度がブランドへの態度に影響し，購買意図に結びつく。一般人の場合，両ルートとも広告への態度に影響するが，ブランドへの態度，購買意図には結びつかず，中枢ルートでは同時にブランドへの態度に直接影響し，購買意図に結びつく。その後Mehta（2000）は，雑誌広告の評価は広告への消費者の態度によって影響されることを実証している。測定項目を広告への態度，再生，説得・購買への興味度とし，広告に対してより良い態度を持った反応者は露出後日が経っても再生する広告数が多く，広告によって説得されることを明確化した。

　直接的な製品の使用経験の方が，広告より製品情報を伝達するのに効果的であるという先行研究の成果に対して，探索属性と経験属性の違いに着目し，使用経験と広告効果について検証した研究もある（Wright & Lynch 1995）。探索属性に関する主張は認識されやすく，探索属性に関する信念もより影響を受け，確信されるという結果を得ている。また，低関与の状態で耐久消費財を用いた実験でも同様の結果が得られ，広告露出後，探索属性に関する発言が多く見られた。しかしながら，経験属性に関しては反対の結果になった。低関与下よりも高関与の場合の方が，発言頻度と属性の重要性への効果が弱い。これらの研究成果より，関与度が異なる製品の広告効果を測定する場合，関与度を変数として考慮する必要があるといえる。

　情報処理理論から広告の説得に関する統合モデルを提案したMeyers-Levy and Malaviya（1999）は，消費者が説得的コミュニケーションを情報処理し，判断するのに使用する3つの代替的戦略，すなわち，経験に基づく情報処理戦

略，ヒューリスティック処理戦略，システマティック処理戦略があると主張している。判断形成，判断の修正段階を経て，最終的な判断が形成される。提案した枠組みによって，いかに実務家が広告表現とメディア選択に関して意思決定するのに使えるのかを言及しているが，概念の提示にとどまり，実証分析は行われていない。

1.5 広告の繰り返し効果及び記憶

ブランド価値の醸成に対する広告効果を測定するためには，1回の露出ではなく，継続的に投下される広告を前提とし，長期的な累積効果を検討する必要があるが，その前に，広告が継続的に投下されることを考慮した「広告の繰り返し効果」の重要性に着目した研究について精査する。

繰り返し効果に関する議論に火をつけたのはKrugman（1972）といえる。テレビ広告の1回目の露出では「これは何だろう」という反応が起こる（新奇な刺激の性質を知ろうとする反応）。2回目では「何についてだろう」という評価的で自分との関係を含む反応となる。3回目になると，人にその広告を「思い出させる」役割をする。これが有名なThree Hit Theoryである。その前年，繰り返し効果に関する2本の論文が発表されている。Ray and Sawyer（1971a）は，反応の測定尺度，市場セグメント，製品タイプ，ブランド，広告表現，広告の絵的要素，広告の色，メディア・スケジュール，アピールの方法，競合状況をモデルに組み込むべきとし，メディア計画システムで適用した。また，Ray and Sawyer（1971b）では，繰り返し効果の推定を行う実験手法を提案し，異なる製品の種類，ブランド・ポジション，広告表現様式，広告目標に関して検証している。繰り返し回数を1〜6回と設定した結果，繰り返し効果は，再生，購買意図で見られたが，態度とクーポン利用では効果がなかった。さらにその後，多くの研究が行われている。しかしながら，繰り返し効果の測定尺度として，再生，再認，ブランド選択，選好シフト，ブランドへの態度，広告への態度などを用いて検証した結果，結論も研究によって異なっている。

繰り返しによって再生，再認，広告への態度が高まるとした研究，たとえば

Anand and Sternthal (1990), Nedungadi, Mitchell and Berger (1993), D'Souza and Rao (1995) は，繰り返し効果の擁護派といえる。Batra and Ray (1986) は，反応に対する動機づけ，能力，機会などの状況によって，購買意図，広告への態度，広告想起，ブランドへの親近感がどのような影響を受けるかについて検討した。その結果，事前のブランドへの意見が少ないと，購買意図，広告への態度が増加し，事前の動機づけや能力が低い方が，購買意図，広告への態度が高まる。また，広告想起と親近感は，繰り返しによる効果が認められた。Rethans, Swasy and Marks (1986) は，視聴者の知識，CM の長さに着目して繰り返し効果を検証した。新製品の新規広告に対する態度と繰り返しの間に，逆 U 字[(2)] の関係はなく，学習プロセス，飽きの喚起，精緻化が認められ，視聴者の知識と CM の長さは影響がないことが見出された。また，露出からの経過時間，CM の長さ，繰り返し回数の違いによる再認と再生の効果の差異を検討した Singh, Rothschild and Churchill (1988) は，再認は時間の経過とともに低下するが，再生よりセンシティブで識別力があるとしている。Schumann, Petty and Clemons (1990) は，広告内容と自己との関連性に着目し，自己との関連性が低い場合，製品に関連しない表面的なバリエーションによる態度への影響が大きく，逆に，高い場合には製品関連の実質的なバリエーションによる影響が大きいことを検証している。さらに，Kirmani (1997) は，なじみのないブランドに対して，広告の繰り返しは品質のシグナルとして機能するか否かを検討した。繰り返しが多くなると消費者は費用をかけすぎていると思うため，繰り返しと知覚品質の間には逆 U 字の関係があることを見出している。

　一方，1 回で最大の効果を発揮し，繰り返しによる効果はないと結論づけた研究（Messmer 1979）もある。同様に，Gibson (1996) も否定的な実証結果を提示している。視標追跡法により検証した Pieters, Rosbergen and Wedel (1999) は，注意の持続時間が広告の繰り返しによって有意に減少することを見出している。また，条件によって繰り返し効果の有無は異なるとする研究もある。Haugtvedt, Schumann, Schneier and Warren (1994) は，製品情報が

異なる広告と表現の異なる広告を比較し，繰り返し効果が認められたものの，製品関連の主張では異なる内容を伝えた方が良いと指摘している。同様に，Appleton-Knapp, Bjork and Wickens（2005）も，広告表現を変えない場合は掲載する間隔を長く，表現が一部異なる場合，間隔を短くすべきであるという実験結果を示している。

　実務では，自ブランドが広告を繰り返すだけではなく，自社の他ブランドもまた，競合ブランドも同様に広告を投下する。その点に着目した Burke and Srull（1988）は，記憶への妨害を検証した。消費者の記憶が自社の他ブランド，競合ブランドの広告露出によって抑制され，妨害の順向[3]効果があるとし，繰り返しは，類似製品の広告がない，あるいは，ほとんどないときにプラスの効果があると結論づけている。また，Kent and Allen（1994）は，なじみのあるブランドでも新情報を与えることによって優位性を持つことができ，製品情報を再生し，記憶は競合ブランドの影響を受けないとしている。しかしながら，繰り返し効果を事前の広告への記憶で測定し，遅延効果も確認しておらず，競合の類似広告による影響を検討する必要があるといえる。一方，架空ブランドを用いて競合ブランドによる影響を検討した Unnava and Sirdeshmukh（1994）は，同じ表現を繰り返すよりも異なる表現を提示する方が抵抗でき，広告様式も競合ブランドと変えることにより妨害を減らせると主張している。Law（2002）も，類似の競合ブランドによる繰り返しに直面すると記憶の混乱が増すかどうかを検討した。繰り返しにより，主張内容の再認という正確な記憶も増加するが，競合ブランドとの混乱も増えてしまうこと，ブランドとその主張を結びつけるという課題を与えたところ，繰り返しによる混乱が低下することを見出している。

　最近の研究成果として，Malaviya（2007）が挙げられる。メッセージの繰り返しがブランドの好ましい評価につながるといわれているにもかかわらず，これまで驚くほど多くの研究が繰り返し効果の発見に失敗しているという問題意識から，自身の一連の研究成果（Malaviya, Kisielius ＆ Sternthal 1996, Malaviya ＆ Sternthal 1997）を踏まえ，広告の文脈の影響を評価している。こ

こでいう文脈とは，調査対象品と関連しない製品カテゴリー，競合品，関連する製品カテゴリーと合わせて提示することを指している。広告の文脈は，広告内容と個人の熟練度の差異に加えて，精緻化のタイプ（アイテムに特化した精緻化，製品カテゴリーに関連した精緻化）に影響する。露出の追加によって2種類の精緻化の発生が補完的に促進されると，メッセージの繰り返しは評価に影響を及ぼすが，一方の精緻化が勝ったり，メッセージ受信者が無意識にお粗末な精緻化を行ったりすると，広告の繰り返し効果は発現しないということを見出している。

繰り返し効果の有無に関して異なる結果が出ている理由としては，実験であるため広告露出が比較的少ない回数に限定されていることや，強制露出により被験者の注意が高まっている点が要因になっていると考えられる。また，Malaviya（2007）が主張するように，実際に消費者がどのような状況で広告に接しているのかという広告が提示される文脈も，考慮すべきといえる。先行研究の多くが実験手法であり，どの研究者も自己の研究の限界として「フィールドでのデータ」による検証の必要性を論じている。さらに，媒体により広告の役割が異なることも加味すべきであろう。テレビ広告は，低関与学習型であり，製品の理解よりも認知を高めるために効果があり，一方，雑誌広告は製品の理解を促進することのできる理性的な媒体であるといわれている（田中・丸岡1991）。テレビ広告や雑誌広告の違いを明確化しながら，繰り返し効果について検討する必要があるといえる。

2　ネガティブな短期効果：広告表現内容がもたらす誤認

短期的な広告効果の中でネガティブな要素として，たとえば，1回でも露出されれば，受け取る側によっては内容を間違って理解する，いわゆる「広告への誤認」が発生する可能性がある。以下では，まず概念研究とレビュー論文を概観し，次いで実証研究について検討する。

2.1 誤認に関する概念研究とレビュー論文

　広告への誤認に関しては，米国連邦取引委員会（以下，FTCと略す）による規制強化といった環境下，消費者保護の法的観点のみならず，消費者研究の視点からも多くの研究が行われている。Armstrong, Gurol and Russ (1980) は54本の先行研究を，Preston (1983) は，法的規制に関する論文159本，消費者調査に関する論文122本，計281本の論文を，その後，Preston (1987) は83-87年の論文174本をレビューしている。これらの中には，色，シンボル，保証などについて言及したCohen (1972)，消費者救済策を述べたCohen (1975)，定義と測定手続きを論じたGardner (1975)，誤認，不正，訂正広告，ルール化の手続きをまとめたRosch (1975)，食品医薬品局（以下，FDAと略す）の扱う医薬品について言及したJacoby and Small (1975)，暗示のメカニズムについて述べたShimp and Preston (1981)，訂正広告の歴史的背景を概観したWilkie, McNeill and Mazis (1984) などの概念研究も多く含まれる。また，FTCの1983年の政策声明書について言及したFord and Calfee (1986) も概念研究として位置づけられる。さらに，Richards and Preston (1992)，Preston and Richards (1993)，Richards, Andrews and Maronick (1995) では，違反事例のケーススタディを行っている。これら先行研究の概要は表1-1に示す通りである。

2.2 誤認に関する実証研究

　実際，テレビ広告や雑誌広告に対してどのくらいの人が誤認しているか，その実態を調べた研究もある（Jacoby & Hoyer 1982）。テレビ広告を用いたクイズ形式の質問の正解者は16.8％と低く，83.2％の人が何らかの形で誤解していることが判明した。その後，Jacoby and Hoyer (1989) では雑誌広告のみならず，編集記事を用いて検証を行い，さらに，テレビと雑誌に関して再分析した結果も報告している（Jacoby & Hoyer 1990）。こうした誤認の実態を反映し，実証研究も多く行われている（表1-2）。表1-2でわかる通り，ほとんどが

表 1-1　広告への誤認に関する先行研究：概念・理論研究の概要

著者名・発表年	手法	概要
Armstrong, Gurol, and Russ (1980)	レビュー	（1）誤認広告の概念的アプローチ（①消費者調査の必要性，②消費者観点からの誤認の定義，③誤認を測定するための概念的アプローチ），（2）経験的立証（①知覚された誤認，②機能的誤認，③規範的な信念，④顕著な信念），（3）評価（①一番良い測定尺度は何か，②測定尺度の評価，③いかに基準を確立するか，④許容範囲の確立）の観点から，54本の先行研究をレビューしている。
Preston (1983)	レビュー	法的規制に関する論文159本，消費者調査に関する論文122本，計281本の論文をレビュー。誤認とは，不正とは，子ども，不正競争，情報提供，情報公開請求に関するルール化，比較広告，広告と連邦通信委員会（FCC），自主規制，一般的な法的活動など，多岐にわたって広告の規制に関して述べている。
Preston (1987)	レビュー	1983年以降87年までの論文174本をレビュー。Preston (1983) の続編。
Cohen (1972)	概念	誤認広告は色，シンボル，保証（エンドースメント），大きさなどの代理指標を通じて生じることがあることを主張している。
Cohen (1975)	概念	消費者保護の救済策として，予防，回復，罰則の観点からまとめている。予防として情報公開要求，回復として訂正広告，返金，罰則として集団訴訟などについて論じている。
Gardner (1975)	概念	広告への誤認は，さらなる定義と測定手続きに関して議論が必要であるという認識から，無意識なうそ，主張と事実の乖離，主張と信念の相互作用について，また，多属性態度モデルの活用と規範的信念による手法，消費者の印象による手法などを示し，評価基準についても言及している。
Rosch (1975)	概念	マーケティング・リサーチに関連したFTC法の4つの分野，すなわち，誤認，不正，訂正広告，ルール化の手続き（特に情報公開プログラム）について言及している。
Jacoby and Small (1975)	概念	誤解を招く広告はFDAにとって重大な論点であるという認識から，誤認広告の定義と実証的評価について論じている。医薬品においては，「根拠」という言葉が重要であり，言語的内容，デザインなどのビジュアル，アピールされる文脈を通じて，「少なくとも○％」，「医者の典型的グループ」という語句や，「普通」という用語は特に意味を持っていると指摘している。
Shimp and Preston (1981)	概念	言葉による評価的（感情的で主観的）内容は，無形の製品属性や信念を参照する広告の主張を表わす。そのような広告は，暗示のメカニズムを通じて受け手を誤認させる。しかし，誤認がない場合でさえも，低関与情報処理プロセスによって評価的（感情的で主観的）広告が成功に導かれる可能性もある。

第 1 章　広告効果測定の理論：先行研究のレビュー　25

Schutz and Casey (1981)	郵送調査	消費者は広告に対してどの程度誤認をしているのかの実態を把握するために，さまざまなメディア，有形財・サービス，苦情・クレームの経験，年齢などを調査している。誤認広告は，製品の安全性，店舗サービスより消費者問題の重要項目としてランクされ，誤解を導く媒体としては，電話，郵便，テレビの順であることなどが見出されている。
Wilkie, McNeill and Mazis (1984)	事例研究と先行研究のレビュー	FTC に誤認と認定された広告の事例を用いて訂正広告の歴史的背景を概観し，キーになる法的質問を分析，さらに，法的プログラムの運用について調べている。訂正広告の実際のインパクトに関する研究をレビューし，訂正広告のあり方とFTC の取締りの改善について言及している。
Ford and Calfee (1986)	概　念	誤認の可能性，消費者特性，実体（＝消費者にとって重要な情報），経験的証拠の必要性の観点から，誤認の意味についてFTC の1983年の政策声明書を検討し，この声明書は穏当な説明と，訴因を与える誤認に対する基準の高さを制定していると結論づけている。
Richards and Preston (1992)	概念とケーススタディ	FTC が規制を行う際，広告の主張を誤認と実体の両面から見る必要があるが，多くの研究で，誤認の面のみに着目し，実体について検討していない。主張に実体がないことを立証しようとする広告主を待ち受ける落とし穴について説明し，実際の広告テストにおいて考慮すべき点の概略を述べている。
Preston and Richards (1993)	ケーススタディ	FTC とランハム法（連邦商標法）の事例を取り上げ，消費者信念の役割を論じている。誤認の認定に信念の要素を明示的に取り込むべきである。消費者反応を直接調べることは重要であるが，FTC や法廷は誤認の要素として信念をもっと受け入れる方が良いことなどを述べている。
Andrews and Maronick (1995)	ケーススタディ	FTC による誤認広告の事例では，外的証拠が示されるが，コピーテストのような広告調査の形のものが多い。コピーテストの証拠に対して一般に認められた原則があるが，いかにこれらの原則が運用されるかが課題である。ストファー・フーズの事例を用いて，6つのコピーテストと広告解釈の論争をレビューし，相対的 vs. 絶対的な主張，複合的な主張，実験群 vs. 対照群，自由回答や一般公開された情報などに内在する困難なトレードオフについて議論して，トレードオフの慎重な考察が外的証拠の準備に役立つことを述べている。

実験手法を用いて，実験群と対照群を比較し，ブランドへの信念，選好，購買意図を測定尺度としてグループ間の差異を検証している。露出回数も実験という制約上，現実とは異なる状況設定である。さらに，広告の遅延効果を扱った研究が一部あるものの，実験会場での測定値のみを用いて，その効果を実証している。実験対象者はほとんどが学生であり，対象ブランドも，訴訟を起こし

表1-2 広告への誤認に関する先行研究；実証研究の概要

著者名・発表年	手法	対象カテゴリーと対象者	概要
Dyer and Kuehl (1974)	実験	15種類の消費財，484名の大学生	訂正広告の効果を，情報の発信源が企業の場合とFTCの場合，またメッセージの強さを強弱ゼロの3段階（2×3の6群）とし，印刷広告とラジオ広告を用いて検証している。
Mazis and Adkinson (1976)	実験	殺菌剤入りのブランドA，83名の大学生	殺菌剤の効果をアピールした①訂正なし広告，②訂正広告（情報源はFTC），③訂正広告（情報源は企業），④殺菌剤をアピールしない訂正広告の再生・再認，評価，ブランドへの信念と態度を分析している。
Sawyer and Semenik (1976)	実験	リステリン，142名，平均年齢43.1歳	訂正広告のキャリーオーバー効果（2, 4, 6週間後）を実験手法により検証。訂正広告を1回露出しただけではブランドへの信念に影響しないことを導いている。
Olson and Dover (1978)	実験	未知の粉末コーヒー，51名の主婦（25～54歳）	「にがくない」という訴求に関する3タイプのメッセージ（専門用語なし，消費者調査の結果あり，専門家による意見あり）を提示し，製品の試用前後の信念，態度，購買意図を測定。コントロール群と比較している。
Dyer and Kuehl (1978)	実験	リステリンと他ブランド，72名の学生	FTCから入手した誤認広告と訂正広告を用い，長期間露出された誤認広告に対して，1回だけの訂正広告の効果（露出直後，3週間後，6週間後）を検討している。
Shimp (1978)	実験	制汗剤2品と自動車1品，学生	不完全な比較による誤認の発生について，4つの実験調査データで検証。不完全な比較は誤認をもたらす。
Armstrong, Gurol and Russ (1979)	実験	リステリン，134名学生	誤認広告のみ，当該企業による訂正広告，FTCによる訂正広告，コントロールの4群に分け，事前，直後，6週間後のブランドへの信念を測定している。
Harris, Dubitsky and Thompson (1979)	実験	架空ブランドのCM，学生（92名，30名，36名）	広告における誤認を識別するための学習をテーマに，3つの実験を実施。トレーニングによって，断定的な主張と間接的な主張を弁別できるようになる。
Shimp (1979)	テレビ広告の内容分析	航空会社，自動車，ビールなど10の製品カテゴリー	社会心理的表示（あるいは不実表示）の観点から，客観的な属性と信念，及び主観的な属性と信念の4つに分類し，10製品カテゴリー計293本のテレビ広告を内容分析している。
Mizerski, Allison and Calvert (1980)	フィールド調査	リステリン，大学キャンパス内のラジオ局	実際のラジオ広告（訂正広告）を何度も露出し，殺菌，息のリフレッシュ，風邪や喉の痛みの改善，効果の持続といった信念を実験群（48名）と対照群（49名）で比較検証した。
Russo, Metcalf and Stephens (1981)	実験	女性100名，バナナ，自動車，お菓子，タバコ他	実験群とコントロール群の消費者信念を測定することによって，誤認広告を識別する手順を示している。
Bitta, Monroe, and McGinnis (1981)	実験	新聞広告234本の内容分析と実験（計算機，学生400名）	価格比較は消費者の誤解を招くといわれているため，消費者行動の観点から価格比較広告を検証。価格を通常価格と割引額によって提示した方が，セール価格のみの場合より評価が高い。
Schutz and Casey (1981)	郵送調査	314名（回答者の実数）	消費者は広告に対してどの程度誤認をしているのかという実態を把握するために，さまざまなメディア，有形財・サービス，苦情・クレームの経験，年齢などを調査した。

著者	手法	対象	内容
Armstrong, Gurol and Russ (1983)	フィールド調査	リステリン，マウスウォッシュユーザー	18ヶ月間に及ぶ訂正広告について，4回の電話インタビュー（10～15分間）で実証分析。長年にわたって形成された間違った信念を減らすためには，長期間のキャンペーンが必要である。
Gaeth and Heath (1987)	実験	36名の若年者，20名の高齢者他	誤認広告手法への感受性，非誤認広告と潜在的な誤認広告の主張を識別する能力，トレーニングへの反応性という観点から，若年者と高齢者を対象として誤認広告のインパクトを評価している。
Burke, DeSarbo, Oliver and Robertson (1988)	実験	イブプロフェン系鎮痛剤，80名の学生	コンピュータを用いた測定方法で，属性情報なし，正しい情報，効能を拡張する主張，制限した誤認させる主張（但し書きあり）の4群間の信念，選好，購買意図を検証している。
Snyder (1989)	実験	既知・架空ブランド計4品	消費者を誤認させる優越性を暗示する主張の特性，参照する属性の具体性，ブランドへのなじみについて検証している。
Preston and Richards (1989)	実験	広告主10社の広告，60名	虚偽の主張，真実の主張，関連性のない主張の得点を誤認広告と訂正広告で比較検証している。
Sawyer and Howard (1991)	フィールド調査	ハブラシと使い捨て剃刀，110名，142名の学生（2回実験）	広告情報処理において，オーディエンスの関与レベルと，広告メッセージの結論のありなしを操作して2つの実験を実施し，ブランドへの態度，購買意図，選択を検証している。
Zaichkowsky and Sadlowsky (1991)	実験	新聞広告308本の内容分析とインタビュー調査300名	食料品の広告に対する誤認について検証している。消費者は値引きしている広告ブランドの数を過小評価し，実際の値引き品目と知覚された値引き品目の差には有意差がある。
Johar (1995)	実験	CDプレイヤー，65名，152名の学生（2回実験）	広告情報処理に対する高関与の消費者は，不完全な比較広告を参照する価値がないとし，低関与の消費者は，不完全な比較を完全なものとしてだまされ，但し書きにより誤認する。
Johar (1996)	実験	鎮痛剤，新聞広告，10～15名×4群，96名	ブランドと広告主への評価に対する訂正広告（誤認を修正した広告）の効果を実験により検証している。
Cowley and Janus (2004)	実験	飲料，129名の学生	異なる製品を味わった消費者の記憶が変化するかどうかを検証している。
Volkov, Harker and Harker (2006)	フィールド調査	各州から計501名	GDPに対して広告支出割合の多いオーストラリアにおける容認できない広告（不公正，ミスリード，誤認，不快，虚偽，社会的無責任）について，消費者の苦情反応を評価。因子分析の結果，広告マニア，積極的行動派，倫理監視者，広告探究者の4因子を抽出し，苦情ありなしを目的変数としたロジスティック回帰分析を実施した。その結果，積極行動派，マニアがプラス，監視者と探究者の因子はマイナスの影響を及ぼすことが検証された。
Darke and Ritchie (2007)	実験	留守番電話，カラーテレビ他，172名の学生など	誤認広告は不信感を発生させ，当該企業や他の情報源によるその後の広告に悪影響を及ぼすことを検証している。
山下 (2007)	実験	金融リスク商品，30歳～70歳代	安全資産（元本保証の定期預金）とリスク性資産（為替リスクのある社債投信）の新聞広告を用い，興味，購買意図，理解度，リスク水準の差を検証している。

たリステリンは例外として，架空ブランド，もしくは，対象者の地域では入手できないブランドなどを用いた事例が多い。一方，このような実験手法ではなく，フィールド調査も行われているが，その数は少ない。さらに，実態把握調査の中では一部サービス財が扱われているものの，サービス財を直接のテーマとして実証分析を行っているケースはほとんど見受けられない。しかしながら，無形財であるサービスの場合，経験しなければ評価できない，あるいは経験しても評価できず，信頼財としての特性を持つ場合もあり，より誤認の可能性が高い財として，その実態を把握する必要もある。

　誤認広告に対して，その内容を修正した「訂正広告」や，消費者の注意を喚起し，広告内容やブランドの魅力を高めるキャッチフレーズ，ボディコピーへの誤解を解消するための「但し書きを併記した広告」も実務上，実施されている。こうした実情を反映して，研究分野においても，誤認広告と訂正広告の違いや，但し書きつき広告の効果を検討した実証研究が多い。これらの実証研究においても，実験手法を用い，上記のような方法論で検証している。そのため，それぞれの研究の研究者自身が結果の限定性や，実際のマーケティング活動の中で展開されている広告露出との違いと限界を認めている。

　これら先行研究において，誤認とは「誤認のない広告に比して誤認広告の場合，ブランドへの信念が高まる」，つまり，消費者が当該広告に対して誤解に基づいて，間違ってより良く評価し，不正確な信念を持つ状況と定義している。こうした定義の場合，自ずと誤認発生の有無とその差異を，実験群と対照群の比較によって測定・評価することになり，その意味では正確かつ厳密な測定といえる。しかしながら，対照群は実験以前に実験対象である広告やブランドを未知である必要があり，ブランドの影響を考慮できず，新規ブランドあるいは架空ブランドを対象に扱うという限界を持つ。実務では多くの既存ブランドで新規広告も露出されている。したがって，既存ブランドにおいても誤認発生は不可避である。そうした既存ブランドの広告誤認を測定するためには，当該ブランドが伝えるべき正確な情報を提示した上で，広告を見た消費者が誤解するか否かという知覚を測定するという手法も検討すべきである。その際，広告表

現のいかなる部分が誤認を発生させる可能性があるのかという判定をどのような基準で行うべきかについても決定する必要がある。公正取引委員会では，景品表示法に基づいて「優良誤認」や「有利誤認」[4]の規定に違反するおそれのある表示に対する「警告」や「注意」を行っている。こうした実務の知見に基づいて，誤認の判定に資する表現を特定し，消費者の誤認への知覚を測定するのが妥当であろう。

上述した先行研究の取り組みは社会的意義があり，その成果や知見は価値あるものといえる。しかしながら，①ほとんどの研究で実験手法を用いている，②架空ブランドを対象とする事例が多い，③サービス財のケースは少ない，④訂正広告，但し書きを併記した広告に関する検討が多い，⑤誤認の測定を再生・再認，ブランドへの態度で行い，実験群と対照群との差をもって誤認を定義している事例が多いという問題点が指摘できる。消費者のメンタル・プロセスの全体像を捉えるモデルを構築して，広告効果を測定する中で，誤認の有無によって，広告効果プロセスにいかなる影響を及ぼし，どのような差異が発生するのか，あるいは発生しないのかを検討することが1つのテーマとして重要な意味を持つだろう。

3 ポジティブな長期効果：ブランド価値を醸成する広告の役割

ブランド・エクイティと広告効果，広告の長期効果に関する実証研究，メタ分析とレビュー論文について，以下では精査する。

3.1 ブランド・エクイティと広告効果[5]

Aaker (1991)，Keller (1993) による「ブランド・エクイティ」の提唱以降，現在に至るまでブランド論が隆盛を極めている。Aaker and Biel (1993) による論文集では，「強いブランドを作るために広告はどのような役割を果たすべきか」という観点からブランド・エクイティを捉え，ブランド・イメージ，ブランド・ロイヤルティ，ブランド記憶の形成などについて言及し，ブランド・

エクイティと広告との関係を明確にする必要性を訴えている。Kirmani and Zeithaml（1993）は，ブランド・イメージに影響を与える「知覚品質」に対する広告の効果を明らかにすることを目的に概念モデルを提示し，広告の役割を「知覚価値やブランド態度を通じて間接的にブランド・イメージに影響する，ブランド態度を決定する信念の1つである」と論じた。広告はブランドに対する記憶の内容と構造を形成する。したがって，ブランド属性や手がかりに関する広告内容によるブランド記憶への影響，ブランド認知や連想が購買時点でのブランド選択に与える差異的な影響が，ブランド・エクイティ構築における広告の役割といえる。また，同じ論文集でKrishnan and Chakravarti（1993）は，ブランド・エクイティ構築における広告の役割を，ブランド関連の行動に影響する永続的なブランド記憶を創造するプロセスに求めている。広告がブランド主張の手がかりとなるだけでなく，ブランド名と広告を明確に結びつけ，他ブランドのメッセージに対抗して自ブランドを保護するという課題を持っていると指摘している。広告とブランド・イメージは深く関わっており，Keller（1993）が指摘するように，ブランド連想のタイプ，好ましさ，強さなどのブランド・イメージと，広告メッセージの質的内容との関連を明確に捉える必要がある。

　ブランド・エクイティの管理の問題として重視される「ブランド拡張」に関して，Smith and Park（1992）は，ブランド拡張による新製品の市場シェアと広告効率への影響を検証した。新製品が市場に導入されて間もないとき，消費者は新製品に対する情報を持たないため，既存製品に関する知識を代用することが可能なブランドの拡張では効果が高まる。しかしながら，時間の経過とともに消費者は新製品の情報を当該製品自体から得ることができ，手がかりとしてのブランドの重要性は減少する。一方，子ブランドから親ブランドへの影響を実証したBalachander and Ghose（2003）は，子ブランドの広告が親ブランドの選択に強く影響を及ぼしていることを見出している。しかしながら，親ブランドの広告による子ブランドの選択への効果を支持する証拠は明確になっていない。

次に，ブランドの収益や売上げへの影響を検討した研究を概観したい。Jedidi, Mela and Gupta（1999）は，広告とプロモーションのいずれが望ましいのか，高頻度で浅いプロモーションと低頻度で深いプロモーションのどちらが良いのか，通常価格の変更が価格プロモーションの増加にいかに影響を与えるのかを検討した。その結果，長期的には広告はブランド・エクイティにポジティブ効果があるが，プロモーションにはネガティブ効果があること，価格プロモーションの弾力性は短期間では通常価格の弾力性より大きいが，長期的には通常価格の弾力性より小さくなることを見出している。アンブレラ・ブランドによるマーケティング・ミックス戦略のスピルオーバー効果を検証したErdem and Sun（2002）は，価格，クーポン，広告費（ネットワーク・テレビ広告費と印刷広告費），陳列，特売，使用経験，ブランド・ロイヤルティのみならず，消費者異質性をも考慮し，モデルを構築している。分析の結果，広告は売上げへの短期効果より長期効果の方が大きい，クーポンと広告のカテゴリー間のスピルオーバー効果が大きいなどを明らかにしている。Kusum, Lehmann and Neslin（2003）は，ブランド・エクイティによる収入のプレミアムという観点から，モデルを提案し，実証している。ローカルデータによる分析の結果，収入プレミアムは安定しており，6年間のトレンドはブランド・エクイティを侵食するといったこれまでの通念と一致した。また，全米のデータでは，価格の上昇と下落は非対称の効果を持ち，低プレミアムの場合，自ブランドの価格との相関が有意ではないが，高プレミアムの場合，有意であるという知見を得ている。

ブランド・エクイティの管理はブランドの長期的成果にとって重要であるという認識から検討された研究もある（Sriram, Balachander & Kalwani 2007）。ブランドの健全性をモニターするために，実証分析期間に新製品が導入された製品カテゴリーのストアレベルのデータを用い，ブランド・エクイティを推定した。その結果，ブランド・エクイティの推定値は，強力にポジショニングされた人気ブランドの高いエクイティと，ニッチ市場の価格プレミアムを享受しているブランドを効果的に捕捉していることを見出した。ブランド・エクイテ

ィに対して広告はポジティブな効果を持つが，一方，セールス・プロモーションの効果は有意ではなく，新製品のイノベーションはブランド・エクイティにポジティブ効果があると結論づけている。

3.2 広告の長期効果

ブランド・エクイティに主眼を置いた研究では，投下量を広告変数としてモデルに組み込むことが多く，広告内容についてはほとんど考慮されていない。そこで以下では，ブランド・エクイティに限らず，長期的な広告効果を扱った研究を検討する。

アメリカでは，大規模なフィールドでの実験による検証が行われているので，それらを見ていこう。Ackoff and Emshoff (1975) は，1963年〜68年に実施され，地域によって広告の量，スケジュール，メディアを変えた広告の実験について検討した。その結果，広告費を減少させても短期的には売上げに影響がないこと，テレビ広告を1年以上完全にやめた場合には売上げが減少するが，広告を中止以前のレベルに戻すと売上げも回復することを見出している。

広告表現内容をスプリットケーブル・テスト[6]に組み込んだのがAaker and Carman (1982) である。120個の広告実験のうち，48個は広告量，36個は広告表現内容，24個はスケジュールについて検証した結果，広告量に関して，6ケースは広告を減少させたが（うち2ケースは2年以上継続），売上げ減は観測されなかった。42ケースは増加させたが，30％しか売上げ増は見られず，そのほとんどが新製品の場合であった。広告表現内容に関しては，変更した実験の47％で売上げが有意に変化した。この結果は，量的効果のみならず，質的効果を扱うことの重要性を実証した研究として意義深いといえる。同じくスプリットケーブルによって検証したLodish, Abraham, Livelsberger, Lubetkin, Richardson and Stevens (1995) では，テスト年に広告量を増やすと当期の売上げが増加する場合，2年間にわたって売上げと市場シェアに対する直接効果があり，ブランド浸透度（購買世帯比率）ではなく，購買比率（平均世帯購買回数）によることが明らかにされた。また，テスト年に売上げが増加しなかった

場合,翌年,翌々年も売上げ,シェアのいずれも増加しなかった。成功した広告キャンペーンの事例では,年をまたぐ繰越効果があり,周辺のカテゴリー・ユーザーに対してブランド・フランチャイズに組み込むこと,現ユーザーに対して広告終了後もより多くの量を購買してもらえるよう働いていると主張している。同様にスプリットケーブルで,広告表現の手がかりや視聴者の反応による販売への影響を検証した MacInnis, Rao and Weiss(2002)は,成熟製品カテゴリーの高頻度購買ブランドの広告で情緒的表現の手がかりを用いたとき,メディア・ウェイトによる販売増を生み出すこと,メディア・ウェイト増が,視聴者にポジティブな感情を喚起し,ネガティブな感情を喚起させない広告による販売への影響に関係していることを見出している。

　Eastlack and Rao(1989)も広告表現内容を扱っている。広告費(-50%〜+50%),スケジュール,メディア,広告表現,ターゲット層について評価した結果,十分確立されたブランドの既存のクリエイティブ表現であれば,予算レベルによる販売へのインパクトがほとんどないか,まったくない。しかしながら,コピー戦略,メディア選択,メディア・ミックス,ターゲティングの変化は,それぞれある一定の状況下,売上げを増加させることが明らかになった。

　一方,Mahajan, Muller and Sharma(1984)は,広告投下量(GRP)に焦点を絞り,食品カテゴリーのブランドに適用して,TRACKER, NEWS, LITMUS, Dodson and Muller, AYER の5つの広告想起率の予測モデルを比較検討した。その結果,新ブランドでも製品カテゴリー内の他ブランドの集計データから妥当な想起の予測値を得られる,また,想起と広告投下間の関係はシンプルなモデルによって捉えることができることを見出している。ただし,入手可能なデータの制約により,口コミ効果は実証できなかった。その後,Mahajan and Muller(1986)は,広告投下のスケジュールという観点から,パルシング型[7]と一様型[8]の効果を分析するモデルを提案し,新製品の広告想起に対してパルシング型の優位性を主張している。

　Pedrick and Zufryden(1991)は,ブランドの市場成果の測定を目的に,広

告媒体計画と購買時点のマーケティング変数を扱い，さらに，ロイヤルティ・レベルなど消費者の異質性も考慮したモデルを提案している。高頻度購買製品カテゴリー（ヨーグルト）で分析した結果，モデルのフィットは良く，ホールドアウトテストでも正確な予測が得られた。同様に，ブランド選択に対する広告露出頻度の効果を実証した Deighton, Henderson and Neslin（1994）は，再購買とブランド・スイッチの効果に焦点を当てている。分析の結果，①広告よりも他のプロモーション変数の効果の方がより強い，②広告効果は3カテゴリーのうち2つで正の影響がある，③ブランドを購買する確率は，露出回数が増えると増え，露出20回のレベルでさえも増えることを明らかにした。Dekimpe and Hanssens（1995）は，販売やマーケティング費用の時系列データを用い，長期的なマーケティング効果モデルを定式化し，実証分析を行っている。その結果，広告が販売への強いトレンドを創出する効果を持っていることを明らかにし，これまでの伝統的なモデリングでは，広告の長期効果をかなり過小評価していると主張している。

広告費用による広告想起，ブランド想起，購買意図への効果の増減について検討した研究もある（Batra, Lehmann, Burke & Pae 1995）。分析の結果，より目立たないブランドにとって，広告が新しい戦略，新しいコピー，新しいベネフィットのとき，広告コピーがソフトセルでないとき，凋落ブランド（成熟かつ低品質）になっていないとき，広告費は想起に対して，また，購買意図にもより大きな効果を持っていることを見出している。

メディア・ミックスの観点から広告費が売上げに与える影響についてモデルを構築し，実証分析を行った研究として Naik and Raman（2003）が挙げられる。広告のシナジー効果とキャリーオーバー効果を時系列で考慮した点に特徴があり，テレビ広告費の残存効果は0.93，雑誌広告はその約40%，テレビと雑誌広告のシナジー効果は1.58という結果を得ている。季節性も組み込み，広告費の最適メディア配分の手法を提案し，メディア・ミックスの基本政策を提言している。さらに，Naik, Raman and Winer（2005）では競合ブランドを加味したモデルにより，ダイナミックな競争市場におけるマーケティング・ミック

ス計画の問題に取り組んでいる。広告もプロモーションもブランドシェア（自ブランド，競合ブランドとも）に影響するだけでなく，相互作用があること，また，シェアのより大きなブランドでは広告投下が少なく，プロモーションに多く費やし，一方，シェアが小さなブランドでは広告もプロモーションも少ないこと，さらに，競合間の反応は非対称であるという証拠も見出された。

競合広告の妨害によって，広告再生や再認，ブランド評価が減少するといわれているが，販売への影響は研究されていない。そこで，Danaher, Bonfrer and Dhar（2008）は，競合の妨害がない場合に発生する自社ブランドの「真の」広告弾力性を捉えることができるモデルを提案し，分析した結果，販売に対する競合の妨害効果が強いことを明らかにしている。また，当該ブランドと同じ週に，1つ，あるいはそれ以上の競合ブランドが広告をすると，当該ブランドの広告弾力性は減少すること，減少は特定の週に投下される競合ブランドの数とトータルの宣伝量に依存することなどが見出された。大企業は1つ以上のブランドを扱うため，ブランド・ポートフォリオ戦略が重要であるという視点からモデルを定式化し，実証を行った研究もある（Morgan & Rego 2009）。ブランド・ポートフォリオの特徴，マーケティング効果，マーケティング効率と財務的成果の関係を分析し，ブランド・ポートフォリオの特徴は，企業のマーケティングや財務的成果を十分説明できることを明らかにしている。

3.3 広告の長期効果に関するメタ分析とレビュー論文による一般化

メタ分析とは，過去に行われた複数の研究結果を統合し，より信頼性の高い結果を求める手法である。広告効果に関するメタ分析も多く行われている。Clarke（1976）は，販売に対する広告の累積効果を検討し，データの収集期間は広告効果にかなり影響を及ぼす，成熟した高頻度低価格製品では累積効果の90％が，3ヶ月から9ヶ月以内の広告で発生する，販売に対する広告効果は何年間というより数ヶ月間続くと主張している。また，Assmus, Farley and Lehmann（1984）は，販売高や市場シェアへの広告のインパクトについて分析し，以下の結論を導出している。

- キャリーオーバー効果を入れたモデルの方が入れないモデルより短期間の弾力性が小さい。過去の広告を入れないのは，当期広告に対してより高いバイアスをかけることになる。
- 外生変数を含んだモデルは，含まないモデルより短期間の弾力性が小さい。たとえば収入や家族サイズなどは，販売と正の相関があり，これらを省くことは広告効果にバイアスをかけることになる。
- 高シェアのブランドは広告も高レベルなため，プールしたデータは弾力性が高くなる。
- 弾力性は，販売高と市場シェア，製品とブランド，推定のタイプによって異ならない。

Tellis (1988) もメタ分析を行い，販売あるいは市場シェアの価格への弾力性を推定している。価格弾力性は有意に負であり，以前のメタ分析から得た広告の弾力性より絶対値で8倍大きい。また，配荷や品質といった変数の省略，クロス・セクショナル・データのみの使用，特定期間の集計は，価格弾力性評価にバイアスを与える。さらに，弾力性は製品ライフサイクル，製品カテゴリー，推定方法，国により有意に異なることを明らかにしている。Sethuraman and Tellis (1991) によるメタ分析も，価格と広告のトレードオフの影響，価格と広告の弾力性比率に関する研究である。弾力性の平均値は0.11であり，前述のAssmus, Farley, and Lehmann (1984) の推定値の約半分であるが，この違いはより多くの，より新しいサンプルを用いていることにある。価格弾力性は広告の弾力性の平均20倍である。弾力性比率は，導入期の製品よりも成熟期の製品の方が高く，成熟期には価格ディスカウントが，導入期には広告の方が販売促進により効果的である。また，価格弾力性は耐久財より非耐久財の方が高いという結果を得ている。消費者は，耐久財の「知覚品質」に対してプレミアムを支払う意志があり，非耐久財ではより価格の安いブランドへスイッチしてしまうため，非耐久財では価格ディスカウントが広告の増加より収益を増やすと考察している。使用するデータも，四半期あるいは月次データより年間データから推定した比率の方が小さく，適切な集計レベルを活用する重要性も述

べている。

Lodish, Abraham, Kalmenson, Livelsberger, Lubetkin, Richardson and Stevens（1995）による知見は，以下の通りである。
・テレビ広告のウェイトを増加させるだけでは不十分である。
・テレビ広告は，ブランドの目標が浸透率のとき，コピー戦略の変更，態度変容を意図したコピー，成長期のカテゴリーや購買機会のあるカテゴリーなどの場合に，より効果を発揮する。
・売上げに良い影響を与えるテレビ広告のパワーが減少しても，より高い水準の店頭陳列があれば，その減少に対応することができる。
・既存ブランドのコピーテストの再生，説得力のスコアと広告コピーが，売上げに与える影響との間に強い関係があるとはいえない。
・新ブランドとライン拡張製品は，既存ブランドよりも新しいテレビ広告計画に対して反応しやすい。
・新製品は，導入期のウェイトとプライムタイムへの投下が重要である。
・テレビ広告への集中は，ブランドの売上げ増大と関連する。

200本以上の広告効果に関する先行研究をレビューし，その成果を命題として要約し，一般化した研究もある（Vakratsas & Ambler 1999）。以下，重要な知見として25の命題を記載する。
・広告弾力性は0〜0.2の間の値を取る。
・広告弾力性は消費財よりも耐久財の方が高い。
・プロモーションの弾力性は広告の弾力性よりも20倍高い。
・広告の弾力性は動的であり，製品ライフサイクルとともに下がる。既存品より新製品の方が高い。
・購買再強化と習慣的ロイヤルティは広告の繰り返し効果よりも高い。
・広告効果の90％は2〜3ヶ月で消滅する。
・広告投資へのリターンは消え去っていく。最初の露出は短期効果あるいは市場シェア獲得のためには最も効果的である。
・購買頻度の高い消費財にとって，広告によるシェア獲得の効果は早期に，典

型的には3回目の露出以降失われる。3回目以降はフリークエンシー[9]よりもリーチ[10]を重視すべきである。
- 広告は経験財の方が探索財よりも効果的である。さらに探索財の広告は経験財の広告よりも多くの情報を提供している。
- 製造品質コストが低く，消費者が広告に反応しない傾向があるとき，広告量を増加すると高い品質のシグナルになる。
- 価格広告は価格への感受性を高め，非価格広告は価格感受性を下げる。さらに価格感受性は価格低下をもたらす。
- 消費者が記憶に依存して製品情報を検索する場合，広告は価格感受性を高める。一方，POPに依存しているとき，広告は価格感受性を下げる。
- 広告が効果的であるためには情報がある必要はない。言語（情報）だけである必要もない。感情的な，視覚的な要素は好意度を高める。
- ブランドへの態度は製品やブランド属性についての信念を基礎として生じるだけではない。ブランドへの態度は感情をもとにしても生まれる。広告への態度はブランド態度形成への媒介変数として大きな意味を持っている。
- 広告への好意度はブランドへの好意度と高い相関がある。
- 広告への態度は広告情報が精査されない状況において影響力がある。
- 低関与状況では広告物の異なったバージョンを繰り返すことは広告効果を低下させることを初期に防ぐ。
- 1つの広告キャンペーンが一連のシリーズの場合，再生と再認を高いレベルで保てる。
- 態度と行動の相関係数は0～0.3の間である。
- 単一の階層効果モデルという考え方は支持されていない。
- 使用経験は信念・態度・行動にわたって広告を凌駕する影響力を持つ。
- 広告は信頼財の品質を伝達するのに優れている。使用経験は探索財や低経験製品において広告よりも大きな影響力を持つ。
- 広告は高い行動ロイヤルティを持った消費者により大きな効果がある。
- 広告は使用経験に先行することでより高い効果を持ち，特に使用経験がネガ

ティブなときほど効果が高い。
・認知と感情の相対的重要性は文脈に依存する。知名度，試用購買による口コミ，プロモーション，広告によって，信念は累積的に形成される。これらの効果は相互に，また同時に起こる。

　いずれのメタ分析でも価格と広告が売上げや市場シェアに及ぼす影響を検討しており，広告内容にはほとんど焦点が置かれていない。また，Vakratsas and Ambler (1999) のレビューでは，価格や広告の弾力性のみならず，広告認知，広告への態度，広告内容，財の性質，消費者の使用経験などが網羅的に扱われ，一般化が試みられており，広告効果を長期的な視点で捉え，ブランド価値の醸成にどのような役割を果たすのかを検討する上で，多くの仮説と課題を提示しているといえる。

4　ネガティブな長期効果：広告の消耗・寿命

　ウェアアウトは，ポジティブ効果を発揮するウェアインと対比され，継続的に露出しても，視聴者に対して正のインパクトをもたらさないときに生じるものと定義されている (Aaker, Batra & Myers 1992)。 Craig, Sternthal and Leavitt (1976) は，ウェアアウトを「広告内容を学習し理解してしまい，注意力が低下して，広告を評価しなくなると生じ，広告情報に対する飽きである」と捉え，また，Calder and Sternthal (1980) は，「過剰な露出によってイライラした感情を持ってしまうといった苛立ちの発生である」としている。さらに，「繰り返しによるウェアアウト」と「コピーによるウェアアウト」という定義を用いた研究もある (Naik, Mantrala & Sawyer 1998)。「繰り返しによるウェアアウト」とは，視聴者が何も新しい情報を得ることがないと感じるため，過剰な露出の結果として生じ，広告への注意が低下し，広告情報に反応するモティベーションがなくなることである。一方，「コピーによるウェアアウト」は，広告頻度に関係なく，時間の経過のために広告の質の低下に関連する。そこでまず，ウェアアウトに関する先行研究の中でも，概念研究とレビュ

一論文を精査し，特徴をまとめる。

4.1 ウェアアウトに関する概念研究とレビュー論文

Littele (1979) は，広告集計モデルについて言及した中で，「広告効果は非線形である，ウェアアウトと忘却のダイナミックな効果を捉えるべきである，競合広告の効果を考慮する必要がある，広告効果はメディアとコピーの変更によって経時的に変化する」などと指摘している。一方，消費者調査，ビジネスマンへの調査結果に基づいて，広告における苛立ちについて見解を述べた研究もある (Greyser 1973)。苛立ちは，戦略の類似性，繰り返し，密度（広告ウェイトの量），提示の仕方（長さ，設定，専門的アプローチ，広告スラングの使用，音楽，実演など）が原因となる。広告が楽しいと感じられるほど苛立ちは強くなる，とても楽しい広告と逆に不愉快な広告は，中間の広告より強いという2つの仮説を示し，企業が制御可能な要因，セグメンテーションの役割，苛立ちのライフサイクル，広告への不注意に着目すべきと提言している。

ウェアアウトの先行研究をレビューした Greenberg and Suttoni (1973) は，以下の知見を見出している。

・すべての広告は最終的にはウェアアウトを起こす。
・ポジティブ効果を持つ広告キャンペーンではウェアアウトが発生するが，効果のないキャンペーンはウェアアウトを起こさない。
・より効果的なキャンペーンは，効果的でないキャンペーンよりも長期間ウェアアウトを起こす。
・高頻度購買製品より低頻度購買製品の方がウェアアウトの発生が遅い。
・集中して露出されるより，分散して投下されるキャンペーンではよりゆっくりウェアアウトが生じる。
・ウェアアウトを起こした広告をしばらくおいてから再投入すると，1度目は効果的であるが，2度目はより早くウェアアウトが生じる。
・テレビの視聴が少ない人より多い視聴者の方がキャンペーンを多く見ているので，早くウェアアウトを起こす。

・シンプルで曖昧ではないクリエイティブは，より複雑で曖昧なクリエイティブより早くウェアアウトを生じる。
・クリエイティブ表現にバラエティがあると，ウェアアウトを遅らせることができる。1つのクリエイティブによるキャンペーンは相対的に早くウェアアウトを起こす。

Pechmann and Stewart（1988）も，ウェアインとウェアアウトに関する研究のレビューを行い，特にウェアアウトにおいて先行研究を補完するような結論を得ている。

・ウェアインは急速には発生しないが，広告が効果的であればキャンペーンの早期に生じる。
・ウェアインは実験室内の実験よりフィールドで長く続く。その理由は，フィールドではすべての消費者は広告が流されるたびに見ていないからである。加えて，たとえ広告を見ていたとしても，実験室では強制されるが，フィールドでの露出は任意である。
・ウェアインは，広告スケジュールが同時であるより，分散されているときによりゆっくり生じる。
・情緒的アピールを使った広告はウェアアウトが遅くなる。
・ウェアインとウェアアウトは，高く動機づけされ，広告メッセージを活発に処理しようとする消費者にはより早く生じる。

これらの先行研究から，ウェアインが発生していないとウェアアウトには至らない，ウェアアウトは早晩発生し，避けられない，広告の投下方法・スケジュールや広告内容の質によっても発生時期が異なるという点が重要な知見といえる。

4.2　ウェアアウトの測定尺度と実証研究

先行研究におけるウェアアウトの測定尺度を整理した Axelrod（1980）は，注意喚起，内容再生，広告への態度，ブランドへの態度などによって測定されると述べている。ウェアアウトの測定尺度は統一化されておらず，以下の実証

研究の結果を見てもわかる通り，ウェアアウトを起こす露出回数は研究ごとに見解が異なる。

Grass and Wallace（1969）は，音とビジュアルは異なるが，同じテーマとアプローチで訴求した消費財のテレビ広告を用い，広告への注意度と興味度を測定した。ウェアアウトには，効果の発生-飽和のサイクルがあり，スタイルやテーマ，アプローチが似ているにもかかわらず，CMごとにウェアアウトの様子が異なることが見出された。また，露出をしない期間後に広告への注意の回復が見られた。累積的な露出に伴って，広告への注意が高まり，注意の極大点＝飽和点に達し，その後下がる，次に均衡点になり，注意レベルと平行して，情報レベルの変化（学習）が起こり，態度レベルの持続や成長は飽和点を過ぎ，注意，情報レベルともに下がるという結論を導いている。

印刷広告の繰り返し効果を検証したCraig, Sternthal and Leavitt（1976）は，繰り返し回数と遅延効果の交互作用がウェアアウトに関係しているかどうかを分析している。1つ目の実験では，28日後，14回露出において，7回，21回に比べてブランド名の再生が有意に高かったが，他の条件ではウェアアウトは見られなかった。ウェアアウトには約1ヶ月かかり，その要因として①14回以上の繰り返しでは広告に対する注意が低下すること，②12本の広告を21回見せると，28日後の再生に対する動機づけを減らすことが考察されている。実験2では，ブランドへの好意度と親近感も測定し，さらに6，12，18，24回露出し，0，2，7，14，28日後の条件で同様の実験を実施した。その結果，ブランドへの親近感がブランド再生に有意に影響すること，繰り返し回数と遅延効果，さらにその交互作用も有意であることなどを見出している。しかしながら，ウェアアウトの発生は見られなかった。親近感による違いでは，より親しみのあるブランドは親しみのないブランドより再生が有意に高く，7日と14日でその効果が大きいことが確認されている。

Singh and Cole（1993）は，30秒CMを4回繰り返すとウェアアウトが生じるが，他の条件では生じないという結論を得ている。また，未知のブランドでは広告と製品の両方に，既知のブランドでは製品に対してのみウェアアウトが

生じるという研究もある（Calder & Sternthal 1980）。さらに Hughes（1992）は，広告で訴求しているメッセージが自分に関連しなくなると認知的なウェアアウトが生じると指摘している。

4.3 テレビ広告のウェアアウト

媒体により広告の役割が異なることも考慮すべきである。テレビ広告は，低関与学習型の媒体のため，製品の理解よりも認知を高め，一方，雑誌広告は製品の理解を促進することができる理性的な媒体といわれている。雑誌広告では，消費者が飽きたと感じて，読み飛ばしたいと思えば，読み飛ばすことができる。しかしながら，低関与型であり，受動的に，しかも長期間にわたって露出されるテレビ広告では，広告がオンエアされるとチャンネルを変えるザッピング現象が発生する。この現象に関する興味深い研究成果がある（Siddarth & Chattopadhyay 1998）。ザッピングの発生確率は，製品カテゴリー内でより多く購買する家計では少なく，また，露出14回まで最小値を示し，その後急速に増加する。この結果は，消費者のブランド・ロイヤルティに関連し，露出回数との関係はウェアアウトの発生を裏付けている。さらに，ブランドの差別性をメッセージした広告表現の場合，発生確率は低いという知見も得ており，広告反応モデルに質的変数を組み込むことが必要といえる。

Simon（1982）は，広告は経時的にウェアアウトし，パルシング型は連続型より優れているといわれているが，従来のモデルではウェアアウトを組み込んでいないという問題意識から，ウェアアウトに着目したモデルを提案した。目的変数を当期の売上げ，あるいは市場シェアとし，自ブランドの広告投下，競合ブランドの広告投下，前期の売上げ（市場シェア），さらに，前期広告投下の増分を加味し，Koyck 型[11]の広告遅延効果を仮定している。分析の結果，パルシング型は広告予算制約がある場合もない場合も最適であることを見出した。

Blair（1987）は，新ブランドの知名に関する経時的な変化と GRP の関係を検証し，以下の知見を得ている。

・所定の GRP では広告再生が低い場合より高い方が，高いブランド知名をも

たらす．
・広告の説得スコアとトライアル購買を行った世帯数との間には強い相関がある．
・広告の説得力は消費者が情報処理してしまったときに衰える．
・広告投下量が約1,250GRPに達成すると説得力は60％失われ，逆に60％の知名を得るためには，2,700GRP以上必要である．
・GRPが増えると再生と知名は増加するが，説得力は指数関数的に減少する．

　分析に際して，BlairはGRPと説得力の関係を見ているが，広告に対する評価は一次元ではなく，多次元で評価されるものであり，説得力だけで見ることの妥当性について検討すること，他の測定項目の予測可能性について検討することも必要といえる．その後，Blair（2000）では，20個のスプリットケーブル・テストを用いて，ウェアインとウェアアウトの効果を分析している．広告想起とトライアルを測定した結果，広告にはウェアインとウェアアウトが存在し，高い説得力スコアの広告は，より説得力スコアの低い広告よりGRPが多くなるにしたがって，より強いウェアインを示すが，効果のない広告はウェアインもウェアアウトも起こさないことを明らかにしている．また，Blair同様，説得力に着目したMasterson（1999）は，パッケージ・グッズやサービスなど6カテゴリーの競合するブランドの広告23組を対象に，広告効果がいかに経時変化するかを説得力スコアとメディア費用を用いて分析した．説得力スコアはコンスタントに減少し，変化の大きさはメディア費用が大きいほど増加する，また，広告の販売力はウェアアウトのために予想通り減少すると指摘している．

　スキャンパネルデータを用いて，ブランド選択と購買量に対する広告露出の効果を検証したTellis（1988）は，ブランド選択モデルの中に対数変換した広告露出量を取り込んでおり，広告効果は「慣れ」のために逓減することを見出し，広告効果の性質を明らかにしている．また，Jones（1995）は短期効果が長期効果につながることを検証し，Jones and Blair（1996）は，広告再生を売上げの測定尺度とすることは誤りである，広告の販売への影響力はオンエアと

ともに下降するが，パワフルな広告キャンペーンは何年も効果が持続する，長期効果は継続的な短期の販売効果に裏付けられていると主張している。フィールドデータを用いたこれらの研究は，実務に役立つ興味深い結果といえる。

ウェアインとウェアアウトに関する厳密，かつ大規模なフィールド調査に基づいた Tellis, Chandy and Thaivenich (2000) では，フリーダイヤル・サービスのテレビ広告の効果を時間単位で分析するモデルを開発し，どのような広告が，どのテレビ局で，どのくらいの期間効果があるのかを推定した。得られた主な知見は以下の通りである。

・広告による行動的反応は，使用に伴って確実に減少する。
・ウェアインは即座に起こり，最も強い反応は広告がオンエアされた最初の週に発生する。
・ウェアアウトは 2 週目から生じ，広告の寿命のかなり早期に始まる。
・ウェアアウトは，オンエアの最初の 2～3 週目で急勾配になる。
・広告は当期効果と遅延効果があり，遅延効果は急速に衰える。
・広告効果はテレビ局，広告表現によって異なる。
・広告表現を制作してからの時間（期間）や使用レベルに強い効果はない。
・広告反応は市場横断的に似ており，より大きな市場では強い。

ウェアアウトの研究の中で「忘却」について議論されることも多い。その中でしばしば引用される古典的研究として Zielske (1959) がある。広告の非助成再生率を集中型と分散型で比較した結果，集中型では，急速に広告再生率が上昇し，13週後には63%に達するが，忘却も早く，その 4 週間後にはすでに最高値の半分程度に落ち，再生率の低下の度合いは徐々に減少し，52週目に近づくにつれて緩やかなカーブを描くことを見出している。一方，分散型では，広告接触後の再生率上昇と，その後の再生率低下を繰り返しながら，鋸の歯のような形を描き，全体としては再生率を上げる。したがって，集中型の方が分散型よりも広告の記憶は急速に進む，広告に接触しなくなると直ちに忘却が起こる，広告への接触回数が多いほど，忘却の割合は大きい，広告目標が一時的にせよ広告再生者数を最大にすることならば，集中型が望ましい，期間中の平均

広告記憶者数を最大にすることならば分散型が良いといえる。Zielske の研究は広告投下計画に大きな示唆を与えたという意味で意義深いものである。

一連のウェアアウトに関する研究では，広告内容を考慮していないという問題意識から，テレビ広告の投下に伴うウェアアウトについて検討した竹内 (1998) は，広告表現に対する過剰感の発生と，その結果生じる広告への態度やブランドへの態度に対する負の効果である「ウェアアウト」の形成要因とその影響を探る「ウェアアウト発生モデル」を提案している。ウェアアウト発生モデルでは，「過剰感」をウェアアウトの媒介変数として導入し，大量の広告投下だけでなく，広告内容への反応も過剰感の発生原因となり，広告への態度やブランドへの態度に対して悪影響を及ぼすという結果を導いている。

Naik, Mantrala and Sawyer (1998) は，一定の予算内で広告露出の最適なメディア計画を決めることは重要な課題であるという認識から，連続型よりパルシング型の方が全想起率をより高くすると仮定して，「繰り返しによるウェアアウト」と「コピーによるウェアアウト」を組み込んだモデルを構築し，実証している。広告の質はウェアアウトの発生で減衰し，広告休止期間の忘却効果により回復し，広告の質の強化になる。こうしたダイナミクスのため，広告の中断には意味があり，実務でよく行われていることに着目している点で意義深い研究である。しかしながら，具体的な広告内容の質に関する議論には至っていない。

Naik らのウェアアウトの定義を用いた研究として Bass, Bruce, Majumdar and Murthi (2007) が挙げられる。従来の広告反応モデルでは，1つのメッセージを広めるために広告予算を使っていると仮定しているが，実務では異なる広告テーマを用い，それぞれのテーマ内で異なるバージョンの広告を扱っているという問題意識から，異なるテーマのダイナミックな効果を評価している。広告キャンペーン内容の忘却のみならず，ウェアアウト効果を加味したモデルを構築し，異なる広告テーマ間のウェアアウト効果の違いとその相互作用を検討した。扱った広告テーマは，行動を促す刺激型，製品訴求型，価格訴求型，再接触訴求型，安心訴求型の5つ，投下量の変数は GRP である。「コピーに

よるウェアアウト」のパラメータはテーマ間で異なるものの，いずれも正で有意となった。また，感情的な訴求より理性的な広告の方が「コピーによるウェアアウト」を起こしやすいことを見出している。一方，「繰り返しによるウェアアウト」は負になり，ウェアインは発生しているが，ウェアアウトは起こしていないことが確認された。Bass らの研究は，広告の質のみならず，その内容による差異を検証しており，ウェアインとウェアアウトに関する重要な知見を得ているが，実際の広告内容は確認しておらず，対象としたカテゴリーもテレコミュニケーション・サービスの広告のみである。したがって，さらに具体的な広告内容に踏み込み，対象カテゴリーを増やして，一般化する必要があるといえる。

5　本書で取り組む課題に関するまとめ

5.1　ポジティブな短期効果：広告によるプロモーション効果

　上記の通り，広告効果に関する多くの先行研究を概観し，その成果と知見を確認したが，最初に，短期的なポジティブ効果として，いわゆるマーケティングの4Pの1つである「プロモーション効果」を検討する必要があるだろう。まず，「広告の投下量（GRP）はどの程度認知率獲得に効くのか」という疑問に対する答えを見つけたい。これは，実務の広告担当者であれば誰でもが感じる極めて素直な，かつ素朴な疑問であり，悩みでもある。しかしながら，それに対する答えを出すのは意外に難しい。また，「ブランド・パワーによって広告の効き方は異なるのではないのか」という疑問も当然浮かんでくる。そこで，これらに答えるべく，短期的な広告出稿の効果に焦点を当て，製品カテゴリーやブランドの相対的地位によって広告効果がどのように現れているのかを検討する（第2章「広告投下による短期効果とブランド・パワーの分析」）。

　先行研究で見てきたように，従来，広告効果測定といえば，広告投下量と売上げの関係，すなわち「量的効果」に重点を置く傾向があり，一方，広告物・

内容が消費者に対していかなる効果を持っているのか，その「質的効果」について積極的に測定・議論されることは少なかった。しかしながら，広告の内容によって好意，理解，購買意図を示し，ブランドに対する価値を形成すると考えれば，質的効果を測定することは，ブランド・エクイティの観点からも必要である。そこで次に，広告表現内容による効果というテーマを検討する。たとえば，面白いと感じられる広告は，好きだ，楽しいと思ってもらえるだろう。ただし，購買意図の形成には役立たないのではないのか。平凡でおとなしい印象の広告では振り向いてももらえないのではないのか。こうした疑問もごく自然に思い浮かぶ。では，どういう広告内容であれば，好意を得られるのか。また，買いたいと思ってもらえる広告内容はいかなるものなのか。好意と購買意図の評価は一致するのか，それとも異なるのか。そこで，広告内容による質的効果を取り上げ，広告に対する反応をどのような測定尺度で測れば良いのかを検討する（第3章「テレビ広告の質的内容による短期効果」）。

　3つ目は「広告認知と店頭配荷による販売への影響」（第4章）である。広告の最終的なゴールともいうべき「売上げ」に対して，どれだけ寄与できるのかという疑問も，実に基本的なものであるが，その実態をどれほど把握できているのかという観点に立つと，その答えはかなり覚束ないものになる。従来，人的販売が対流通に効果があり，営業活動こそ店頭配荷を上げる要であるといわれてきた。いわゆるプッシュ戦略である。それに対して，広告は直接消費者に働きかけて需要を喚起し，その吸引力で流通に間接的に影響するといわれている（プル戦略）。そこで，従来ブラックボックス化していた広告の認知率を，アウトプットに影響を及ぼす変数として明示的に組み込んだ分析フレームとモデルを提案し，広告による店頭配荷への影響，また，両者の売上げに対する効果を実証的に分析する。

5.2　ネガティブな短期効果：広告表現内容がもたらす誤認

　1回でも広告が露出されれば誤解を生じる可能性があるという点に着目し，短期のネガティブ効果として「誤認」を取り上げ，先行研究を精査した。その

結果，実験手法が多く，その制約による限界や対象カテゴリーの点でも検証すべき課題があることが確認された。

　実際の広告の中に，消費者に不利益を与える広告として過去に行政処分や指導を受けている事例がある。たとえば，携帯電話や医療保険の広告である。携帯電話の料金プランの体系は複雑であり，新規参入ブランドによる価格攻勢などの市場環境の激化に伴い，広告の内容も消費者から誤認を受けやすい表現となり，社会問題化した。一方の医療保険分野でも外資系企業の新規参入が活発であり，サービスの種類も多岐にわたる。また，広告紙面だけでは十分に説明できないほど契約が複雑で，加入する消費者側も十分理解した上で，これらのサービスの購買を意思決定しているとは限らない。その結果，金融庁から業務改善命令という形で各社とも指導を受け，保険金の不払いが問題視され，事件として取り上げられた。こうした背景を持つ携帯電話と医療保険を対象に，広告への誤認の有無のみならず，その程度によって広告効果プロセスに対していかなる影響を及ぼすのかを検討する（第5章「携帯電話広告の表示に対する消費者反応の分析」と第6章「医療保険広告の表示に対する消費者反応の分析」）。モデル構築とその実証に際しては，消費者の関与や価値観といった購買決定の背後に存在し，影響を及ぼす要因を明示的に扱うとともに，すでに培われたブランド価値やブランド・イメージなどの要因からの影響も考慮し，誤認がもたらす広告効果への差異を検証する。

5.3　ポジティブな長期効果：ブランド価値を醸成する広告の役割

　長期的なポジティブ効果を検討するに当たり，第Ⅰ部で検討するテーマを発展させ，データに基づいて実証する。1つ目は，同一ブランドの広告が，同じ訴求で異なるCMとして継続的に投下される場合，過去に形成された広告イメージの残存による影響を考慮する必要があるという問題意識から，テレビ広告における広告イメージの累積効果を検討する（第7章「テレビ広告の質的内容による累積効果」）。広告効果が累積する場合，必ずしも効果が上がるばかりではなく，下がってしまうという好ましくないケースも想定される。そこで，

「広告内容はどのような累積パターンに分類できるのか」という疑問に対して，累積効果の良し悪しを識別できるモデルを定式化して，実証分析を行う。

「売上げに対して何がどのように影響するのか」という疑問に解を見出したいというのが2つ目の課題である（第8章「消費者のメンタル・プロセスを組み込んだ統合型広告効果測定モデル」）。第Ⅰ部の短期効果で検証したプルとプッシュ，2つのルートによる「売上げ」への影響を拡張し，メディア・ミックスや長期投下の影響，消費者反応のメンタル・プロセス[12]，店頭プロモーションを盛り込み，「統合型広告効果測定モデル」を提案し，実証分析を行う。

5.4　ネガティブな長期効果：広告の消耗・寿命

広告の消耗・ウェアアウトは，長期のネガティブ効果として避けられない問題である。テレビ広告などを見ている人なら，誰でも感じたことのある「また，あの広告か。見飽きたな」という感情である。前述の通り，ウェアアウトについてはある程度研究の蓄積や知見がある。また，ウェアアウトが起きたらどうなるのかも常識の範囲で想定できる。しかしながら，どのような内容の広告だと飽きられやすいのか，逆に，どうしたらウェアアウトは発生しにくくなるのか，ウェアアウトを起こしにくい広告とはどのような内容なのかについては解明されていない。そこで，実際に長期間にわたりオンエアされたテレビ広告を分析対象とし，具体的な飽きの発生要因を明らかにする（第9章「テレビ広告のウェアアウトの発生とその要因」）。

(1) Machleit, Allen and Madden (1993) は，ブランドへの興味度をブランドへの態度とは異なるとし，「接近，探索，遭遇を動機づけるもの」と定義している。
(2) ある時点までは評価が上昇し，それ以後は下降する反応型のことである。
(3) 順向とは，前に記憶・学習したことによって次の記憶・学習が妨害されることをいう。
(4) 景品表示法に関する業務は平成21年9月1日，消費者庁に移管された。優良誤認，有利誤認については，第5章で説明するので参照されたい。
(5) 竹内・西尾 (1998) がブランド・エクイティと広告効果に関するレビューを行っているので詳細を参照されたい。

（6） ケーブルテレビの契約者を2群に分け，異なるコピー内容や広告量を投下し，対象世帯の購買記録をスキャナデータで収集することによって広告の売上げに対する効果を測定する手法である。
（7） 低水準を維持しながら，重点的な波を作って定期的に補強する投下パターンである。
（8） ここでは原著にしたがって「一様型」としているが，後述の「連続型」と同義であり，所定期間を通じて均等に露出する投下パターンである。
（9） 平均的な個人または世帯が，特定期間内にメッセージにさらされる回数のことである。
（10） 特定の期間内に少なくとも1回，特定の媒体スケジュールにさらされる個人または世帯数のことである。
（11） 幾何減衰型の残存効果を想定したモデルである。
（12） 広告への態度からブランドへの態度が形成され，購買行動へつながるプロセスを指す。

第Ⅰ部

ポジティブな短期効果：
広告によるプロモーション効果

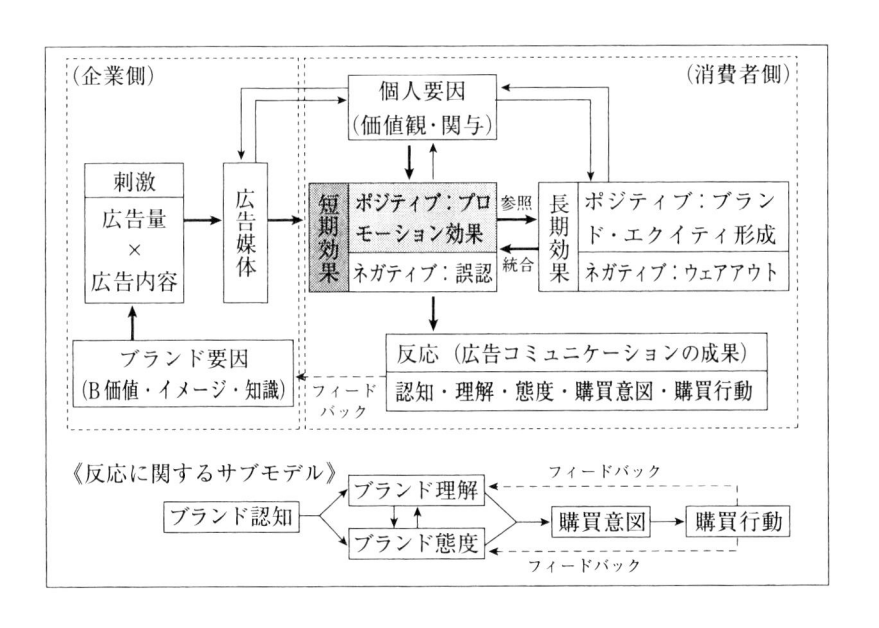

```
(企業側)                              個人要因                (消費者側)
                                   (価値観・関与)
   刺激
  広告量      広告     短期   ポジティブ:プロ  参照  長期   ポジティブ:ブラン
   ×        媒体    効果   モーション効果        効果   ド・エクイティ形成
  広告内容                 ネガティブ:誤認   統合         ネガティブ:ウェアアウト

  ブランド要因                        反応（広告コミュニケーションの成果）
 (B価値・イメージ・知識)       フィード    認知・理解・態度・購買意図・購買行動
                          バック
```

```
《反応に関するサブモデル》                     フィードバック
                     ブランド理解
     ブランド認知                     購買意図 → 購買行動
                     ブランド態度
                                         フィードバック
```

第2章　広告投下による短期効果と
ブランド・パワーの分析

　第1章で述べた通り，短期効果としての広告測定は，広告投下量の量的効果と，広告内容による質的効果の両側面から捉える必要がある。また，効果測定の尺度として，認知率，広告への理解，好意，購買意図，実際の購買行動の結果としての売上げなど，どの変数を用いて評価するのかという問題もある。これらの点を整理しないと，一体どこから取りかかれば良いのかと悩むことになり，解決の糸口がつかめない。その答えは次の2つの点にある。1つ目はよりシンプルな広告効果測定モデルを構築し，少ない変数でより正確に現象を捉えられることである。2つ目は実務の効果測定でも扱いやすいことである。これは1つ目に関連するが，シンプルであるほどデータのハンドリングがしやすく，定期的に広告の効果測定が必要な実務においても適用可能となる。

　効果の発現を時間軸で考えてみよう。ブランド育成のためには，まず広告投下によって，広告ブランドの認知を形成する必要があり，その上で広告内容の理解促進，購買意図の形成，さらにブランド価値の醸成と進んでいく。認知形成に関しては，広告の中でもテレビ広告の担うところが大きい。したがって，第一にテレビ広告の投下と認知率の関係を解明する必要がある。そこで第2章では，短期的な広告出稿による量的効果と，その成果としての認知率に焦点を当て，効果測定のモデルを定式化し，実証分析する。また，広告効果の現れ方は製品カテゴリーやブランド間で異なるという仮説の下，製品カテゴリーやブランドの相対的地位による認知形成の異同を検証する。さらに，本章のモデルで用いる広告想起[1]の指標「広告想起継続率」と「広告想起参入率」の有効性と妥当性についても合わせて検討する。

1　広告投下による短期効果に関する仮説

　広告効果とブランドとの関係を検討した論文の中で，ブランド育成のために広告がどのように有効であるのか，また，ブランド育成における広告の役割についても言及されている。しかしながら，広告ブランドのブランド・パワーといった視点からのアプローチはあまり行われていない。さらに，ブランド・マネジメントのための広告計画立案という視点から包括的に枠組みを提示したものはほとんど見当たらない。

　ブランド認知は，ブランド・エクイティの源泉の1つであり，消費者に名前を思い出させるよう作用を及ぼす広告によって認知度を高め，購買意思決定に影響を与える（Aaker 1991）。ブランド・エクイティを有するブランド・パワーの強いブランドは，当然広告によって高いブランド認知を形成していると考えられる。ブランド・エクイティがあるか，あるいは，強いブランドであるかどうかに関して，売上高，市場シェアなどの市場成果を問題とする立場や，ブランド知名率，ロイヤルティといった消費者の反応を重視する視点など捉え方に違いが見られるが，「どれだけ長続きしているか」という観点からブランドの強さを考える場合，継続的コミュニケーションによる持続的な競争優位が重要である（青木 2000）。また，短期的なコミュニケーション効果の積み重ねが長期効果のベースになる。したがって，継続的なコミュニケーションを前提とした上で，ブランド・パワーの違いによる短期的な効果測定を消費者反応として捉えるという視点は重要といえる。

　相対的に地位が高く，強いパワーを持つブランドは，継続的なコミュニケーション活動の展開により，広告想起やブランド認知が蓄積され，また，記憶として保持され，異時点間で広告想起調査を実施しても継続的に想起されるといった安定した構造を有すると考えられる。しかしながら，相対的地位の低いブランドでは，蓄積された広告想起を形成できておらず，毎回ある一定量の広告を投下することによって，毎回新規広告想起者を獲得しなければならない。さ

らに，広告投下による刺激を繰り返す結果として，安定した広告想起者，すなわち継続的に想起する広告想起者を獲得できるようになるというプロセスを経るだろう。つまり，$t-1$ 期（前期）の広告想起継続や新規参入が t 期（当期）に残存し，t 期の想起率に影響する。しかも，その効果はブランド・パワーによって異なると考えられる。そこで，「継続」と「参入」に関して2つの仮説を設定する。

- H1：広告想起継続の残存効果は，ブランドの相対的地位の高い「高パワー・ブランド」の方が，相対的地位の低い「低パワー・ブランド」より大きい。
- H2：広告想起参入の残存効果は，「低パワー・ブランド」の方が「高パワー・ブランド」より大きい。

一方，広告投下量による効果の研究は多く行われており，認知率への効果に関するいくつかのモデルが提案されている（Lilien, Kotler & Moorthy 1992）。また，Rossiter and Danaher（1998）は，どのような投下パターンで投下すると良いのかについて新製品と既存品に分けて投下パターンを提示した。ブランド認知を高め，消費者の想起集合にそのブランドを入れるために，GRPを高めること，また競合ブランドとの関係を考慮して上位ブランドに位置づける継続的な努力が必要であるという指摘もある（岸 1997）。広告投下はブランド認知を高めるための手段であり，新製品の場合に限らず，ブランド地位の確立途上にあるブランド・パワーの弱いブランドでは当然のことながら大量の広告投下が必要となるだろう。また，既存品で，しかもブランド認知を獲得している強いブランドでは，費用として無駄が発生するような過剰な露出を避けつつも，ブランド認知を維持させるべく投下することが必要となる。相対的地位の違いによって投下量にも差が生じるという考え方から，次の仮説を設定する。

- H3：広告投下量は，「低パワー・ブランド」の方が「高パワー・ブランド」より多く必要である。

2 「広告想起継続率」「広告想起参入率」及びブランド・パワーの定義

2.1 広告想起継続率と広告想起参入率の定義

フィールドでデータを収集する場合，対象者を固定し，継続してデータを収集することは困難を伴うと考えられるが，ブランド育成が広告の目的であるなら，長期間にわたって広告効果が測定できるようなデータ収集の方法を開発する必要がある。これを実現したのが，㈱ビデオリサーチの Mind-TOP™ である。ブランド選択・購買を店頭 POS データでトラッキングし，消費者の購買行動を把握するという発想と同様，消費者のブランド認知に対する心の中の変化をトラッキングする，すなわちブランド認知を「心の POS データ」として捉えようという発想で，同一対象者によるパネル標本への経時調査が1999年7月から実施されている。Mind-TOP™ は図2-1に示すように，広告に対する想起率を広告継続率と広告参入率に分解することができる。広告継続率とは，$t-1$期（2週間前）に想起があり，t期（当該週）にも想起がある対象者の率で

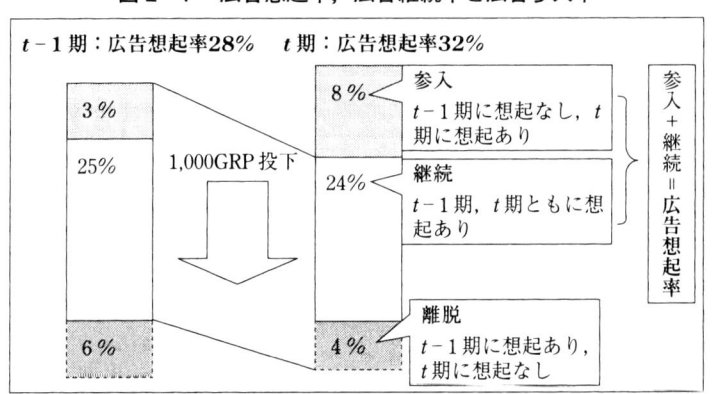

図2-1 広告想起率，広告継続率と広告参入率

$t-1$期：広告想起率28%　　t期：広告想起率32%

3%		8%	参入 $t-1$期に想起なし，t期に想起あり	参入 ＋ 継続 ＝ 広告想起率
25%	1,000GRP 投下	24%	継続 $t-1$期，t期ともに想起あり	
6%		4%	離脱 $t-1$期に想起あり，t期に想起なし	

ある。一方，広告参入率は，$t-1$期に想起がなかったのに対して，t期には想起がある対象者の率である。したがって，t期の広告想起率は，t期の広告継続率と広告参入率を加算したものである。従来，広告認知率という場合，この想起率全体を示しており，具体的にその内容を把握できるものではなかった。しかしながら，木戸（2001）が述べているように，認知率の表面的な増減ではなく，Mind-TOP™という心理的スキャンパネル調査による測定であれば，広告想起の継続率はもとより，新規参入率と離脱率という流動性を把握できる。たとえば図2-1のように，$t-1$期に28％であった想起率全体は，次期t期には4％が離脱し，残り24％が継続になっている。すなわち，t期広告想起継続率＋t期広告想起離脱率＝$t-1$期広告想起継続率＋$t-1$期広告想起参入率となっている。t期には，新たに8％が新規参入し，トータル32％の広告想起率になる。

広告想起継続率は，想起集合に留まる力であり，広告ブランドに対するロイヤルティの尺度ともいえる。また，広告想起参入率は，前期に想起がなかった対象者が当期には想起したことを示している。これは広告投下による短期効果を示しているに他ならない。

2.2 ブランド・パワーの定義

特定の製品カテゴリーにおいて，驚異的な持久力により，数十年もの間市場のリーダーであり続けるブランドが存在する。Keller（1998）は，こうしたリーディング・ブランドは，①財務上及び知覚上の著しいベネフィットを有しており，②理性的メッセージと情緒的メッセージをバランスよく備え，当該カテゴリーにおいてコア・ベネフィットを有している，③一貫性があり，価格ではなく品質に焦点を当てており，④広範なマーケティング手段を用いて，成果を全体的に高めているとして，強いブランドを定義している。一方，Aaker（1996）は，強いブランドとは何かという視点から，真の競争優位を導くブランド・アイデンティティの開発，実行，管理の必要性と方策について提唱している。そこで本章でも，ブランド・パワーを定義するに当たって，単なる売上

高だけをブランド・パワーの源泉として捉えるのではなく，Mind-TOP™ で測定している「ブランド考慮率」[2]に着目し，さらにブランド考慮に対する「継続率」を用いて，ブランド・パワー（BP）を定義する。

$$BP_j = \frac{\text{期間平均ブランド考慮継続率}_j}{\text{期間平均ブランド全考慮率}_j}$$

ここで，$BP_j \geq 0.70$ のとき，ブランド j を高パワー・ブランド，

$BP_j < 0.70$ のとき，ブランド j を低パワー・ブランドとする。

3 「広告残存効果モデル」の定式化

企業によるマーケティング努力の成果は，それが行われた当該期間だけでなく，それ以降の期間までその効果が残存すると考えるのが適当である（片平 1987）。当期効果に比較して残存効果の大きさが時間の経過とともにどのように推移していくのかに関して，従来多くの実証研究が行われてきた。広告の長期効果の測定は，計量経済学的なフレームと分析方法によって，販売量と広告費の関係として捉えられており，その代表が Koyck 型の計量経済学的な回帰モデルである。しかしながら，残存された前期分の広告効果を明確に定義し，また，計量できなかったため，先行研究では概念的議論が中心になっていた感が否めない（木戸 1997）。入力情報（広告投下 GRP）に対する出力情報（広告想起率）としての感度が十分でなかったことに起因している。本章では，Mind-TOP™ による継続的な測定を前提に，企業側の入力情報としての広告投下 GRP と消費者からの出力情報としての「広告想起率」を扱う。まず「t 期広告想起率」を「$t-1$ 期の広告想起率」と「t 期テレビ広告出稿量」の関数として捉える。

$$Y_{jt} = f(Y_{jt-1}, GRP_{jt}) \tag{1}$$

ただし，Y_{jt}：ブランド j の t 期の広告想起率

Y_{jt-1}：ブランド j の $t-1$ 期の広告想起率

GRP_{jt}：ブランド j の t 期のテレビ広告出稿量

岸(2000)は,広告には新規顧客の獲得と長期的顧客基盤形成の土台を作る機能があるとしている。そこで本章でも,広告想起率全体を広告想起参入率と広告想起継続率に分解して扱う。

$$Y_{jt-1} = YStay_{jt-1} + YIn_{jt-1} \tag{2}$$

ただし,$YStay_{jt-1}$:ブランド j の $t-1$ 期の広告想起継続率

YIn_{jt-1}:ブランド j の $t-1$ 期の広告想起参入率

ここで,$t-1$ 期広告想起継続率と $t-1$ 期広告想起参入率の t 期への残存効果はそれぞれ異なると仮定し,(1),(2) 式より (3) 式を得る。

$$Y_{jt} = \alpha_1 YStay_{jt-1} + \alpha_2 YIn_{jt-1} + \beta GRP_{jt} + \varepsilon_{jt} \tag{3}$$

ただし,α_1, α_2, β:それぞれ広告想起継続率,参入率,広告投下 GRP のパラメータ

ε_{jt}:定数項

なお,(3) で示した本モデルを「広告残存効果モデル」と呼ぶ。

4 「広告残存効果モデル」の検証に用いるデータ

実際にオンエアされたテレビ広告の出稿データと,消費者に対する広告想起率の継続的な調査データを用いる。製品カテゴリーとして,ビール,即席麺,お茶飲料,缶コーヒー,メイクアップ化粧品,シャンプー(メイクアップ化粧品とシャンプーの対象者は女性のみ)の6カテゴリーを選択し,カテゴリー内の主要ブランド計83のブランドを対象とする。分析に用いるデータは2001年10月から2002年7月までの9ヶ月間,㈱ビデオリサーチ Mind-TOP™ で測定した広告想起データ[3]である。Mind-TOP™ の概要は以下に示す通りである。

・地域:関東1都6県
・標本数:約2,000(18-59歳男女)のパネル調査
・抽出法:㈱ビデオリサーチの Online パネルからクォータ法(男女10歳毎均等割付)で抽出
・調査方法:インターネット調査

・測定指標：製品カテゴリー提示による想起広告と考慮ブランド

広告想起データは，Mind-TOP™にて2週間間隔で測定し，調査対象者に対して「○○（製品カテゴリー，たとえばシャンプー）と聞いて思い浮かぶ広告をすべてあげてください」という質問を行い，収集する。これらをブランドごとに集計し，毎回の広告想起継続率と広告想起参入率を算出する。広告出稿量は，㈱ビデオ・リサーチの関東地区テレビ15秒換算の世帯GRPを使用する。

5 「広告残存効果モデル」のパラメータ推定結果

前述のブランド・パワーの定義に基づいて，製品カテゴリーごとに高パワー・ブランドと低パワー・ブランドに二分し，分析した。6製品カテゴリー×2グループ（ブランド・パワー高低）の推定されたパラメータ α_1，α_2，β はいずれも5％水準で有意であった（表2-1）。自由度調整済み決定係数（adj-

表2-1 パラメータの推定結果（標準化偏回帰係数）

	BP	サンプル数	adj-R^2	α_1（継続率）	α_2（参入率）	β（GRP）
ビール	高	152	0.967	0.837	0.222	0.042
	低	57	0.848	0.448	0.288	0.378
即席麺	高	152	0.978	0.726	0.230	0.131
	低	76	0.874	0.584	0.398	0.408
お茶飲料	高	133	0.934	0.773	0.256	0.189
	低	100	0.895	0.618	0.466	0.277
缶コーヒー	高	114	0.988	0.853	0.150	0.031
	低	76	0.652	0.520	0.339	0.472
メイク化粧品	高	95	0.841	0.879	0.233	0.100
	低	171	0.853	0.515	0.358	0.403
シャンプー	高	247	0.977	0.707	0.204	0.126
	低	76	0.987	0.651	0.286	0.100

(注) 全てのパラメータは5％水準で有意。

図2-2　標準化偏回帰係数の比率

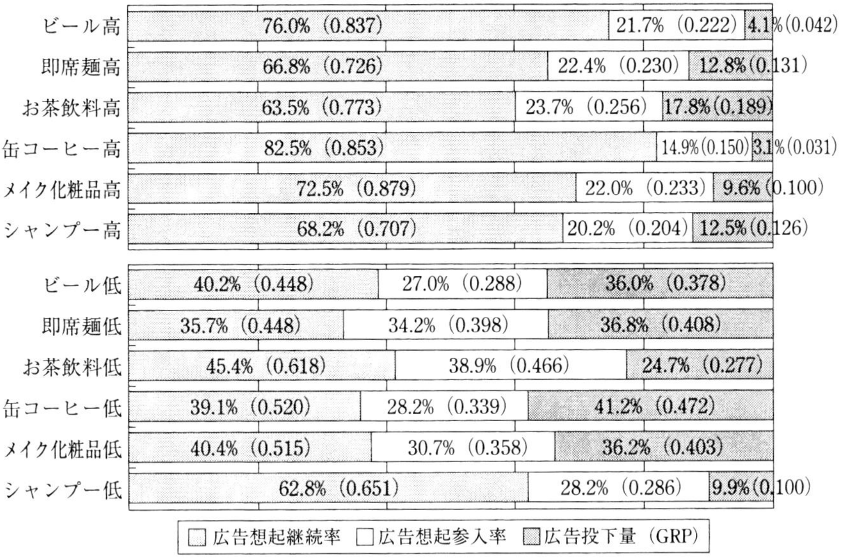

カテゴリー	広告想起継続率	広告想起参入率	広告投下量（GRP）
ビール高	76.0% (0.837)	21.7% (0.222)	4.1% (0.042)
即席麺高	66.8% (0.726)	22.4% (0.230)	12.8% (0.131)
お茶飲料高	63.5% (0.773)	23.7% (0.256)	17.8% (0.189)
缶コーヒー高	82.5% (0.853)	14.9% (0.150)	3.1% (0.031)
メイク化粧品高	72.5% (0.879)	22.0% (0.233)	9.6% (0.100)
シャンプー高	68.2% (0.707)	20.2% (0.204)	12.5% (0.126)
ビール低	40.2% (0.448)	27.0% (0.288)	36.0% (0.378)
即席麺低	35.7% (0.448)	34.2% (0.398)	36.8% (0.408)
お茶飲料低	45.4% (0.618)	38.9% (0.466)	24.7% (0.277)
缶コーヒー低	39.1% (0.520)	28.2% (0.339)	41.2% (0.472)
メイク化粧品低	40.4% (0.515)	30.7% (0.358)	36.2% (0.403)
シャンプー低	62.8% (0.651)	28.2% (0.286)	9.9% (0.100)

（注）カッコ内の数値は標準化係数

R^2）は0.8以上が11グループ，0.8以下が1グループとなり，「広告残存効果モデル」は説明力の高いモデルであるといえる。

　本章の目的は，ブランド・パワーの違いによって広告効果に差が出るという視点から，その効果について検証することであり，高パワー・ブランドでは，「広告想起継続が低パワー・ブランドより大きい」（H1）を，また，低パワー・ブランドでは，「広告想起参入が高パワー・ブランドより大きい」（H2），「広告投下量は高パワー・ブランドより多く必要である」（H3）を設定した。

　まず標準化偏回帰係数により，独立変数である「$t-1$期広告想起継続率」「$t-1$期広告想起参入率」「t期広告投下量」の「t期広告想起率全体」（従属変数）への影響を比較してみた。図2-2は推定パラメータの全体を100として，α_1（継続率），α_2（参入率）とβ（GRP）を図示したものである。製品カテゴリーにかかわらず，高パワー・ブランド群では，継続率が7～8割といった大きな割合を占め，参入率が2割程度，広告投下は1割程度である。一方，低パワ

ー・ブランド群では，継続率が4割程度（シャンプーのみ6割強）であるが，参入率は2～3割で，高パワー・ブランドより若干多いことがわかる。さらに，広告投下が2～4割を占めるという傾向が大きな特徴として見られる（シャンプーは約1割）。つまり，高パワー・ブランドでは，広告想起継続の比率が，また，低パワー・ブランドでは広告想起参入の比率が大きい。さらに低パワー・ブランドでは広告投下の比重が大きい。したがって，仮説で設定した通りの傾向が見られる。

そこで次に，計量経済分析の方法（マダラ 1996）を用いて，製品カテゴリー別に高パワー・ブランドと低パワー・ブランドを比較し，統計的に有意差が見出せるかどうかを検討した。その結果は表2-2に示す通りである。

ビールと化粧品の製品カテゴリーでは，高パワー・ブランドの方が広告想起継続率のパラメータが有意に大きいことが検証され，H1は一部支持された。お茶飲料では，仮説とは逆に高パワー・ブランドの方が広告想起参入率のパラメータが大きく，他の製品カテゴリーでは有意差が見出せなかった。したがって，H2は支持されなかった。H3に関しては，お茶飲料で仮説とは反対の結果となったが，即席麺と化粧品のカテゴリーで仮説通り，広告投下量は低パワー・ブランドのパラメータが有意に大きいという結果になった。ただし，缶コーヒーとシャンプーの製品カテゴリーでは，いずれも明確な有意差が出なかった。缶コーヒーでは，低パワー・ブランド群でモデルのフィットが若干悪く，また，シャンプーでは低パワー・ブランド群でサンプル数が少ないなどが原因として考えられる。これらの結果をまとめると，得られた知見は以下の2点である。

(1) 高パワー・ブランドは，それまでに培った高いブランド・パワーがあり，広告想起継続率が高く，安定している。したがって，継続率を維持・強化することが広告想起率全体を維持・強化することにつながり，そのための広告出稿を行うことが必要である。

(2) 低パワー・ブランドは，広告想起による残存効果を期待できるほどのブランド・パワーをいまだ確立できていないといえ，広告投下GRPによって継続率と参入率を増加させ，ブランド・パワーを蓄積しなければならな

表2-2 高パワー・ブランドと低パワー・ブランドの比較

	ビール		
	非標準化係数	標準化係数	t値
前期広告想起継続率傾きダミー	0.340	0.316	2.384**
前期広告想起参入率傾きダミー	0.120	0.041	0.563^{ns}
当期GRP傾きダミー	−0.001	−0.033	−1.011^{ns}

	即席麺		
	非標準化係数	標準化係数	t値
前期広告想起継続率傾きダミー	0.062	0.099	0.624^{ns}
前期広告想起参入率傾きダミー	−0.068	−0.029	−0.493^{ns}
当期GRP傾きダミー	−0.002	−0.047	−1.960**

	お茶飲料		
	非標準化係数	標準化係数	t値
前期広告想起継続率傾きダミー	0.048	0.042	0.540^{ns}
前期広告想起参入率傾きダミー	0.252	0.088	1.964**
当期GRP傾きダミー	0.001	0.038	2.074**

	缶コーヒー		
	非標準化係数	標準化係数	t値
前期広告想起継続率傾きダミー	0.161	0.138	0.371^{ns}
前期広告想起参入率傾きダミー	0.418	0.080	1.005^{ns}
当期GRP傾きダミー	0.001	0.014	1.080^{ns}

	化粧品		
	非標準化係数	標準化係数	t値
前期広告想起継続率傾きダミー	0.125	0.115	1.759*
前期広告想起参入率傾きダミー	−0.143	−0.057	−1.241^{ns}
当期GRP傾きダミー	−0.002	−0.074	−4.302***

	シャンプー		
	非標準化係数	標準化係数	t値
前期広告想起継続率傾きダミー	−0.038	−0.029	−0.638^{ns}
前期広告想起参入率傾きダミー	−0.045	−0.013	−0.259^{ns}
当期GRP傾きダミー	0.000	0.009	0.191^{ns}

(注) ***は1%水準, **は5%水準, *は10%水準で有意差あり。また, nsは有意差なし。

い。

6 推定パラメータによるシミュレーション

6.1 t 期に必要な広告投下量

Zielske and Henry (1980) は,広告再生に関して学習と忘却が同時に起こると仮定し,モデルを提案し,合わせて再生に必要なGRPを算出している。一方,本章で提案した「広告残存効果モデル」では,$t-1$期からt期に対して維持される広告想起があるが,それは逓減していくこと,また,それを補完するために,広告投下が必要なことを示している。そこで,各製品カテゴリー,及び高低パワー・ブランド別に広告想起を維持するために必要なGRPをシミュレーションした。初期水準は,どの製品カテゴリーでも想起率20%,その内

表2-3 t期に投下すべき広告出稿量 (GRP)

	ビール		即席麺		お茶飲料	
	高	低	高	低	高	低
「継続」によって維持	14.90	9.36	14.92	14.34	14.30	13.37
「参入」によって維持	4.73	3.07	3.75	4.05	4.50	3.80
t期に維持される想起全体	19.54	13.86	19.14	18.62	18.92	17.33
t期に広告投下量で補完すべき%	0.46	6.14	0.86	1.38	1.08	2.67
t期に必要なGRP	933	3,960	307	363	465	1,851
	缶コーヒー		メイク化粧品		シャンプー	
	高	低	高	低	高	低
「継続」によって維持	14.69	11.95	13.57	12.17	13.85	14.53
「参入」によって維持	4.70	2.43	2.92	3.33	3.95	4.27
t期に維持される想起全体	19.33	14.69	19.83	16.20	18.28	18.86
t期に広告投下量で補完すべき%	0.67	5.31	0.17	3.80	1.72	1.14
t期に必要なGRP	716	5,755	240	1,659	802	635

訳を継続率15％，参入率5％とした。各推定パラメータを使って，t 期に維持される想起全体の値，t 期に広告投下量で補完すべき％，さらに，必要なGRPに換算した数値を算出した（表2-3）。

広告投下を行わない場合，広告想起率は時間の経過とともに目減りしていく。したがって，ブランド・パワーにかかわらず，広告想起を維持・強化するためには継続的な広告出稿が必要である。また，予想された結果ではあるが，シャンプー以外の製品カテゴリーでは高パワー・ブランドの方が維持に必要なGRPは少ない。しかしながら，ここで大切なのは維持するだけではなく，増加させることである。実務における広告投下の実態を見ても，1回の投下でキャンペーンを終了するのではなく，ある程度の期間をかけて，集中的に，あるいは，分散して投下を行うというのが一般的である。そこで次のシミュレーションとして，投下パターンの違いによる広告想起率の推移を検討した。

6.2 広告投下量とパターンの違いによる広告想起率の推移

以下では，6製品カテゴリーの中でモデル全体のフィットが良く，$t-1$ 期の残存効果が高い「ビール」，逆に，t 期の広告投下の影響が大きい「即席麺」の2つを取り上げた。また，投下の条件として，いずれも合計GRPを6,000とし，

(1) ある任意の時期に，1,000，2,000，1,000（計4,000GRP）の投下と，一定期間おいた後500，1,500（計2,000GRP）投下する集中型の投下パターン
(2) ある任意の時期に1,000GRP投下し，隔期ごとに1,000×6回投下する分散型（フライティング）の投下パターン

という仮定の下，高パワー・ブランドと低パワー・ブランドを比較した。

ビールの場合，投下の山を2つ作り，集中投下することにより（図2-3），高パワー・ブランドの場合，広告想起率は維持される。また，低パワー・ブランドでは，低下が著しいものの，集中投下後の一時的な回復が見られ，$t+6$ 期では1期前の $t+5$ 期の残存効果が多少見受けられる。一方，1,000GRPを隔期で分散投下した場合を見ると（図2-4），高パワー・ブランドの場合，集

68　第Ⅰ部　ポジティブな短期効果：広告によるプロモーション効果

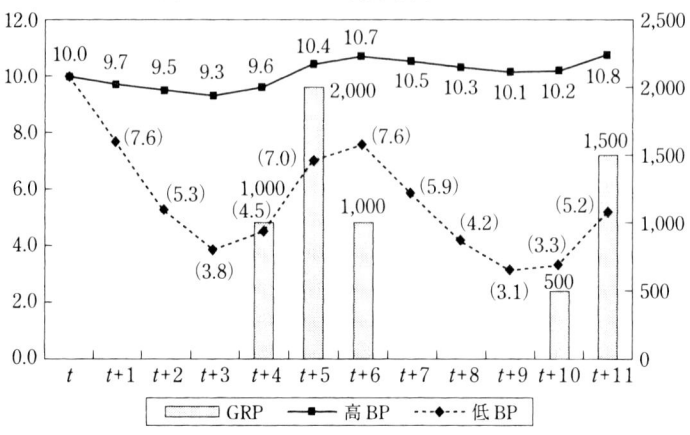

図2-3　ビール×集中投下パターン

折れ線グラフ（高BP）: t:10.0, t+1:9.7, t+2:9.5, t+3:9.3, t+4:9.6, t+5:10.4, t+6:10.7, t+7:10.5, t+8:10.3, t+9:10.1, t+10:10.2, t+11:10.8

折れ線グラフ（低BP）: (7.6), (5.3), (3.8), (4.5), (7.0), (7.6), (5.9), (4.2), (3.1), (3.3), (5.2)

GRP（棒グラフ）: t+4:1,000, t+5:2,000, t+6:1,000, t+10:500, t+11:1,500

（注）折れ線グラフの数値は、カッコなしが高BP、カッコありが低BPを示す（以下図2-6まで同様）。

図2-4　ビール×分散投下パターン

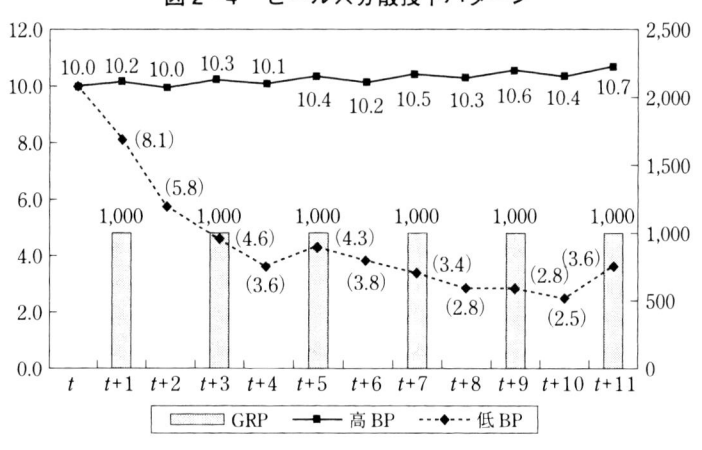

折れ線グラフ（高BP）: t:10.0, t+1:10.2, t+2:10.0, t+3:10.3, t+4:10.1, t+5:10.4, t+6:10.2, t+7:10.5, t+8:10.3, t+9:10.6, t+10:10.4, t+11:10.7

折れ線グラフ（低BP）: (8.1), (5.8), (4.6), (3.6), (4.3), (3.8), (3.4), (2.8), (2.8), (2.5), (3.6)

GRP（棒グラフ）: t+1:1,000, t+3:1,000, t+5:1,000, t+7:1,000, t+9:1,000, t+11:1,000

中投下と同様、維持しつつ、逆に、集中投下とは異なり、ゆるやかな上昇が見られ、投下中止による微減を防ぐことができる。ところが、低パワー・ブランドでは、集中投下の例にも増して、著しい低下があり、下降の一途をたどり、2〜3％台までに下がる。同じGRPを投下するのであれば、高パワー・ブラ

図2-5　即席麺×集中投下パターン

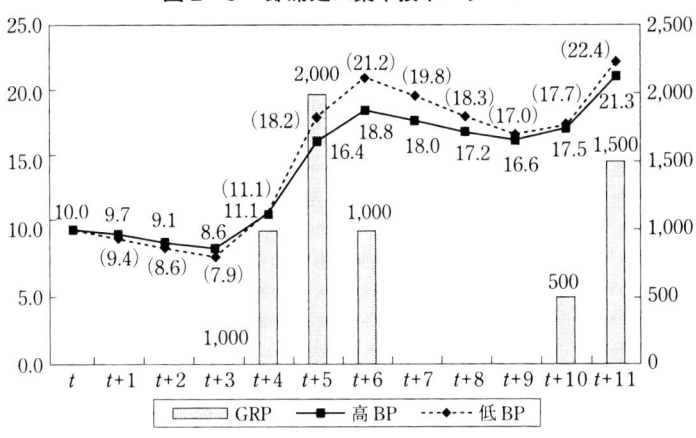

図2-6　即席麺×分散投下パターン

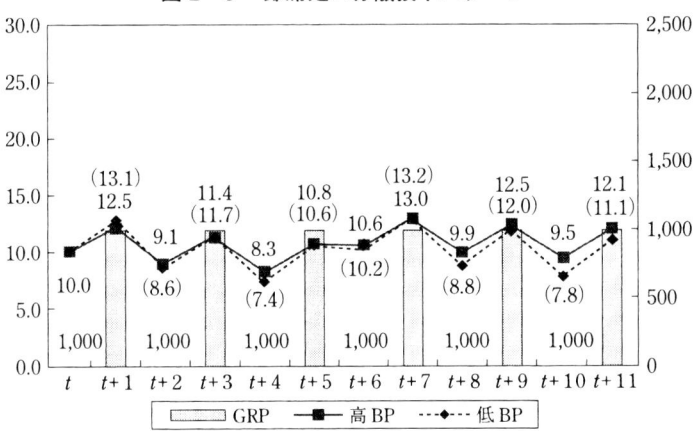

ンドの場合，$t-1$期の残存効果を生かすべく，分散投下によって想起率を維持することが得策である。逆に，低パワー・ブランドの場合，分散投下では回復が難しいほど低下するので避けるべきである。

t期の広告投下による効果を期待できる即席麺の場合，集中的に投下すると（図2-5），高低いずれの場合も，広告想起率の上昇が見られる。特に低パワ

一・ブランドの広告想起率が高パワー・ブランドより高くなるという逆転現象が生じる。したがって，即席麺では集中投下が望ましいといえる。また，1,000 GRP を隔期で分散投下した場合（図2‐6），想起率の上昇も顕著ではなく，高パワー・ブランドに対する低パワー・ブランドの逆転といった現象もない。集中投下に比して，高低いずれも想起率が低いレベルで推移し，分散投下は好ましくないといえる。

以上，2つの製品カテゴリーの一例ではあるが，ブランド・パワーの高低により，また，当期効果と残存効果に差異がある場合，望ましい投下パターンが異なることが明らかになった。

7　広告投下量は認知率の向上にどれだけ効くのか：強いブランド vs. 弱いブランド

本章では，テレビ広告の投下によって認知率を上昇させるという広告効果の発現は，製品カテゴリーやブランドの相対的地位によって異なるという仮説の下，「広告残存効果モデル」を定式化し，モデルの有効性と妥当性についてフィールドデータを用いて実証分析した。広告想起率を「広告想起継続率」と「広告想起参入率」に分解して，モデルに組み込んだ点が従来の研究とは異なる視点といえる。また，ブランドの相対的地位を分類する際，単に売上金額によるのではなく，考慮集合やブランド考慮率に着目し，さらにその継続率を用いて，ブランド・パワーを定義した点も新たな視点である。6つの製品カテゴリーを対象とし，高低パワー・ブランド別に「広告残存効果モデル」のパラメータを推定した結果，モデルの適合度は高く，予測度は良好であった。また，パラメータは統計的にいずれも有意であった。

推定パラメータを用いた仮説の検証結果は，製品カテゴリーによって多少異なるものの，高パワー・ブランドでは前期の「広告想起継続率」の残存効果が大きく，広告投下量による影響が小さいこと，また，低パワー・ブランドでは当期の広告投下量による効果が大きいことが示唆された。高パワー・ブランド

では，広告の出稿を停止しても短期的には「広告想起継続率」の残存効果で「広告想起率」の減少は小さい．しかしながら，想起率は漸減するため，長期的に出稿を停止するのは危険といえる．一方，低パワー・ブランドでは継続的な広告投下によって，「広告想起参入率」を増やし，さらに「広告想起継続率」に変えていくことが必要になる．

　実証分析において，シャンプー・カテゴリーでいくつか解釈困難な結果も得られた．その原因として，高パワー・ブランドの中に広告出稿休止ブランドが多く含まれていたことが挙げられる．しかしながら，前述のように，いかに高パワー・ブランドといえども，想起率は逓減する．本モデルでは，2週間という短期的な広告投下を扱っているが，ブランドの育成は一朝一夕に達成できるものではない．したがって，中長期的な広告効果モデルへの拡張が今後の課題となる．その際には，一旦出稿を休止し，広告投下を再開するケースなど（たとえば，製品の改良時），実務のマーケティング施策にあったモデルを構築することが重要であろう．

　継続的，かつ，定期的なデータ・トラッキングにより対応が可能になる課題は，新製品の広告効果モデル構築である．新製品は導入時期の成功が鍵となるが，どのようなタイミングと投下量で広告出稿を実施した場合に成功し，あるいは失敗するのか，また，どのような期間を経て，高パワー・ブランドへの仲間入りを果たせるのかについてはほとんど解明されていない．製品カテゴリーごとに，あるいはカテゴリー横断的に新製品の広告効果を検討することは広告の研究分野として，また実務のコミュニケーション戦略の立案に対しても重要な課題といえる．

　実際の製品の売上げと広告効果の関係は明らかになっているようで，まだ限定的な結果しか得られていない．販売効果はPOSデータの普及により行動レベルの研究が多く行われているが，広告効果については広告投下量との関係が時系列で扱われているに過ぎない．本章では，よりシンプルなモデル構築を目的とし，広告効果を投下量との関係で見たが，それだけではなく，内容理解，購買意図の形成といった態度レベルで測定した消費者反応の質的データを加味

し，量と質を両輪として捉えたモデルを構築する必要があるだろう。

　企業の究極の目的は，強いブランドを起点として，継続的に売れる仕組みを作ることにある。その手段としてコミュニケーション活動を展開しており，広告コミュニケーション効果の研究においても販売への効果を明示的に扱ったモデルを構築し，実証分析を行うことが急務である。販売と広告効果の関係は，これまで多くの研究成果があるが，セールス・プロモーション効果に比して，広告効果は弱い，あるいはないという主張さえある。広告投下量による認知形成を明確化した本モデルの知見を生かし，販売との関係の解明をさらなる課題として挙げておきたい。

【付記】本章は，竹内淑恵（2004），「短期的広告効果とブランド・パワーの分析」『広告科学』，第45集，15-30頁をもとに大幅に加筆修正したものである。

（1）　広告想起は，一般に使われている「広告認知」と同義である。ここでは，後述する㈱ビデオリサーチのデータソースであるMind-TOP™での呼称を踏襲する。
（2）　ブランド考慮率とは，そのブランドを購買しても良いと思う人の率である。想起率同様，考慮率も継続，参入，離脱の3つに分解することができる。
（3）　データをご提供いただいた㈱ビデオリサーチに感謝申し上げる。

第3章　テレビ広告の質的内容による短期効果

　第2章では，テレビ広告の短期的な投下とその成果として発生する広告認知の問題を認知の流出入と維持に着目し，さらに強いブランドか否かという観点を加え，従来の広告効果測定で重視されてきた広告の投下量と認知率，あるいは売上げとの関係，すなわち量的効果測定と称される研究とは異なる視点をもって検証した。

　第1章で述べた通り，従来，広告物・内容が消費者に対してどのような効果を持っているか，質的効果に関する研究も多く行われてきたが，測定尺度を比較し，その妥当性について積極的に議論されることは少なかった。しかしながら，広告効果の量的側面のみならず，質的側面をも含めて効果測定をすべきであるという「広告刺激・消費者反応に関する包括モデル」の観点に立つと，長期効果測定のテーマを論じる前に，広告の質的内容による効果に着目し，広告内容への評価をいかなる測定尺度によって測定するのが妥当であるのかを検討しておく必要がある。実際，広告は製品の特徴，差別性，ネーミングを「告知する手段」として活用され，製品の売上げやマーケット・シェアの向上が最終的なゴールとして掲げられる。しかしながら，消費者が広告の内容によって好意，理解，購買意図を示した結果として，実際の購買行動に至り，ブランドに対する価値を醸成すると考えれば，質的効果をブラックボックスの中に入れたままにせず，それ自身の測定について検討することは重要であり，ひいてはブランド・エクイティ形成の観点からも必要といえる。

　そこで本章では，いかなる内容の広告が短期的に効果を発揮するのかを解明するため，広告表現内容の質的効果を「広告イメージ」によって捉え，認知率，好意度，購買意図形成を測定尺度とし，質的な短期効果を検証する。さらに，これら3つの尺度に対する広告イメージの違いについて考察し，長期的な累積効果の測定尺度を決定する。

1　広告イメージによる短期効果の分析の枠組みと仮説

社会心理学において,「態度」とは「ある対象やある種の対象に対して一貫して好意的あるいは非好意的に反応する, 学習された準備状態」と定義され,
① 認知的態度：認知, 理解, 知識
② 情緒的態度：評価, 好意
③ 行動的態度：行動傾向

の3要素から構成されるものとして捉えられる（梅津・相良・宮城・依田 1994）。広告は, ブランドへの望ましい反応のための準備状態形成の一手段といえる。そこで本章の広告効果測定でも, 社会心理学における「態度」の定義に依拠し, 上記の3要素に対応させ, 以下の測定尺度を用いることとする。
① 認知的態度：認知率
② 情緒的態度：好意度
③ 行動的態度：購買意図

広告の受け手である消費者は, 視聴した広告を説得力がある, あるいは親しみがあると感じたり, 平凡だ, しつこいと思うこともある。こうした広告への反応を「広告イメージ」と本章では定義し, 広告イメージに基づく広告効果を図3-1のように考える。すなわち, ある製品の広告に接触すると, 認知的反応や感情的反応である広告イメージが消費者の心の中に醸成され, そのイメー

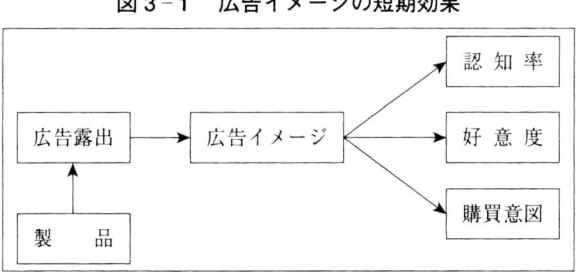

図3-1　広告イメージの短期効果

ジにより認知が高まったり，好意を持ったり，購買意図を示す。

そこで，認知率，好意度，購買意図に対して，どのような広告イメージが有効であるのか，また，有効な広告イメージは共通するのか，あるいは異なる広告イメージなのかを検証する。認知に関しては，認知しなければ広告イメージを持たないと考える方が一般的である。しかしながら，広告イメージによっては，認知を得にくい場合もあるし，逆に認知を得やすい広告イメージもあるので，認知と広告への反応は同時に生じるものと仮定する。設定する仮説は以下の通りである。

H1：認知率，好意度，購買意図の形成に対して，広告イメージ間に有意差がある。

H2：良い認知的反応や感情的反応が形成されている広告（たとえば，説得型，親しみ型など）では，形成されていない広告（たとえば，説得力なし型，しつこい型など）より認知率が高い。

H3：良い認知的反応や感情的反応が形成されている広告では，形成されていない広告より好意度が高い。

H4：良い認知的反応や感情的反応が形成されている広告では，形成されていない広告より購買意図が高い。

2　質的内容による短期効果の分析に使用するデータ

対象はハミガキ，ハブラシ，洗濯用洗剤，柔軟仕上げ剤，漂白剤，台所用洗剤，住居用洗剤，シャンプー＆リンス，ヘアメイク剤，化粧石鹸，男性用整髪料（育毛剤を含む），制汗剤，台所用紙製品などのテレビ広告である。いずれも日用雑貨品であり，男女ともに製品関与度が比較的低い製品群である。また，各カテゴリーとも競合関係にある製品3〜10ブランドが含まれている。データソースは，トイレタリーメーカーのA社が1989年〜1994年に実施した「テレビCMカルテ」の6年分のデータ，広告の総本数は557本である[1]。調査地域，対象，方法などは表3-1に，調査項目の概要は表3-2に記載する。また，調

表3-1 テレビCMカルテの調査方法

調査地域	東京30km圏
調査対象	男女13～49歳
標本抽出枠	住民基本台帳
抽出方法	無作為二段抽出
調査方法	アンケートによる留置調査
設定サンプル数	800名
調査実施機関	㈱ビデオリサーチ

表3-2 テレビCMカルテ調査項目の概要

認知率	3段階評価 上位2者の選択率の合計
好意度	5段階評価 上位2者の選択率の合計
広告内容理解度	5段階評価 上位2者の選択率の合計
商品への興味関心度	5段階評価 上位2者の選択率の合計
タレント適合度	5段階評価 上位2者の選択率の合計
商品便利度	5段階評価 上位2者の選択率の合計
できばえ採点	100点を満点とした自由回答
商品使用・購買経験	2段階評価 上位1者の選択率
購買意図	5段階評価 上位2者の選択率の合計
画面印象度	6画面に対する選択率（単一回答）
音声・音楽印象度	ブロックごとの項目に対する選択率（単一回答）
広告イメージ	20項目（表3-4に記述）に対する選択率（複数回答）
広告投下本数・GRP[2]	放送期間中の投下本数と投下GRP

査期間，有効サンプル数，回収率などは表3-3の通りである。

3 広告イメージの測定項目

ここで「広告イメージ」と呼ぶ概念は，評価的要素を含む認知的反応と感情

表3-3 テレビCMカルテの調査期間及び有効サンプル数と回収率

調査期間	サンプル数(名)	回収率(%)	調査期間	サンプル数(名)	回収率(%)
89.4.20～4.27	642	80.3	92.5.22～5.28	624	78.0
89.12.13～12.21	643	80.4	92.11.29～12.5	625	78.1
90.6.13～6.21	624	78.0	93.6.10～6.18	624	78.0
90.11.22～11.28	624	78.0	93.11.30～12.10	625	78.1
91.7.8～7.14	624	78.0	94.6.28～7.5	624	78.0
91.11.21～11.27	626	78.3	94.11.29～12.6	624	78.0

表3-4 広告イメージの評価項目

ポジティブ評価項目		ネガティブ評価項目	
新鮮な	面白い	マンネリな	つまらない
情緒のある	親しみのある	情緒のない	親しみのない
わかりやすい	説得力のある	わかりにくい	説得力のない
心に残る	印象的な	心に残らない	平凡な
あきがこない	あっさりしている	あきる	しつこい

的反応が混合されたものである。従来,広告への態度を1次元の評価的概念であると考えて,広告に対する全体的評価として測定することが多かったのに対して,阿部(1987)は広告への態度を多次元的に測定する必要があると主張している。同様に,広告イメージも多次元的に測定する必要があるといえる。「説得力がある」,「わかりやすい」などは認知的反応を測定する項目として,また,「親しみのある」,「面白い」,「印象的な」などは感情的反応を測定する項目して分類できる。「広告イメージ」の定義と同等の反応を測定している既存研究として岸(1989),古川・片平(1995)が挙げられる。表3-4に示す通り,広告イメージの調査上の項目は20項目であるが,一対になった項目(たとえば,心に残る⇔心に残らない,情緒のある⇔情緒のないなど)もあるため,あらかじめ因子分析を行い,その結果に基づき,本章では12項目(新鮮な,面白い,

情緒のある,親しみのある,わかりやすい,説得力のある,心に残る,印象的な,平凡な,あきがこない,あっさりしている,しつこい)に絞り込んで,以下の分析を進めることとする。

4 広告イメージの抽出

短期効果を検証するに当たり,広告イメージを抽出し,それを類型化することによってブランドごとに広告イメージの特定化を行う必要がある。広告イメージは12項目で測定するが,そのまま使用すると変数が多く,相関の高い変数を組み入れる懸念がある。そこでまず因子分析にかけ,次元の整理を行った。

表3-5 広告イメージの因子分析の結果

	第1因子	第2因子	第3因子	第4因子	共通性推定値
印象的な	0.913	-0.007	-0.158	0.125	0.874
心に残る	0.826	0.364	-0.081	0.152	0.845
新鮮な	0.715	0.179	-0.349	-0.258	0.731
平凡な	-0.832	-0.167	-0.126	-0.334	0.848
親しみのある	0.041	0.940	-0.041	0.033	0.889
あきがこない	0.338	0.796	-0.155	0.023	0.771
面白い	0.420	0.554	0.003	0.470	0.705
情緒のある	0.407	0.332	-0.401	-0.266	0.507
わかりやすい	-0.211	0.153	0.884	-0.096	0.858
説得力のある	0.003	-0.307	0.882	0.098	0.882
しつこい	0.085	-0.076	-0.098	0.846	0.738
あっさりした	-0.109	-0.368	-0.305	-0.598	0.599
固有値	4.518	2.145	1.508	1.076	
寄与率(%)	37.7	17.9	12.6	9.00	
累積寄与率(%)	37.7	55.6	68.2	77.2	
因子名称	インパクト因子	親しみ因子	説得力因子	しつこい因子	

(注)主因子法,バリマックス回転

表3-6　クラスターの因子負荷量（平均），クラスター名称，広告本数

	インパクト因子	親しみ因子	説得力因子	しつこい因子	クラスター名称	本数
クラスター1	1.674	-0.273	-0.872	-1.327	あっさり&インパクト	38本
クラスター2	0.989	-0.711	1.562	-0.081	インパクト&説得力	49本
クラスター3	-0.258	0.065	1.099	-0.635	説得力	73本
クラスター4	-0.148	-0.878	-0.195	0.988	しつこい	71本
クラスター5	-0.197	-0.301	-0.848	-0.719	説得力なし	87本
クラスター6	-0.961	-0.121	-0.066	0.283	平凡な	114本
クラスター7	-0.373	1.263	0.083	-0.711	親しみ	45本
クラスター8	0.365	2.491	-0.205	0.898	面白&親しみ	31本
クラスター9	1.008	0.179	-0.528	1.325	しつこい&インパクト	49本

（注）因子負荷量の高い数値を網かけで示している。

因子分析により次元を集約することで情報損失の可能性があるが，広告の質的効果の研究でよく用いられている手順に則って類型化を行う。因子分析の結果，固有値1.0以上のものが4因子となり，累積寄与率は77.2％となった（表3-5）。バリマックス回転後の因子負荷量と共通性の推定値を表3-5に記す。各因子の寄与率は，第1因子37.7％，第2因子17.9％，第3因子12.6％，第4因子9.0％であった。第1因子は，「印象的な」，「心に残る」，「新鮮な」の因子得点が高く，「平凡な」が低いので，「インパクト因子」と解釈できる。第2因子は「親しみのある」，「あきがこない」，「面白い」が高く，「親しみ因子」と名づける。第3因子は「わかりやすい」，「説得力のある」が高く，「説得力因子」とする。さらに，第4因子は「しつこい」が高く，「あっさりした」が低いので，「しつこい因子」と命名する。

次に因子得点に基づいて，クラスター分析（Ward法）[3]を実施し，群ごとに広告イメージの特定化を行った。クラスター数は，軸の解釈，各クラスターに属する広告本数，散布図などにより，9個のクラスターに分割するのが妥当であると判断した。表3-6に分析に用いる各クラスターの因子負荷量（平均），クラスター名称と分析に用いる広告の本数を記す。

表3-7 分散分析の結果

	F値	有意確率
認知率	18.37	0.000
好意度	67.57	0.000
購買意図	31.64	0.000
広告投下量（GRP）	1.66	0.104

5 　質的内容の短期効果：分析結果

　認知率，好意度，購買意図，広告投下量（GRP）に対して，広告イメージにより分類した9個のクラスター間で統計的に有意差があるかを，分散分析と多重比較によって検討した。分散分析の結果，広告投下量に対しては統計的に有意な差が見られなかったが，認知率，好意度，購買意図に関して有意差（1％水準）が見られた（表3-7）。「認知率，好意度，購買意図の形成に対して，広告イメージ間に有意差がある」というH1は支持された。また，Scheffé法[4]による多重比較の結果は表3-8～表3-10の通りである。それぞれの特徴について以下に記述する。

5.1　認知率が高い広告イメージ

　「面白＆親しみ」は，良い感情的反応を得られているクラスターである。「面白＆親しみ」は他の8つのクラスター，「説得力」，「インパクト＆説得力」，「親しみ」，「平凡な」，「あっさり＆インパクト」，「しつこい＆インパクト」，「説得力なし」，「しつこい」に対して認知率を有意（5％水準）に高める（表3-8）。また，「しつこい＆インパクト」，「親しみ」の2つのクラスターは「平凡な」，「説得力なし」に対して，さらに，「説得力」は「説得力なし」よりも認知率が高いという結果になった（いずれも5％水準）。

表3-8 認知率に関する有意差の検定結果

	平均値の差	有意差
面白&親しみ―しつこい&インパクト	16.112	**
面白&親しみ―親しみ	18.038	**
面白&親しみ―説得力	22.641	**
面白&親しみ―しつこい	26.424	**
面白&親しみ―インパクト&説得力	27.116	**
面白&親しみ―あっさり&インパクト	28.484	**
面白&親しみ―平凡な	29.954	**
面白&親しみ―説得力なし	33.514	**
しつこい&インパクト―親しみ	1.926	ns
しつこい&インパクト―説得力	6.529	ns
しつこい&インパクト―しつこい	10.312	ns
しつこい&インパクト―インパクト&説得力	11.004	ns
しつこい&インパクト―あっさり&インパクト	12.372	ns
しつこい&インパクト―平凡な	13.842	**
しつこい&インパクト―説得力なし	17.402	**
親しみ―説得力	4.603	ns
親しみ―しつこい	8.386	ns
親しみ―インパクト&説得力	9.079	ns
親しみ―あっさり&インパクト	10.446	ns
親しみ―平凡な	11.917	**
親しみ―説得力なし	15.476	**
説得力―しつこい	3.783	ns
説得力―インパクト&説得力	4.475	ns
説得力―あっさり&インパクト	5.843	ns
説得力―平凡な	7.313	ns
説得力―説得力なし	10.873	**

(注) **は5％水準で有意差があり，ゴシック体の項目の方が高い数値であることを示している。たとえば，2行目の「面白&親しみ―しつこい&インパクト」は，「面白&親しみ」が「しつこい&インパクト」に比べて認知率が平均値で16.11大きい。また，nsは有意差がない（以下表3-10まで同様）。

親しみ因子を持つクラスターは，良い感情的反応を形成できており，しつこい因子を持つクラスターは良い感情的反応を形成できているとはいえない。H2の「良い認知的反応や感情的反応が形成されている広告では，形成されていない広告より認知率が高い」は「面白＆親しみ」に関して支持された。しかしながら，表3-8の結果を見ると，「しつこい＆インパクト」も「平凡な」，「説得力なし」に対して高く，H2は支持されなかった。また，「説得力」は「面白＆親しみ」より認知率が低いことが検証され，良い感情的反応と良い認知的反応の間にも差があることが明らかになった。以上の結果より，H2は部分的に支持された。

5.2　好意度が高い広告イメージ

「面白＆親しみ」は認知率と同様に，他の8つのクラスターすべてに対して，好意度が有意に高い（表3-9）。また，「しつこい＆インパクト」，「あっさり＆インパクト」，「親しみ」は「インパクト＆説得力」，「説得力」，「説得力なし」，「平凡な」，「しつこい」の5つのクラスターに比べて，さらに，「インパクト＆説得力」，「説得力」，「説得力なし」は「平凡な」，「しつこい」に対して有意に高いという結果になった。

良い感情的反応である親しみ因子は好意度を高めるといえるが，良い認知的反応といえる説得力因子は必ずしも好意度を高めないことが検証された。したがって，H3の「良い認知的反応や感情的反応が形成されている広告では，形成されていない広告より好意度が高い」は，親しみ因子に関しては支持されたが，説得力因子に関しては支持されなかった。

5.3　購買意図が高い広告イメージ

「面白＆親しみ」，「説得力」，「インパクト＆説得力」，「親しみ」は「平凡な」，「あっさり＆インパクト」，「しつこい＆インパクト」，「説得力なし」，「しつこい」に比べて，また，「平凡な」は「しつこい」に対して購買意図が高い（有意水準5％）という結果になった（表3-10）。

表3-9 好意度に関する有意差の検定結果

	平均値の差	有意差
面白＆親しみ―しつこい＆インパクト	14.285	**
面白＆親しみ―あっさり＆インパクト	14.572	**
面白＆親しみ―親しみ	14.796	**
面白＆親しみ―インパクト＆説得力	25.252	**
面白＆親しみ―説得力	25.321	**
面白＆親しみ―説得力なし	26.615	**
面白＆親しみ―平凡な	32.516	**
面白＆親しみ―しつこい	33.493	**
しつこい＆インパクト―あっさり＆インパクト	0.287	ns
しつこい＆インパクト―親しみ	0.511	ns
しつこい＆インパクト―インパクト＆説得力	10.967	**
しつこい＆インパクト―説得力	11.036	**
しつこい＆インパクト―説得力なし	12.330	**
しつこい＆インパクト―平凡な	18.231	**
しつこい＆インパクト―しつこい	19.208	**
あっさり＆インパクト―親しみ	0.223	ns
あっさり＆インパクト―インパクト＆説得力	10.680	**
あっさり＆インパクト―説得力	10.748	**
あっさり＆インパクト―説得力なし	12.043	**
あっさり＆インパクト―平凡な	17.944	**
あっさり＆インパクト―しつこい	18.920	**
親しみ―インパクト＆説得力	10.457	**
親しみ―説得力	10.525	**
親しみ―説得力なし	11.819	**
親しみ―平凡な	17.721	**
親しみ―しつこい	18.697	**
インパクト＆説得力―説得力	0.068	ns
インパクト＆説得力―説得力なし	1.363	ns
インパクト＆説得力―平凡な	7.264	**
インパクト＆説得力―しつこい	8.240	**
説得力―説得力なし	1.294	ns
説得力―平凡な	7.196	**
説得力―しつこい	8.172	**
説得力なし―平凡な	5.901	**
説得力なし―しつこい	6.878	**

表3-10 購買意図形成に関する有意差の検定結果

	平均値の差	有意差
面白＆親しみ―説得力	0.127	ns
面白＆親しみ―インパクト＆説得力	0.975	ns
面白＆親しみ―親しみ	1.628	ns
面白＆親しみ―平凡な	8.576	**
面白＆親しみ―あっさり＆インパクト	9.951	**
面白＆親しみ―しつこい＆インパクト	11.455	**
面白＆親しみ―説得力なし	12.916	**
面白＆親しみ―しつこい	13.397	**
説得力―インパクト＆説得力	0.848	ns
説得力―親しみ	1.501	ns
説得力―平凡な	8.449	**
説得力―あっさり＆インパクト	9.824	**
説得力―しつこい＆インパクト	11.328	**
説得力―説得力なし	12.789	**
説得力―しつこい	13.270	**
インパクト＆説得力―親しみ	0.653	ns
インパクト＆説得力―平凡な	7.601	**
インパクト＆説得力―あっさり＆インパクト	8.976	**
インパクト＆説得力―しつこい＆インパクト	10.480	**
インパクト＆説得力―説得力なし	11.941	**
インパクト＆説得力―しつこい	12.422	**
親しみ―平凡な	6.948	**
親しみ―あっさり＆インパクト	8.323	**
親しみ―しつこい＆インパクト	9.827	**
親しみ―説得力なし	11.288	**
親しみ―しつこい	11.769	**
平凡な―あっさり＆インパクト	1.375	ns
平凡な―しつこい＆インパクト	2.879	ns
平凡な―説得力なし	4.340	ns
平凡な―しつこい	4.821	**

良い感情的反応や認知的反応が形成されている親しみ因子，説得力因子を持つクラスターでは購買意図が高く，「説得力なし」，「しつこい」といった良い反応が形成されていないクラスターでは低いことが検証された。したがって，「良い認知的反応や感情的反応が形成されている広告では，形成されていない広告より購買意図が高い」というH4は支持された。

5.4 認知率と好意度及び購買意図が高い広告イメージの比較

「面白＆親しみ」はいずれのクラスターに対しても有意である。消費者が「好意を持つ」のは親しみ因子を持つ広告，また，「購買意図を示す」のは，親しみ因子，あるいは，説得力因子を持つ広告である。したがって，「好意を持つ広告」と「購買意図を示す広告」の広告イメージは必ずしも同じではないことが確認され，好きになる広告と買いたくなる広告は異なると結論づけることができる。

図3-2は，認知率，好意度，購買意図に対するクラスターごとの消費者反応の平均値である。分散分析では各指標とも統計的に有意差（1％水準）が見られたが（表3-7），その様子を図示してみると（図3-2），好意度，認知率はクラスター間で差が大きいのに対し，購買意図は差が小さいことが確認できる。購買意図形成は，単に広告だけでなく，ブランドの使用経験，店頭での販

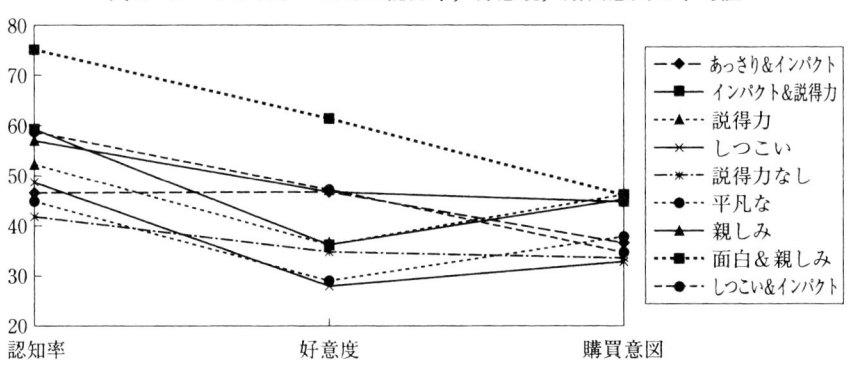

図3-2 クラスターごとの認知率，好意度，購買意図の平均値

売促進活動など他の要因による影響も大きいと考えられる。それにもかかわらず，広告イメージ間で購買意図に統計的に有意な差が認められた点は注目すべきである。また，好意度は低いが，逆に購買意図が高い広告イメージ（「平凡な」，「説得力」，「インパクト&説得力」）があることも注目に値する。高頻度・反復購買が行われる生活必需品のトイレタリー製品の場合，長期的に投下される製品の広告に対して，仮に嫌いな表現であっても，購買意図は持っていると解釈できる。さらに，H2「良い認知的反応や感情的反応が形成されている広告では，形成されていない広告より認知率が高い」と，H3「良い認知的反応や感情的反応が形成されている広告では，形成されていない広告より好意度が高い」においては，良い感情的反応と良い認知的反応との間でも差があることが確認された。

6　広告への反応はどの尺度で測定すれば良いのか：好きになる広告 vs. 買いたくなる広告

本章では，広告表現内容の「質的効果」を「広告イメージ」によって捉え，認知率，好意度，購買意図形成のために，いかなる広告イメージが有効であるのか，また，広告投下量（GRP）の効果についても，短期効果として分析した。その結果，得られた知見は以下の通りである。

・認知率，好意度，購買意図は，広告イメージ間で統計的に有意差が認められたが，広告投下量に関しては有意な差はなかった。
・認知率，好意度への反応は，広告イメージ間で差が大きかったのに比して，購買意図では差が小さかった。
・認知率，好意度，購買意図に有意なのは，「面白&親しみ」である。
・購買意図形成に対して，親しみ因子とともに，説得力因子が有効である。
・認知率，好意度，購買意図の各々に対して有意な広告イメージは必ずしも一致しない。

本分析では，実験室での強制露出によるデータではなく，6年間という比較

的長い期間にわたり同一の方法で収集された消費財のテレビ広告のフィールドデータを用いている。そのため，より自然な状態での消費者の広告への反応を測定しているものと判断できる。

今後の課題としては，次の点が挙げられる。

・本モデルは，広告イメージを特定化し，類型化する方法で，質的効果に重点を置いたため，広告投下量に関しては広告イメージ間で有意差が見られなかった。しかしながら，広告は量と質とが相まって効果を発揮するものであり，広告内容の質的効果と広告投下量による量的効果の相乗効果についてさらなる検証を重ね，広告効果測定の統合モデルを構築する。
・広告効果は短期効果として測定するだけでなく，ブランド育成を前提とし，長期的な視点から測定することが重要である。同じ広告イメージを継続することにより累積効果を発揮するのか，すなわち，ブランド・エクイティ論で主張されているように「長期的一貫性」を維持することが大切なのか，あるいはテレビ広告の1本ごとに訴求点を変えた方が効果的なのかについて検討することが必要である。
・トイレタリー製品のカテゴリーだけでなく，飲料，アルコール製品などの消費財，自動車，家庭用電化製品などの耐久財，さらにはサービス財まで分析対象を拡大して，広告表現内容の質的効果の実証を行うことも，理論の一般化のために必要となる。

本章の分析により，購買意図形成に効果的な「買いたくなる広告」と，好意度形成に有効な「好きになる広告」は異なる広告イメージを持つことが確認された。したがって，企業の広告投下の目的を，消費者に「広告を見てそのブランドを買ってみたい」と思わせる「購買意図」形成とすべきであるというのが本章の結論である。さらに，1回1回の広告投下による短期効果を測定するだけでなく，購買意図の継続に着目し，累積効果と広告表現内容の質的効果のメカニズムを解明することも研究テーマとして重要であろう。しかしながら，自動車などのように高額な耐久財の場合，ダイレクトに購買に結び付けることを目的とせず，好意度を形成するために広告投下を行うことも実務上多い。し

がって，製品カテゴリーや広告の目的に応じて広告表現の採るべき戦略は変わってくるが，広告表現内容によって，認知，好意度，購買意図形成に差が出るという本章で得られた知見に基づき，目的を明確化した上で実務の広告戦略を立案すべきと考える。

【付記】本章は，竹内淑恵（1996），「広告効果とブランド価値：消費財におけるTV広告の機能と効果」，平成7年度（第29次）吉田秀雄記念事業財団研究助成報告書，ならびに，竹内淑恵・西尾チヅル（1996），「テレビ広告の質的内容の短期効果と累積効果」『消費者行動研究』，Vol. 4，No. 1，61-75頁をもとに加筆，修正したものである。

（1） 個票データではなく，全項目とも集計済みデータである。
（2） ㈱ビデオリサーチの媒体データを活用している。GRP＝視聴率×接触回数で算出される。
（3） クラスター分析では，分類する対象の集合を内的結合と外的分離が達成されるよう，クラスター間の距離を算出し，部分集合に分割する。その際，用いる手法の1つがWard法であり，分類感度が高く，明確なクラスターを作るといわれている。この他に最短距離法，最長距離法，群平均法などがある。
（4） 3群以上の群を検定する際，多重比較による検定を行う。Scheffé法は，分散分析で有意差があった場合に，どの群とどの群に有意差があるのかを調べる方法の1つである。

第4章 広告認知と店頭配荷による販売への影響

　本章では，テレビ広告の短期的な投下という「量」，広告認知といった消費者反応の「質」に着目し，目的変数を売上げとして，ポジティブ効果について検討する。ここで明らかにしたいのは，マーケティング活動の最終的なゴールである「売上げ」に対して，広告がどれだけ寄与できるのかというテーマであり，前章までとの違いはこの点にある。しかしながら，常識的に考えて，広告の量と質の両効果を扱ったとしても，広告のみを説明変数とし，売上げという複雑な現象を解明しようというのは無理があるだろう。店頭でのセールス・プロモーション活動や，値引きを含めた製品の価格戦略の影響が大きいためである。また従来，企業から卸売業者や小売業者に対する営業活動というプッシュ戦略によって，店頭に製品を配荷すること，それと並行して，テレビ広告などのコミュニケーション活動による消費者需要の直接的な喚起，つまりプル戦略が重要だといわれてきた。しかしながら，近年，販売業者を説得するためのプッシュ戦略である営業活動を，広告によって支援するケースも実務では多々見られる。

　そこで本章では，広告と店頭配荷による売上げに対する効果を明らかにすべく，従来ブラックボックス化していた広告の認知率を，アウトプットに影響を及ぼす媒介変数として明示的に組み込んだ分析フレームとモデルを提案し，フィールドデータを用いて実証分析を行う。まず，先行研究に基づいて研究の課題と仮説を抽出し，モデル化を行う。実証分析においては，広告認知率，広告投下量，店頭配荷率の各フィールドデータを用いる。

1　広告認知と店頭配荷及び販売実績の因果関係

　第1章で述べたように，広告と売上げの関係について，従来多くの研究が行

われてきた。その結果，広告の売上げに対する直接効果が弱いことが検証されている。また，値引き，チラシ，配荷率など店頭プロモーションによる効果に比して，広告投下による効果の有意性が見出せない，あるいは影響が小さいともいわれている（たとえば片平・八木 1989，杉田・水野・八木 1992，阿部 2003）。しかしながら，先行研究では広告投下の結果生じる消費者の心理的変化をブラックボックスとして扱い，明示的にはモデルに組み込まず，過小評価しているのではないかという疑問が浮かぶ。店頭プロモーションに比べて広告効果の販売に及ぼす影響が真に小さいのかどうかを検証することは意義深いだろう。

　マーケティングの実務の実態も見てみよう。たとえば新製品発売時，商談の席で流通関係者から「どのくらいの広告投下，GRP を計画しているのか」，「テレビ広告の絵コンテ，企画案を見せてほしい」という質問や要請がある。これは，広告露出が新製品の取扱いの有無を検討する流通に対する「プッシュ」になっていることを明快に表している。消費者に対して製品の告知をし，それを見た消費者が購買行動を起こすという「プル」が本来の広告の役割であるが，広告投下はプッシュとプルの両面の役割を担っているのである。こうした実務の現場で起こっていることを裏付けるように，小売店に並べる新製品の選択基準に関する研究の中でも，バイヤーは広告やメーカーから提供されるマーケティング・サポート活動を重視しているという指摘がなされている（Heeleret et al. 1973, Montgomery 1975, Ettenson & Wagner 1986, Curhan & Kopp 1988, Alpert et al. 1992, 住谷 1991, 小川 2002）。しかしながら，これらの研究では，バイヤーがいかなる基準で新製品の取扱いを決定するのかといったブランド選択の意思決定に焦点を当てており，広告投下量と販売実績の関係をモデル化したものではない。

　そこで本章では，図 4-1 に示すように，消費者による認知形成，及び店頭配荷を広告投下と販売実績を結ぶ媒介変数として扱い，販売実績に影響を及ぼす両輪としてモデルに明示的に取り込み，その効果を明らかにする。ここで，広告想起は広告投下による消費者対策，すなわちプル戦略として，一方，店頭

第4章　広告認知と店頭配荷による販売への影響　91

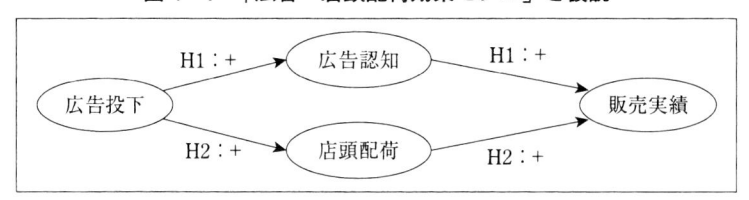

図4-1　「広告・店頭配荷効果モデル」と仮説

```
                H1:+      広告認知      H1:+
         ┌─────────→  ┌──────┐  ─────────┐
  広告投下                                    販売実績
         └─────────→  ┌──────┐  ─────────┘
                H2:+      店頭配荷      H2:+
```

配荷は広告投下の流通対策，すなわちプッシュ戦略として捉える。本モデルを「広告・店頭配荷効果モデル」と呼ぶ。設定する仮説は以下の通りである。

H1：広告投下量は，広告認知を媒介変数として販売実績にプラスの影響を及ぼす。

H2：広告投下量は，店頭配荷を媒介変数として販売実績にプラスの影響を及ぼす。

2　「広告・店頭配荷効果モデル」の検証に用いるデータ

実際にオンエアされたテレビ広告の投下データと，広告認知率の継続的な消費者調査データを用いる。製品カテゴリーとしては，①パーソナル・ケア製品であり，嗜好性の高いシャンプー（調査対象者は女性のみ）と，②製品関与や購買関与が低く，ブランド間の差異がさほど大きくないお茶飲料を対象とし，両カテゴリー内の主要ブランド計35ブランドのデータを使用する。実証分析に用いる認知率のデータは2001年10月から2003年6月までの1年9ヶ月間，㈱ビデオ・リサーチ Mind-TOP™ で測定した広告想起率である[(1)]。対象期間は異なるが，広告想起率と広告投下量（GRP）は第2章と同様の方法で収集し，使用する。店頭配荷率，販売実績データはニールセンのPOSデータを用いる。ブランドには多くのSKU[(2)]があるが，配荷率，販売量については1 SKUでも店頭化及び販売が達成されていれば，配荷あり，販売ありとして算出する。なお，2週間隔の広告想起データと期間を揃えるため，配荷率，販売データも2週間分の平均値を使用する。

3 「広告・店頭配荷効果モデル」の共分散構造分析の結果

シャンプー・カテゴリーとお茶飲料カテゴリーのデータを合算し，これを全体モデルとして分析を行う。分析に先がけて，「広告投下量」をどのように扱ったら良いのかを検討する。その方針は以下の通りである。

モデル１：t 期のみの広告投下を扱う。広告投下のタイムラグを考慮せず，広告投下，広告想起，店頭配荷率，販売量のいずれも t 期時点でデータを揃える。

モデル２：t 期と $t-1$ 期の広告投下を扱う。ここでは，広告投下のタイムラグを考慮し，１期前（２週間前）を取り込んでいる。広告投下期間としては１ヶ月間に相当する。

モデル３：t 期，$t-1$ 期，さらに $t-2$ 期の広告投下を扱う。広告想起は $t-1$ 期からの継続である t 期広告想起継続率を算出するため，そのタイムラグを考慮し，$t-2$ 期の広告投下を入れる。

モデル４：$t-1$ 期，$t-2$ 期の広告投下を扱う。広告投下のタイムラグを積極的に考慮し，t 期広告投下をあえてはずしたモデルを検討する。広告想起継続率は $t-2$ 期を，また，広告想起参入率は $t-1$ 期をタイムラグとする。

仮説モデルで設定した「広告認知」（図４-２の「t 期広告想起」）は，実際に調査で得られた変数である t 期の「広告想起継続率」と「広告想起参入率」を用い，「販売実績」（図４-２の「t 期販売」）は，t 期の「販売個数シェア」と「販売容量シェア」の２変数に分けて実データと対応させる。なお，図４-１に示した仮説モデル内の「店頭配荷」は，実測値も１変数であり，また，広告投下量と異なり時点間で大きな変動がないため，そのまま組み込む。図４-２～図４-５はモデル１～モデル４の分析結果である。

扱ったデータ数は1,475（シャンプー748サンプル，お茶飲料727サンプル）である。共分散構造分析では，データ数が1,000を越える場合，モデルの適合度指

第4章　広告認知と店頭配荷による販売への影響　93

図4-2　モデル1

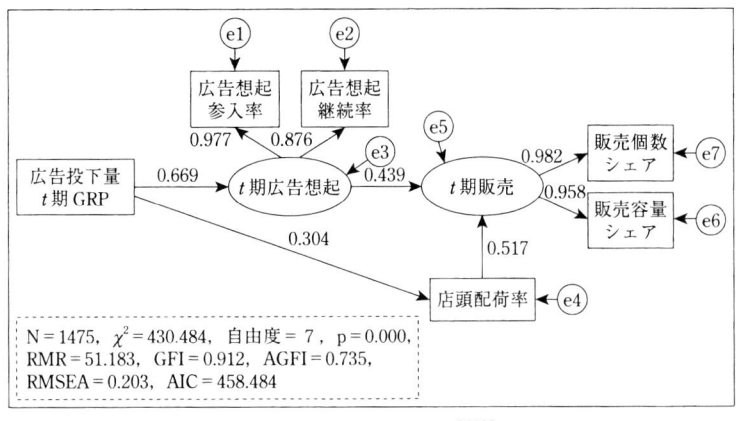

N = 1475, χ^2 = 430.484, 自由度 = 7, p = 0.000,
RMR = 51.183, GFI = 0.912, AGFI = 0.735,
RMSEA = 0.203, AIC = 458.484

（注）パス係数はいずれも標準化係数（1％水準で有意），[____] 内の数値はモデルの適合度指数である（以下図4-10まで同様）。

図4-3　モデル2

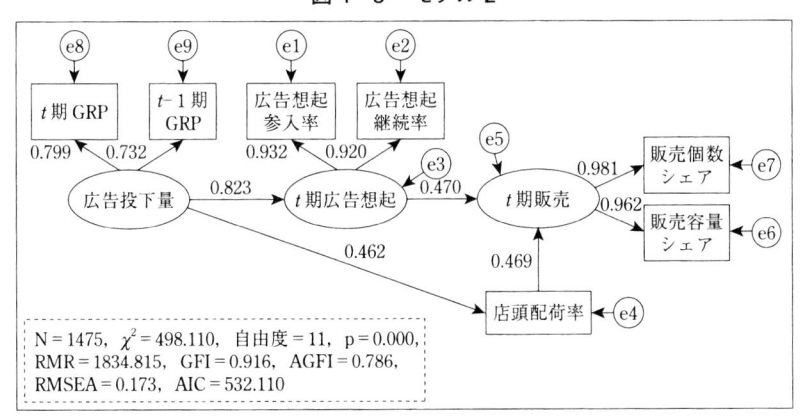

N = 1475, χ^2 = 498.110, 自由度 = 11, p = 0.000,
RMR = 1834.815, GFI = 0.916, AGFI = 0.786,
RMSEA = 0.173, AIC = 532.110

標として χ^2 の有意確率を参考にしないことが多い（豊田 1998）。4つのモデルとも p = 0.000 であったので，モデルの比較検討においては，適合度指標 GFI (goodness of fit index)，調整済み適合度指標 AGFI (adjusted goodness of fit index)，平均二乗誤差平方根 RMSEA (root mean square error of approximation)，一般の統計モデルを評価するための情報量規準 AIC (Akai-

図4-4 モデル3

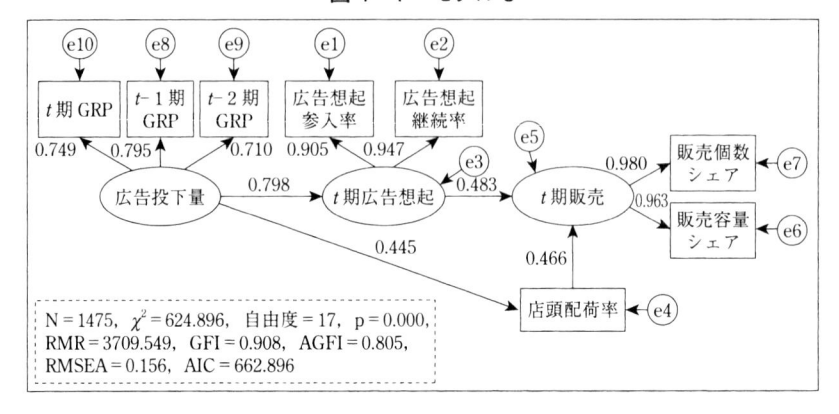

図4-5 モデル4

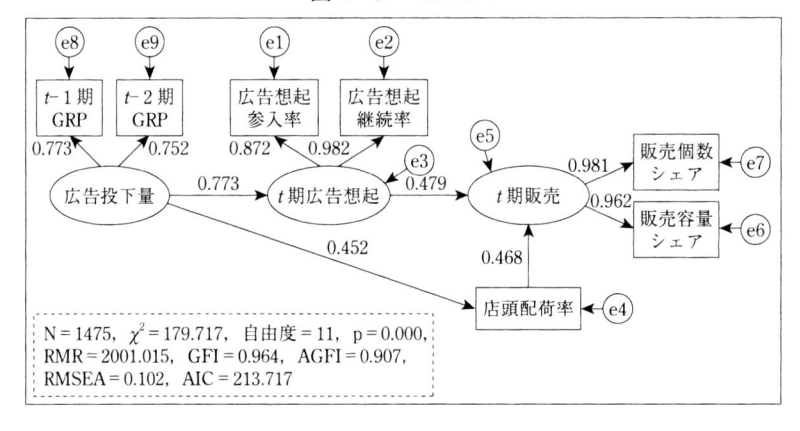

ke information criterion）などを用い，総合的に4つのモデルの評価を行った。モデル適合度指標を表4-1に，また，モデル1～モデル4のパス係数を表4-2にまとめて示す。

　モデルフィットに関して，GFI，AGFIともに0.9を超える場合，適合度が高いと判断でき，AICはモデル間比較で最小のものを選択するという基準がある。これらにより，$t-1$期と$t-2$期の広告投下を取り込んだ「モデル4」が適しているといえる。ただしRMSEAに関しては，Arbuckle and Wothke

表4-1　モデル1～モデル4の適合度指標

	モデル1	モデル2	モデル3	モデル4
サンプル数	1,475	1,475	1,475	1,475
χ^2値	430.484	498.110	624.896	179.717
自由度	7	11	17	11
p値	0.000	0.000	0.000	0.000
GFI	0.912	0.916	0.908	0.964
AGFI	0.735	0.786	0.805	0.907
RMR	51.183	1834.815	3709.549	2001.015
RMSEA	0.203	0.173	0.156	0.102
AIC	458.484	532.110	662.896	213.717

表4-2　モデル1～モデル4-3の標準化係数

	モデル1	モデル2	モデル3	モデル4	モデル4-2	モデル4-3
広告投下量→t期広告想起	0.669	0.823	0.798	0.773	0.983	0.969
広告投下量→店頭配荷率	0.304	0.462	0.445	0.452	0.487	0.494
t期広告想起→t期販売	0.439	0.469	0.483	0.479	0.472	0.469
店頭配荷率→t期販売	0.517	0.470	0.466	0.468	0.448	0.449
広告投下量→t期GRP	—	0.799	0.749	—	—	—
広告投下量→$t-1$期GRP	—	0.732	0.795	0.773	0.590	0.594
広告投下量→$t-2$期GRP	—	—	0.710	0.752	0.573	0.577
t期広告想起→広告想起参入率	0.977	0.932	0.905	0.872	0.875	0.875
t期広告想起→広告想起継続率	0.876	0.920	0.947	0.982	0.978	0.979
t期販売→販売個数シェア	0.982	0.981	0.980	0.981	0.982	0.984
t期販売→販売容量シェア	0.958	0.962	0.963	0.962	0.964	0.962

(注) パス係数はいずれも1%水準で有意。—はパスを仮定していない。

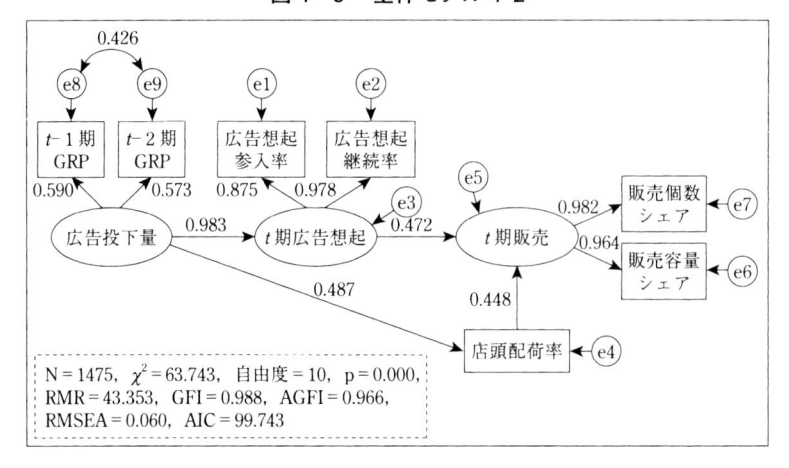

図4-6 全体モデル4-2

```
        0.426
     e8 ─── e9          e1      e2
     │      │           │       │
   t-1期  t-2期      広告想起  広告想起
   GRP    GRP         参入率   継続率
     ↑      ↑           ↑       ↑         e5
   0.590  0.573       0.875   0.978       │                0.982  販売個数 ─ e7
                                          │                       シェア
    広告投下量 ──0.983── t期広告想起 ─── t期販売
                                  0.472   │  0.964  販売容量 ─ e6
                                          │         シェア
                    ↑ e3
                   0.487 ─────────── 0.448
                                      │
                                   店頭配荷率 ─ e4

 N = 1475, χ² = 63.743, 自由度 = 10, p = 0.000,
 RMR = 43.353, GFI = 0.988, AGFI = 0.966,
 RMSEA = 0.060, AIC = 99.743
```

(1997) によると0.08以下，豊田 (1998) によると0.05以下であれば当てはまりがよく，0.1以上のモデルは棄却される。これらの基準からいずれのモデルも棄却されるが，モデル4ではRMSEA＝0.102なので，修正指標[3]を参考にこのモデルの適合度を高める検討を探索的に行った（図4-6，図4-7）。

全体での検討と同様，モデル4，モデル4-2，モデル4-3の各適合度指標を比較した（表4-3）。GFI，AGFI，RMSEA，AICの点からはモデル4-3のフィットが良いといえる。しかしながら，残差平方平均平方根RMR (root mean square residual) はより小さい値の方が望ましく，モデル4-3はモデル4-2に比して大きい。また，誤差項であるe6とe8，e6とe9に相関を仮定する積極的な理由がない。そこで，モデル4-2を採用し，本モデルに基づいて，仮説の検証，パス係数の大きさの解釈を行う（表4-2，図4-6）。

H1として「広告投下量は，広告想起を媒介変数として，販売実績にプラスの影響を及ぼす」を設定した。「t期広告想起」を媒介変数として，広告投下量→t期広告想起→t期販売という関係が成立しており，そのパス係数はそれぞれ0.983，0.472といずれもプラスである。よってH1は支持された。

次に，H2「広告投下量は，店頭配荷を媒介変数として，販売実績にプラス

第4章　広告認知と店頭配荷による販売への影響　97

図4-7　全体モデル4-3

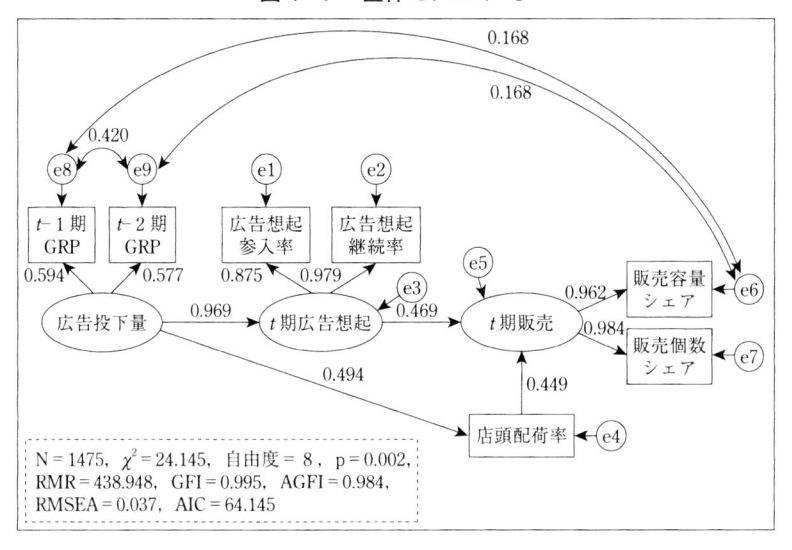

```
                                                    0.168
                                         0.168
        0.420
      e8   e9        e1     e2
     t-1期 t-2期   広告想起 広告想起
      GRP  GRP   参入率   継続率
     0.594  0.577  0.875  0.979    e5              販売容量
                                         0.962    シェア      e6
   広告投下量 →0.969→ t期広告想起 →0.469→ t期販売
                                         0.984    販売個数
                                                   シェア      e7
              0.494          0.449
                          店頭配荷率  ← e4

  N = 1475, χ² = 24.145, 自由度 = 8, p = 0.002,
  RMR = 438.948, GFI = 0.995, AGFI = 0.984,
  RMSEA = 0.037, AIC = 64.145
```

表4-3　モデル4〜4-3の適合度指数

	モデル4	モデル4-2	モデル4-3
サンプル数	1,475	1,475	1,475
χ^2値	179.717	63.743	24.145
自由度	11	10	8
p値	0.000	0.000	0.002
GFI	0.964	0.988	0.995
AGFI	0.907	0.966	0.984
RMR	2001.015	43.353	438.948
RMSEA	0.102	0.060	0.037
AIC	213.717	99.743	64.145

の影響を及ぼす」について見てみる。広告投下量→店頭配荷率→t期販売という関係が成立しており、そのパス係数はそれぞれ0.487、0.448といずれもプラスである。したがってH2も支持された。広告投下による店頭配荷への影響は、従来、実務の経験則としていわれてきたが、フィールドデータを用いて分析した結果、店頭配荷に対する広告投下の影響は確かに存在し、広告によるプラスの効果があることが確認できた。

消費者対策としての広告投下、流通対策としての広告投下はいずれも正の効果を持つことが明らかになり、店頭配荷率へのパスは広告想起へのパスに比べて約半分の大きさであるという結果も得られた。広告投下の本来の目的は、消費者の認知獲得というプル効果としての役割を担うことであるが、本分析で店頭配荷にも影響を及ぼすプッシュ効果があることが見出された。しかもその大きさは認知獲得の半分であり、比率的に大きいといえる。広告投下量を基点とした販売への効果を総合効果として見ると、広告想起を媒介とする効果が0.464、店頭配荷率を媒介とする効果が0.218であり、計0.682の大きさで広告投下量が販売実績に影響を及ぼしていることがわかる。

4 製品カテゴリーによる違いの検証

4.1 シャンプー・カテゴリーとお茶飲料カテゴリーの違いに関する仮説

本分析に用いたお茶飲料カテゴリーの各ブランドは、価格も安く、低関与製品であり、新製品開発及び市場への導入が活発に行われている。ブランド間の知覚差異が小さく、製品関与・購買関与が低く、どのブランドも大差ないと消費者に認知されている製品カテゴリーといえる。特定ブランドを購買するブランド・ロイヤルな消費者も存在するだろうが、大方の消費者は製品に対するこだわりが小さく、習慣的にいつも購買しているブランドか、そのブランドに飽きた場合には、いくつかのブランド間でバラエティ・シーキングが起こる可能性の高い製品カテゴリーである。毎年、新製品が上市され、トライアルは稼ぐ

ものの，市場への定着は困難な場合が多く見受けられる。したがって，競争環境が厳しく，市場の変化が大きいお茶飲料カテゴリーでは，広告投下によって消費者を刺激し，認知を獲得すること，また，新製品導入が活発なため，流通への刺激に注力し，配荷を促進することが重要である。そこで，広告投下というインプットに関して次の2つの仮説を設定する。

H3-1：お茶飲料カテゴリーでは，シャンプー・カテゴリーに比較して広告投下量の広告想起への影響が大きい。

H3-2：お茶飲料カテゴリーでは，シャンプー・カテゴリーに比較して広告投下量の店頭配荷への影響が大きい。

一方，シャンプー・カテゴリーの場合，新製品開発が活発だった時期もあるが，本分析に用いた調査を行った時点では，市場に特定ブランドが定着し，比較的安定した市場構造となっていた。ロングセラー・ブランドではロイヤルティが確立され，逆に新製品が登場しても消費者の受容性はあまり高くなかった。既存研究においてもシャンプー・カテゴリーを高関与型製品として扱っている（青木1991，Assael 1998）。本章においても，シャンプーは一度購買すると1ヶ月間程度は使用する製品であり，パーソナル・ケア製品として嗜好性が高く，すでに認知し，自分の髪質に合ったなじみのブランド，店頭配荷が行き届いたブランドを購買する傾向があると考えられる。そこでシャンプー・カテゴリーでは，販売実績という結果への影響に関して2つの仮説を設定する。

H4-1：シャンプー・カテゴリーでは，お茶飲料カテゴリーに比較して広告想起の販売実績への影響が大きい。

H4-2：シャンプー・カテゴリーでは，茶飲料カテゴリーに比較して店頭配荷の販売実績への影響が大きい。

これら4つの仮説は図4-8のようにまとめることができる。

4.2　2つの製品カテゴリーに対する多母集団の同時分析の結果

シャンプー・カテゴリーとお茶飲料カテゴリーを比較するため，モデル4-2に基づいて多母集団の同時分析を行った。多母集団とは，たとえばここでい

図4-8　シャンプーとお茶飲料に関する仮説

```
シャンプー　＜　お茶飲料
  広告投下 ──H3-1──▶ 広告認知 ──H4-1──▶ 販売実績
         ──H3-2──▶ 店頭配荷 ──H4-2──▶
                              シャンプー　＞　お茶飲料
```

図4-9　多母集団の同時分析の結果：シャンプー（標準化係数）

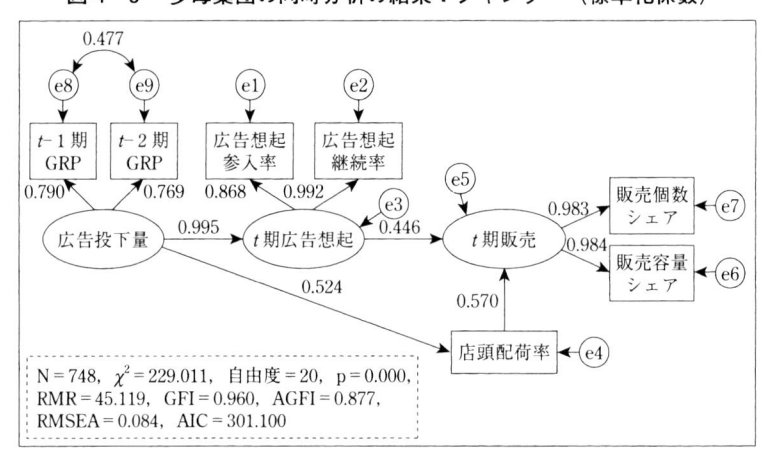

パス図：
- e8 ↔ e9（0.477）
- e8 → $t-1$期 GRP、e9 → $t-2$期 GRP
- e1 → 広告想起参入率、e2 → 広告想起継続率
- 広告投下量 → $t-1$期 GRP（0.790）、$t-2$期 GRP（0.769）
- t期広告想起 → 広告想起参入率（0.868）、広告想起継続率（0.992）
- 広告投下量 → t期広告想起（0.995）
- e3 → t期広告想起（0.446）
- e5 → t期販売
- t期広告想起 → t期販売（0.570）
- 広告投下量 → 店頭配荷率（0.524）
- 店頭配荷率 → t期販売
- t期販売 → 販売個数シェア（0.983）← e7
- t期販売 → 販売容量シェア（0.984）← e6
- e4 → 店頭配荷率

N = 748, χ^2 = 229.011, 自由度 = 20, p = 0.000,
RMR = 45.119, GFI = 0.960, AGFI = 0.877,
RMSEA = 0.084, AIC = 301.100

うシャンプー・カテゴリーとお茶飲料カテゴリーなどのように，互いの構造を比較分析したい母集団（グループ）が複数個あることをいう。複数個の母集団で同一の因子（潜在変数）を想定できるとき，因子が不変である，もしくは因子不変性が成り立つ。多母集団の同時分析は因子不変性を確認する有力な方法である（狩野・三浦 2002）。図4-9，図4-10はシャンプーとお茶飲料の結果（パス係数は標準化係数で表示）を図示したものであり，多母集団の同時分析モデルの全体的な適合度は図4-9と図4-10の中に提示する。各パラメータとパラメータ間の差の検定統計量は表4-4の通りである[4]。

製品関与・購買関与が低く，ブランド間の差異がないと消費者に認識され，

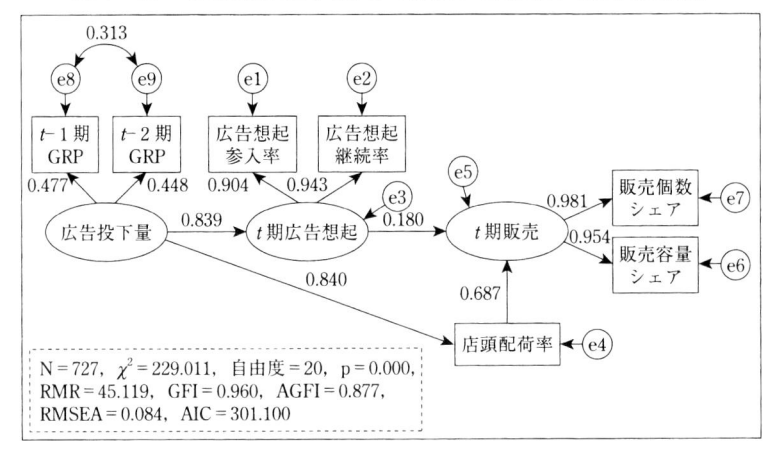

第4章 広告認知と店頭配荷による販売への影響　101

図4-10　多母集団の同時分析の結果：お茶飲料（標準化係数）

```
         0.313
      e8 ←→ e9        e1      e2
      ↓     ↓         ↓       ↓
    t-1期  t-2期    広告想起  広告想起
    GRP    GRP     参入率    継続率
   0.477   0.448   0.904    0.943
       ↘    ↓      ↓    ↗         e5                        販売個数  e7
                                   ↓                0.981   シェア
       広告投下量 →0.839→ t期広告想起 →0.180→ t期販売
                                            ↑      0.954   販売容量  e6
                    0.840                  0.687           シェア
                         ↘                ↗
                          店頭配荷率 ← e4

  N = 727, χ² = 229.011, 自由度 = 20, p = 0.000,
  RMR = 45.119, GFI = 0.960, AGFI = 0.877,
  RMSEA = 0.084, AIC = 301.100
```

表4-4　パラメータとパラメータ間の差に対する検定統計量

	シャンプー			お茶飲料			検定統計量
	非標準化係数	標準誤差	標準化係数	非標準化係数	標準誤差	標準化係数	
広告投下量→t期広告想起	0.005	0.000	0.995	**0.008**	0.001	0.839	3.946
広告投下量→店頭配荷率	0.019	0.001	0.524	**0.110**	0.010	0.840	9.351
t期広告想起→t期販売	**0.621**	0.032	0.446	0.302	0.057	0.180	-4.801
店頭配荷率→t期販売	**0.117**	0.004	0.570	0.089	0.004	0.687	-4.672

（注）表中の太字（非標準化係数）の方がパス係数が大きい（有意水準1％）。

バラエティ・シーキング行動が見られるお茶飲料カテゴリーでは，広告投下による消費者への刺激が必要であり，また，新製品導入が活発なため流通への刺激も重要であると仮定し，H3-1「お茶飲料カテゴリーは，シャンプー・カテゴリーより広告投下量の広告想起への影響が大きい」とH3-2「お茶飲料カテゴリーは，シャンプー・カテゴリーより広告投下量の店頭配荷への影響が大きい」という2つの仮説を設定した。1対のパラメータの比較検定を実施した結果，お茶飲料カテゴリーのパス係数が1％水準で有意に大きいことが明らかになった（表4-4）。したがって，H3-1，H3-2はいずれも支持された。

一方，シャンプー・カテゴリーでは，嗜好性が高く，すでに認知し，自分の髪質に合ったなじみのブランド，店頭に十分に配荷されているブランドであることが重要であるという視点から，H4-1「シャンプー・カテゴリーは，お茶飲料カテゴリーより広告想起の販売実績への影響が大きい」とH4-2「シャンプー・カテゴリーは，お茶飲料カテゴリーより店頭配荷の販売実績への影響が大きい」という仮説を設定した。分析の結果，シャンプー・カテゴリーのパス係数が有意に大きく（1％水準），H4-1，H4-2はともに支持された（表4-4）。

これらの分析結果より，お茶飲料カテゴリーではシャンプー・カテゴリーに比べて広告投下により流通を刺激し，より多くのコンタクト・ポイントを作るべく配荷を促進しようとし，また，消費者に対しても認知を獲得しようとする傾向が強く，「広告・店頭配荷効果モデル」の前半部分に大きな影響を与えている。他方，シャンプー・カテゴリーでは，消費者対策の結果としての「認知」，あるいは流通対策による「配荷」からの販売への効果が大きく，モデルの後半部分に効いている。

お茶飲料カテゴリーは新製品の投入が活発であるものの，初期に販売量が上昇しない場合，早期に広告投下の打切りが行われ，棚から脱落するという傾向がある。本分析で用いたデータにおいても，お茶飲料カテゴリーの18ブランド中，6ブランドが新製品であり，発売後約3ヶ月で広告投下が打ち切られ，店頭配荷率も低下している製品があることがブランドごとの追跡で確認できた。こうした背景も分析結果に影響を及ぼしていると考えられる。しかしながら，新製品と既存品の違いに関しては実証的に分析した結果ではないので，今後の課題として検討したい。

5　広告は店頭配荷に対して効果を発揮するのか：プル効果 vs. プッシュ効果

本章では，広告認知と店頭配荷率を媒介変数とし，広告投下量による販売実績に対する効果を検証するための仮説及びモデルを提案し，フィールドデータ

を用いて実証分析を行った。その結果，提案した「広告・店頭配荷効果モデル」はモデルとしての適合度が高いことが明らかになり，設定した2つの全体仮説も支持された。したがって，広告投下量は，広告想起や店頭配荷を媒介変数とし，販売実績にプラスの影響を及ぼすと結論づけることができる。

これまで「流通対策としての広告投下」は，実務の経験則で必要と認識されてきたものの，広告効果の研究テーマとして扱われることはなく，実証されていなかった。本分析の結果，対消費者への効果である「広告認知」に比してパス係数の大きさは約半分であるが，正の効果があることが検証できたことも新たな知見である。広告投下の本来の目的であるプル効果だけでなく，プッシュ効果があるといえる。さらに総合効果として，広告認知を媒介とする効果が0.464，店頭配荷率を媒介とする効果が0.218であり，計0.682の大きさで広告投下量が販売実績に影響を及ぼしていることが見出された。

シャンプー・カテゴリーとお茶飲料カテゴリーといった製品カテゴリーの違いによる効果の差異についても検証できた。広告認知及び店頭配荷の販売への影響はシャンプーの方が大きく，消費者に対する直接的な「プル効果」が見られる。一方，お茶飲料カテゴリーでは広告投下による店頭配荷への影響が大きい，すなわち広告による店頭化の促進効果があり，流通に対する「プッシュ効果」としての広告の役割が大きいことが明らかになった。

最後に，今後の研究課題について言及したい。本研究の次なる課題として「広告・店頭配荷効果モデル」の拡張が必要といえる。その具体的な方向性として，以下のポイントが挙げられる。

① 店頭プロモーションに関するデータ入手の制約により，店頭配荷率のみを扱っているが，実勢売価，値引き率，チラシや特別陳列などの販売促進にかかわる変数を取り込む。

② 広告投下量に関して，本分析ではテレビ広告の2週間から1ヶ月半といった短期効果のみを扱ったが，テレビ以外の媒体とメディア・ミックス，また，たとえば半年，1年，2年といった長期効果についても考慮する。

③ 消費者反応の心理的プロセスとして認知のみを扱ったが，メンタル・プロ

セスをブラックボックス化せず，広告への態度，ブランドへの態度や購買意図を明示的に扱い，販売に対する広告効果を検証する。

 本研究では，データ数の制約もあり，製品カテゴリー単位の検証にとどまったが，ブランド単位で分析を行う必要もある。実務の要請は，ブランド育成のための広告効果測定である。また，広告効果測定のみならず，「マーケティングROI」[5]という視点に立ち，マーケティング活動への投資に対する効果測定のあり方と分析フレームを構築することも実務の課題になっている。見えなかった，あるいは見えづらかった関係性を明確化することは，投資対効果の視点からも重要であり，アカウンタビリティの向上のためにも必要であろう。

【付記】本章は，竹内淑恵（2005），「広告認知と店頭配荷による販売への影響」『消費者行動研究』，Vol. 11，No. 1・2，19-33頁をもとに加筆修正したものである。

（1） データをご提供いただいた㈱ビデオリサーチに感謝申し上げる。
（2） 在庫管理のための最小の分類単位，stock keeping unit の略である。同一製品はアイテムという分類単位になるが，SKUの場合，同一製品でもサイズ，色，形状などが異なるものは別に数える。したがって，アイテムよりも小さい単位である。
（3） 分析に用いたソフトウェアAMOSは，モデルをいかに変更すればモデル適合度が上がるのかを「修正指標」として提示している。
（4） 各パス係数の大きさの有意差検定には，非標準化係数と標準誤差を用いる。標準化係数で見ると逆転している場合があるが，表中の太字が有意に大きいパスである。
（5） マーケティングROIに関しては，ジェームス・レンスコルド著，上野正雄訳『マーケティングROI』（ダイヤモンド社，2004年），レックス・グリッグス，グレッグ・スチュアート著，井上哲浩・加茂　純監修，高橋　至訳『費用対効果が23％アップする　刺さる広告―コミュニケーション最適化のマーケティング戦略』（ダイヤモンド社，2008年），スニル・グプタ，ロナルド・R・レーマン著，スカイライト　コンサルティング翻訳『顧客投資マネジメント　顧客価値の可視化によるファイナンスとマーケティングの融合』（英治出版，2005年），岸本義之『メディア・マーケティング進化論』（PHP研究所，2009年）などで詳しく解説されている。

第II部

ネガティブな短期効果：
広告表現内容がもたらす誤認

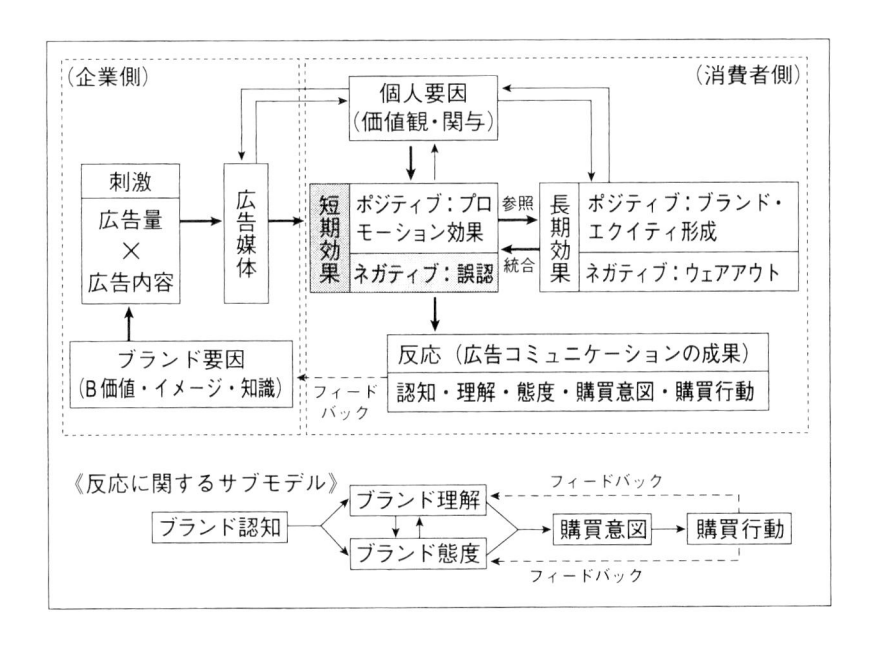

第5章　携帯電話広告の表示に対する消費者反応の分析

　2006年10月1日にVodafoneがSoftBankに買収され，ブランド変更を告知する新聞広告を見た際，誰もが「￥0」という大きな赤い文字に驚き，まさに「予想外。」（新聞広告のキャッチフレーズ）であり，0円という訴求内容に魅力を感じたことだろう。しかしながら，この0円にはいろいろな条件が付いていた。たった1度広告を見ただけで，どれだけの人が付帯条件まで正確に理解できただろうか。これが広告への誤認である。

　第1章で述べた通り，広告への誤認に関する先行研究の取り組みは社会的意義があり，一定の成果が得られているものの，実験手法を用い，架空ブランドを対象とし，中でもサービス財のケースは少ない，また，測定尺度も購買意図を扱ったものが少ないという問題点が挙げられる。したがって，企業の行う表示に対する消費者の誤認発生と，誤認に伴う広告効果に対する影響を解明することは広告効果測定の研究テーマとして重要といえる。また，そのことは消費者啓発の観点から，消費者の誤認を未然に防止することにもつながる。

　そこで本章では，広告への誤認という現象を捉える第一歩として，実際に公正取引委員会より「警告」や「注意」を受けた携帯電話会社3社の新聞広告を取り上げ，消費者個人の特性やブランドによる影響を考慮した広告効果測定のモデルを構築した上で，①誤認の程度，②ブランドごとの誤認の程度によって生じる広告効果プロセスの異同を実証する。

1　景品表示法における誤認の定義

　公正取引委員会事務総局（2008）は，見やすい表示に関する関心の高まりの中で，景品表示法上の考え方を整理することを目的に，消費者モニターを活用して見にくい表示に関する実態調査[1]を実施した。その結果，消費者モニタ

一が見にくいと報告したものの中に、いわゆる「打消し表示」が該当する場合が相当数あることを「見にくい表示に関する実態調査報告―打消し表示の在り方を中心に―」において開示している。公正取引委員会事務総局の示した強調表示と打消し表示の考え方は、後述する実証分析における誤認の定義とその測定のために、重要な視点であるので、以下に公正取引委員会事務総局の報告をまとめておこう。

　「強調表示」とは、消費者に訴求するため、品質の内容や価格などの取引条件を強調した表示であり、「打消し表示」とは、消費者が強調表示からは予期できない内容であり、商品・サービスを選択する際に重要な考慮要素となるものに関する表示をいう。強調表示の望ましい方向として、図5-1が提案されている。また、消費者モニターから報告された見にくい打消し表示の例として図5-2が挙げられる。この例では、サービスの内容が強調されているが、その「例外条件」が見にくい点が問題となる。こうした例外条件が見にくい事例は、景品表示法の優良誤認表示に該当するものである。以下、景品表示法について概要を記す。

　景品表示法の正式名称は、不当景品類及び不当表示防止法（昭和37年法律第134号）である。消費者はより質が高く、より価格の安いものを求め、一方、提供する企業側は消費者の期待に応えるべく、他社よりも質を向上させ、より安く販売する努力をしている。商品・サービスの品質や価格に関する情報は、消費者が商品・サービスを選択する際の重要な判断材料といえ、消費者に正しく伝わる必要がある。しかしながら、現実には実際よりも著しく優良、または有利であると見せかける表示も多く、消費者の適正な商品・サービスの選択が妨げられ、適正な選択に悪影響を与え、公正な競争が阻害される。そこで、独占禁止法の特例法として「景品表示法」が制定された。景品表示法は、不当な表示や過大な景品の提供を制限、または禁止し、公正な競争を確保することによって、消費者が適正に商品・サービスを選択できる環境を守るための法律といえる。具体的には、消費者に誤認される不当な表示として、優良誤認、有利誤認を挙げ、不当表示を禁止している。

第 5 章　携帯電話広告の表示に対する消費者反応の分析　109

図 5-1　適正な強調表示と打消し表示

強調表示を行う場合には，
- 当該強調表示の内容について，例外条件，制約条件等がないかを十分に検討することが必要。
- 打消し表示を行わずに済むように訴求対象を明確にするなど強調表示の方法を工夫することが原則。

やむを得ず，打消し表示が必要な場合には，以下の点に留意。
- 強調表示に**近接した箇所**
- 強調表示の文字の大きさとの**バランス**
- 消費者が手に取って見る表示物の場合，表示スペースが小さくても，**最低でも 8 ポイント以上の文字**
- **十分な文字間余白，行間余白**
- **背景の色との対照性**

ただし，近接した箇所，相対的なバランス等に配慮した表示が行われていなければ景品表示法上問題となるおそれあり

過去において，**約 8 ポイント**の文字で打消し表示がなされていたが，**警告**とした事例あり

商品やサービス等の内容について強調表示を行う一方で，打消し表示を明りょうに行わないことにより，一般消費者に実際のもの又は競争事業者に係るものよりも著しく優良又は有利であると誤認される場合には，景品表示法に違反する。

図 5-2　消費者モニターが指摘した見にくい打消し表示例

【例　保険】（強調表示の最大の文字の大きさは約48ポイント）

病気入院
日額
10,000円 ※1

※1　61歳から70歳までは入院給付金日額5,000円までの取扱いとなります。

※1　61歳から70歳までは入院給付金日額5,000円までの取扱いとなります。

【打消し表示（5.5 ポイント。強調表示から離れた箇所に表示）】

(注1)　本例示は，消費者モニターが見にくいと指摘した打消し表示を抜き出し，それに対応すると考えられる強調表示を記載した。本欄への記載は，強調表示と打消し表示の文字の大きさを比較するためにおおよその文字の大きさで表現したものであり，実際の表示物とは，使用されている文字のフォント，装飾等が異なる。以下同じ。

(注2)　文字ポイントの大きさは，文字の大きさについての規格である JIS 規格 Z8305 に基づき，1ポイント 0.3514 ミリで計算。印刷文字スケールで測定したおおよその数値を記載している。以下同じ。

1.1 優良誤認[(2)]とは

　景品表示法第4条第1項第1号は，自社の供給する商品・サービスの取引において，その品質，規格その他の内容について，一般消費者に対し，
① 実際のものよりも著しく優良であると示すもの
② 事実に相違して競争関係にある事業者に係るものよりも著しく優良であると示すもの
であって，不当に顧客を誘引し，公正な競争を阻害するおそれがあると認められる表示を禁止している。これが優良誤認表示の禁止である。具体的には，商品・サービスの品質を，実際よりも優れていると偽って宣伝する，また，競合他社が販売する商品・サービスよりも特に優れているわけではないのにもかかわらず，あたかも優れているかのように偽って宣伝する行為が優良誤認表示に該当する。

1.2 有利誤認とは

　景品表示法第4条第1項第2号は，自社の供給する商品・サービスの取引において，価格その他の取引条件について，一般消費者に対し，
① 実際のものよりも取引の相手方に著しく有利であると一般消費者に誤認されるもの
② 競争事業者に係るものよりも取引の相手方に著しく有利であると一般消費者に誤認されるもの
であって，不当に顧客を誘引し，公正な競争を阻害するおそれがあると認められる表示を禁止している。これが有利誤認表示の禁止である。具体的には，商品・サービスの取引条件について，実際よりも有利であると偽って宣伝する，また，競合他社が販売する商品・サービスよりも特に安いわけでもないのにもかかわらず，あたかも著しく安いかのように偽って宣伝する行為が有利誤認表示に該当する。

1.3 公正取引委員会により行政指導を受けた事例

優良誤認表示,有利誤認表示とも,それを行っていると認められた場合,公正取引委員会によって「排除命令」[3]などの措置が講じられる。以下では,2006年12月12日に「携帯電話事業者3社に対する警告等について」として,公正取引委員会より行政指導を受けた内容を確認しておく。

ソフトバンクモバイル株式会社は,通話料金とメール料金に関して「有利誤認」の規定に違反するおそれがあり,「警告」が与えられた。また,KDDI株式会社と株式会社エヌ・ティ・ティ・ドコモの2社は,料金の割引などに関して「有利誤認」の違反につながるおそれがあるとし,「注意」が行われている[4]。その具体的な広告物(新聞広告全段)は図5-3に示す通りである。なお,SoftBankの広告は,著作権者であるソフトバンクモバイル株式会社より「広

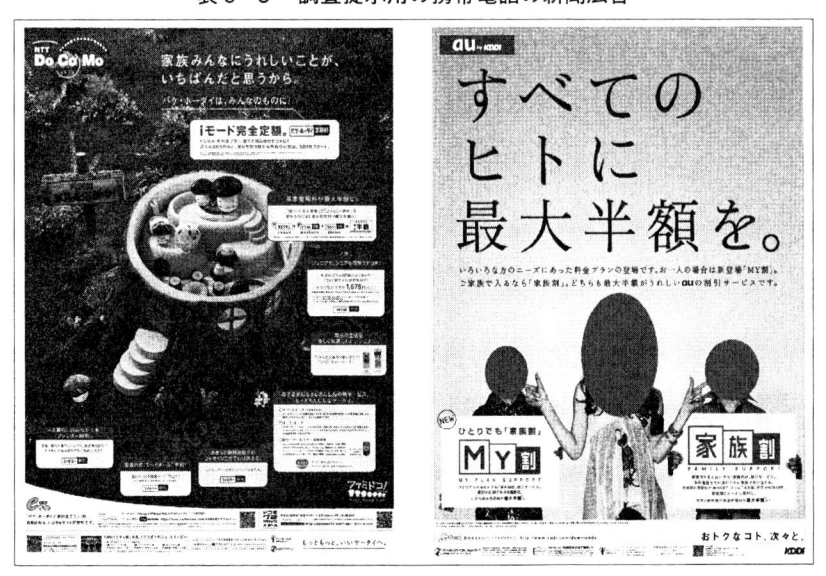

表5-3　調査提示用の携帯電話の新聞広告

(注) auの広告には,肖像権に基づき加工を施している。

告の2次使用」の許可が得られず，本章に例示できない。公正取引委員会・競争政策研究センターのホームページ（http://www.jftc.go.jp/cprc/reports/cr-0308.pdf）に公表されている共同研究報告書「広告表示等に対する消費者行動の分析―携帯電話の通話料金プラン選択等における購買意思決定―」を参照されたい。

2006年10月26日に掲載されたSoftBankの新聞広告では，あたかもSoftBankの携帯電話サービスを利用するすべての場合に，通話料金とメール料金が無料になるかのように表示している点が「警告」の対象となった。通話料金とメール料金が無料になるのは，SoftBankの利用者間のみの通話とメールに限定され，国際電話の利用は適用外，21時～24時台の通話時間が1請求月に累計200分を超過した場合は無料とはならず，当該サービスの提供を受けるためには，「ゴールドプラン」，「新スーパーボーナス」の契約が条件となっている。

「注意」の対象となったauの場合，2006年2月3日から2月6日までに掲載された新聞広告において，「すべてのヒトに最大半額を」，「お一人の場合は新登場MY割」という記載が問題となった。実際に基本使用料が半額となるのは，契約後11年目以降である。契約後11年目以降である旨は表示されているが，明瞭に記載されているとはいえない。同じく「注意」の対象となったdocomoの場合，2006年2月の新聞広告において，「あまった無料通信分が2ヶ月くりこせてわけあえる。しかも，パケット代としてもわけあえる。ファミリー割引」と記載している点が問題となった。当該権利を家族に利用させることができるのは繰越しの権利が発生した月の翌々月の1ヶ月間に限定される。

本来，広告は自社ブランドの優位性をアピールするものであるが，情報量が多く，サービス内容が複雑な携帯電話の料金サービスの広告では，デメリット表示の必要性が指摘されている。しかしながら，デメリット表示をメリット表示よりも積極的に表示するインセンティブは少なく，その姿勢は消極的といわざるを得ない。一方，広告情報を処理する消費者は企業と同等の知識と情報を有しておらず，売り手と買い手の間で情報格差が生じ，広告に対する誤認が少なからず発生しているのが現状である。こうした広告への誤認に対して，景品

表示法では，消費者が適正な商品選択ができるように，消費者に誤認されるおそれのある表示を規制している。従来，公正取引委員会では，景品表示法に基づき排除命令を行うことにより企業の不当表示を取り止めさせるとともに，これを公表することにより消費者に対し注意喚起を行ってきた。激しい企業間の競争が展開される中で，広告表示の行きすぎは後を絶たず，景品表示法に基づく規制によって，表示の適正化が推進されている。

2 ブランド要因と個人要因を組み込んだ広告効果モデルの構築

　先行研究で提示されている広告効果モデルや，前章までに検討した広告効果モデルを基本としながらも，本節では，消費者個人の特性やブランド要因を明示的に取り込んだ統合型の広告効果測定モデルを構築する。その理由として，①携帯電話サービスのようなサービス財の場合，無形であり，品質の確かさが実感しにくい経験財や信頼財としての側面を持つ，②各種取り揃えられた選択肢の中から意思決定する場合，情報への接触や取得，利用において個人差が生じ，価値観や関与が影響を及ぼす，③いわゆる「但し書き」がデメリット表示として小さい文字で併記され，消費者の誤認を未然に防止するための施策となっているが，そこへの注目度には個人差がある点が挙げられる。

　消費者行動研究の分野では，広告への反応，それに伴う購買意思決定の背景となる消費者の個人要因に関して多くの研究が行われ，中でも関与は重要な概念であり，従来さまざまな分類や定義がなされてきた（杉本 1997）。製品関与（その製品クラスに対する関与），購買関与（買うということに対する関与），広告関与（広告に対する関与）の3タイプ，あるいは関与の持続性による2つの区分，すなわち，状況関与（その状況によって関与が高くなったり低くなったりする）と永続的関与（常に同じものに関与している）が代表的といえる。日本の関与尺度の例として小嶋・杉本・永野（1985）による製品関与尺度があり，感情的関与，認知的関与，ブランド・コミットメントの下位尺度が設定されている。

114　第II部　ネガティブな短期効果：広告表現内容がもたらす誤認

図 5-4　ブランド要因と個人要因を組み込んだ広告効果モデル[5]

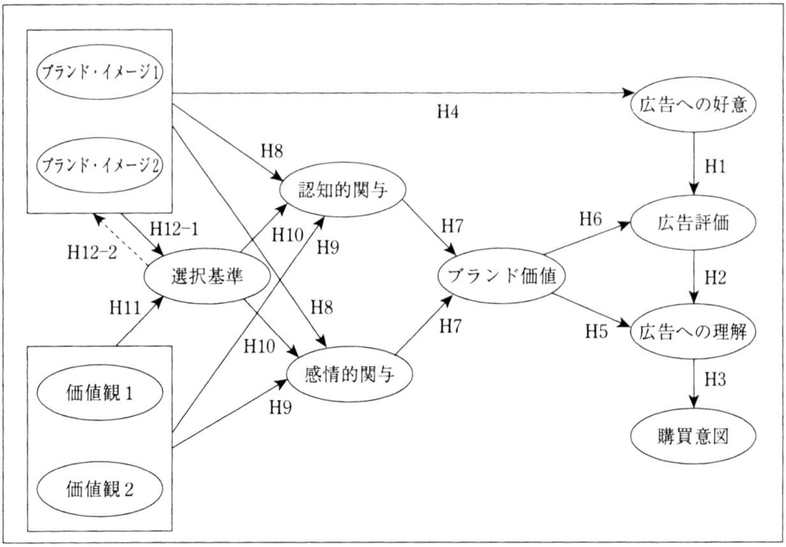

広告への反応をモデル化するに際しても，広告評価に影響する個人要因として関与を考慮し，しかも，一側面ではなく，多次元的な尺度を用い，モデルに取り込むことが必要といえる。さらに，感情的関与，認知的関与の原因となる消費者の価値観，ライフスタイルなども広告への反応に影響を及ぼす要因とし，消費者の広告への反応に関する全体構造を捉える必要がある。

仮説モデルの構築に当たって，先行研究の成果に則り，「広告への好意→広告への理解→購買意図」を仮定する（図5-4）。本章は，広告への誤認発生メカニズムを解明するという立場ではなく，広告への誤認が広告効果に対していかなる影響を及ぼすのかを検討するため，誤認を外生変数として扱い，誤認の程度による異同を検証する。そのため，広告への誤認を仮説モデルに明示的には取り込んでいない。逆に，広告誤認を発生させるのは，レイアウトの良さ，文字の大きさ，色づかいなどが引き金になると考え，これらを「広告評価」という概念としてまとめ，「広告評価」が「広告への好意」と「広告への理解」の間を媒介するという関係を仮定する。そこで，以下の仮説を設定する。

H1：広告への好意は，広告評価にプラスの影響を及ぼす。
H2：広告評価は，広告への理解にプラスの影響を及ぼす。
H3：広告への理解は，購買意図にプラスの影響を及ぼす。

携帯電話サービスは，市場に登場してからかなり時間が経過しており，その間，各社とも積極的な広告活動を行い，消費者は各企業に対する「ブランド・イメージ」をすでに十分形成している。したがって，「ブランド・イメージ」からの「広告への好意」に対する影響もプラスであると仮定できる。一方，「広告への理解」も，当該ブランドに対して消費者が知覚している価値，すなわち，「ブランド価値」からプラスの影響を受けるが，直接的な効果のみならず，「広告評価」を経由した間接的影響もあると考えられる。そこで，以下の仮説を設定する。

H4：ブランド・イメージは，広告への好意にプラスの影響を及ぼす。
H5：ブランド価値は，広告への理解にプラスの影響を及ぼす。
H6：ブランド価値は，広告評価にプラスの影響を及ぼす。

消費者がブランドへの知覚価値を形成するバックグランドとして，携帯電話サービスに対する「認知的関与」や「感情的関与」があると考えられ，さらにさかのぼると，これらの関与形成に対して「価値観」や「ブランド・イメージ」の影響を考慮する必要もある。また，実際の料金プラン選択において，どのような基準を重視するかという「選択基準」もすでに形成され，影響を及ぼすが，この選択基準自体が，既有の個人の価値観やブランド・イメージから影響を受けると考えられる。ただし，既存ブランドを対象とするため，ブランド・イメージと選択基準は時間的にどちらが先に形成されたのかを特定するだけの確証がない。そこで，2つの仮説（H12-1，H12-2）を設定し，実証分析においてモデル適合度指標から判断する。設定する仮説は以下の通りである。

H7：認知的関与と感情的関与は，ブランド価値にプラスの影響を及ぼす。
H8：ブランド・イメージは，感情的関与と認知的関与にプラスの影響を及ぼす。
H9：個人の価値観は，感情的関与と認知的関与にプラスの影響を及ぼす。

H10：選択基準は，感情的関与と認知的関与にプラスの影響を及ぼす。
H11：個人の価値観は，選択基準にプラスの影響を及ぼす。
H12-1：ブランド・イメージは，選択基準にプラスの影響を及ぼす。
H12-2：選択基準は，ブランド・イメージにプラスの影響を及ぼす。

3　携帯電話広告の表示に関する調査の概要

　前述の通り，公正取引委員会によって「有利誤認」の規定に違反するおそれがあるとして「警告」あるいは「注意」を受けた SoftBank, docomo, au 3社の新聞広告を使用する。webを活用したインターネット調査の期間は2007年10月11日～10月17日，調査依頼数は3,119名，有効回答数は1,043名，回収率は34.5%，回答者の平均回答時間は1時間21分である。また，有効回答を得た回答者のプロフィールは表5-1～表5-3の通りである[6]。

　調査対象広告は，各社の広告とも7回露出させ，新聞広告の大きさに拡大できるよう設計し，調査票上に拡大するよう指示も出している。また，順序効果，

表5-1　対象者の性別

	人　数	比　率
男　性	503	48.2%
女　性	540	51.8%
合　計	1,043	100.0%

表5-2　対象者の現使用ブランド

	人　数	比　率
SoftBank	181	17.4%
au	308	29.5%
docomo	554	53.1%
合　計	1,043	100.0%

表5-3　対象者の年齢

年齢区分	人　数	比　率	年齢区分	人　数	比　率	年齢区分	人　数	比　率
18歳未満	0	0.0%	25～29歳	82	7.9%	40～44歳	79	7.6%
18～19歳	15	1.4%	30～34歳	81	7.8%	45～49歳	87	8.3%
20～24歳	82	7.9%	35～39歳	84	8.0%	50歳以上	533	51.1%
						合　計	1,043	100.0%

学習効果を排除するため，1/3ずつのローテーションで提示した。

仮説モデルにおいて潜在変数として扱う「広告評価」，「関与」，「価値観」，「ブランド・イメージ」，「ブランド価値」，「広告への好意度」，「広告への理解度」，「購買意図」は，分析手法として用いる共分散構造分析に供するため，質問項目をそれぞれ複数個設定する。また，いずれの項目も 7 件法，すなわち，広告への印象項目は「 7：大変好感をもてる～ 1：全く好感をもてない」，それ以外の項目は「 7：非常にあてはまる～ 1：全く当てはまらない」で測定する。

4　携帯電話の広告に関する広告効果モデルの分析方法

4.1　潜在変数と観測変数

価値観に関する14項目の質問を用いて因子分析（主因子法・プロマックス回転）を行った。その結果，固有値 1 以上，抽出後の負荷量平方和（累積寄与率41.20％），因子の共通性より，3 因子が妥当であると判断した。各因子の因子負荷量，因子の名称は表 5 - 4 の通りである。

「ブランド・イメージ」も先行研究に基づき，「認知的ブランド・イメージ」として，たとえば「技術力がある」，「販売力がある」，一方，「感情的ブランド・イメージ」として，「信頼できる」，「親しみがある」などを測定尺度とした（表 5 - 5）。また，「関与」は杉本（1997）に準じ，認知的関与・感情的関与それぞれ 6 項目ずつを設定した。さらに，「ブランド価値」と，「広告への態度」の変数である「広告への好意」，「広告への理解」，「購買意図」に関しても，先行研究の知見に依拠し，3 ～ 6 項目ずつ設定した。「広告評価」は，誤認発生の捕捉を目的とした共同研究において検討・設定したものを活用している[7]。

いずれの潜在変数においても，信頼性係数 Cronbach の α にて各観測変数の妥当性を検討した（表 5 - 5）。その結果，情緒的傾向は0.542と低いため，これに該当する観測変数は用いないことにした。また，新規性志向（0.698）と選

表5-4 因子分析の結果（累積寄与率及び因子負荷量と3因子の名称）

	第1因子	第2因子	第3因子
予算を重視する	**0.833**	－0.225	0.240
実用性のあるものを好む	**0.681**	－0.170	0.003
類似のものを購入前に比較する	**0.542**	0.167	－0.083
期待通りか心配である	**0.510**	0.104	0.201
選択前に情報収集する	**0.471**	0.305	－0.142
理解できないものは選択しない	**0.467**	0.077	－0.195
自分が納得するものを選択する	**0.440**	0.189	－0.305
流行に敏感である	－0.226	**0.784**	0.097
新製品に興味がある	－0.001	**0.738**	0.024
時間・お金より品質を重視する	0.115	**0.443**	－0.178
広告を見て店頭に足を運ぶ	0.240	**0.369**	0.232
選択前に使用する自分を想像する	0.279	**0.319**	0.148
店員の話を信じて購入する	0.116	0.008	**0.656**
広告を見て衝動買いする	－0.060	0.449	**0.538**
固有値	4.466	1.904	1.131
累積寄与率（％）	27.87	37.36	41.20
因子の命名	合理的志向	新規性志向	情緒的傾向

(注) 因子負荷量の高い数値を太字で示している。

択基準 (0.650) は若干低めであるが，その他の各観測変数の内的整合性は0.8以上と総じて高く，これらの潜在変数は各観測変数で構成することの妥当性が検証された。そこで，価値観として「合理的志向」と「新規性志向」を，また，ブランド・イメージとして「認知的ブランド・イメージ」と「感情的ブランド・イメージ」，それぞれ2つの潜在変数を設定し，他の変数は仮説モデルで仮定した項目を用い，実証分析を行う。

4.2 携帯電話広告に対する誤認の定義と測定

公正取引委員会による SoftBank への「警告」，au と docomo 両社への「注

意」内容に基づいて，広告物への内容説明を作成し（表5-6），3社の広告に対して，「先程ご覧になった○○○（それぞれ SoftBank, au, docomo と入る）の広告物の理解度と同じ認識でしょうか。あなたのお気持ちに一番近い数字に，1つだけ○を付けてください」という質問をし，「同じ認識である」（以下「誤認なし」と表記），「同じ認識の部分もあれば，違う認識の部分もある」（以下「一部誤認」と表記），「違う認識であった」（以下「誤認あり」と表記）の3段階で測定し，これを本章で用いる「広告への誤認」の定義とする。各社の広告に対する誤認の発生は，表5-7に示す通りである。

5　携帯電話広告の効果プロセスの検証

5.1　全体モデルでの分析結果

　仮説モデルを分析した結果，図5-5と図5-6の通りになった。モデル適合度は，第4章と同様，GFI, AGFI, NFI, CFI, RMSEA, AIC を用い，総合的に評価する。

　仮説モデル1と2のモデル適合度指標はそれぞれ図中に示す通りであり，GFI, AGFI とも0.9以上にはなっておらず，必ずしも高くないが，RMSEA は0.05以下になっているので両モデルを棄却せず，より適合度の高い仮説モデル1を用いて，広告効果発生のメカニズムを検証する。その上で，「広告への誤認」[8]という反応によって，広告効果発生のプロセスにいかなる影響を及ぼし，差異が生じているのかを検討する。

　H1は「広告への好意は，広告評価にプラスの影響を及ぼす」である。パス係数は0.985（有意水準1％，以下，本章では特に表記しない場合はすべて1％水準である）となり，仮説は支持された。また，「広告評価は，広告への理解にプラスの影響を及ぼす」（H2），「広告への理解は，購買意図にプラスの影響を及ぼす」（H3）もそれぞれ0.157，0.947となり，先行研究でも明らかにされている広告効果プロセスが本研究でも確認できた。

表5-5 観測変数とCronbachのα係数

概念	潜在変数	観測変数	α係数
関与	認知的関与	企業名，ブランド名を知っている	0.890
		携帯電話会社の広告に接したことがある	
		豊富な知識を持っている	
		アドバイスできる知識がある	
		比較したことがある	
		品質，機能の違いがわかる	
	感情的関与	自分にピッタリである	0.942
		使用するのが楽しい	
		私の生活に役立つ	
		愛着がわく	
		情報収集したい	
		魅力を感じる	
ブランド選択基準	選択基準	料金体系を重視する	0.650
		付帯サービスを重視する	
		端末の操作性を重視する	
		つながりやすさを重視する	
		店員のアドバイスを重視する	
ブランド・イメージ	認知的ブランド・イメージ	技術力がある	0.900
		販売力がある	
		国際性がある	
		新しいことにチャレンジする	
	感情的ブランド・イメージ	信頼できる	0.812
		お気に入りである	
		親しみがある	
		顧客を重視している	
価値観	合理的志向	予算を重視する	0.806
		実用性のあるものを好む	
		類似のものを選択前に比較する	
		期待通りか心配である	
		選択前に情報収集する	
		理解できないものは選択しない	
		自分が納得するものを選択する	

価値観	新規性志向	流行に敏感である	0.698
		新製品に興味がある	
		時間・お金より品質を重視する	
		広告を見て店頭に足を運ぶ	
		選択前に使用する自分を想像する	
	情緒的傾向	店員の話を信じて購入する	0.542
		広告を見て衝動買いする	
ブランドの知覚価値	ブランド価値	満足する自分がイメージできる	0.939
		支払いに見合う価値がある	
		安い料金で済ますことができる	
		家族や友人に自慢できる	
		尊敬する人から評価してもらえる	
		長期利用したい	
広告への好意	広告への好意	全体に対する第一印象への好意	0.850
		広告物全体の雰囲気への好意	
		キャッチフレーズが印象に残る	
広告評価	広告評価	レイアウトに対する印象	0.900
		文字の大きさに対する印象	
		色の使い方に対する印象	
		広告物全体の色合い	
		全体のバランスが良い	
		有名人の宣伝に影響を受ける	
		企業ロゴが気に入っている	
		大きい文字だけを見て判断する	
		内容説明の文字の大きさは妥当である	
		色合いのコントラストが良い	
広告への理解	広告への理解	宣伝文句のわかりやすさに対する印象	0.871
		商品の内容説明がわかりやすい	
		商品選択の参考になる	
		料金体系を理解できた	
		便利である	
購買意図	購買意図	HPにアクセスしようと思う	0.909
		ショップに足を運ぼうと思う	
		他にはないメリットがある	
		利用したいと思う	
		家族や友人に紹介したいと思う	

表5-6　広告物の内容説明

SoftBank	通話料及びメール代が無料となるのは、「ゴールドプラン」及び「新スーパーボーナス」と称する料金体系に加入した場合であって、かつ、SoftBank携帯電話間のみの通話及びメールに限定されるものであり、国際電話の通話は除かれ、SoftBank携帯電話間であっても、21時台から24時台の通話時間が1請求月に累計200分を超過した場合に無料とならないものである。
au	家族割は契約期間に制約がなく、MY割サービスは2年間の継続契約が条件であり、また、基本使用料が半額となるのはau利用後11年目である。
docomo	当月の無料通話分を使用しなかった場合には、当該未使用分は次月において当該者のみが繰り越して使用可能となるものであり、他の家族には分けあえない、さらに、当該者が次月においても使用しなかった場合にのみ次々月において、当該未使用分を家庭内の者が使用できるものであり、かつ、繰り越し分は2ヶ月で消滅する。

表5-7　各社の広告に対する誤認の発生人数

	SoftBank		au		docomo	
誤認あり	166名	計525名	157名	計528名	128名	計501名
一部誤認	359名		371名		373名	
誤認なし	518名		515名		542名	

　H4「ブランド・イメージは、広告への好意にプラスの影響を及ぼす」は、実証分析では認知的ブランド・イメージと感情的ブランド・イメージに分割して検証した。パス係数はそれぞれ0.253と0.493となり、いずれも広告への好意にプラスの影響があることが明らかになった。携帯電話会社は激しい競争環境下、積極的な広告活動を展開しており、消費者は各社に対する「ブランド・イメージ」をすでに十分形成していることがうかがわれる。

　ブランド・イメージのみならず、企業のブランド・エクイティとして蓄積された「ブランド価値」も「広告への理解」へプラスの影響を及ぼしており、パス係数は0.868と大きい。よって、H5も支持された。しかしながら、「広告評価」へのパス係数は有意とはならず、H6は棄却された。したがって、「ブランド価値」からの影響は、直接的な効果のみであり、「広告評価」を経由した間

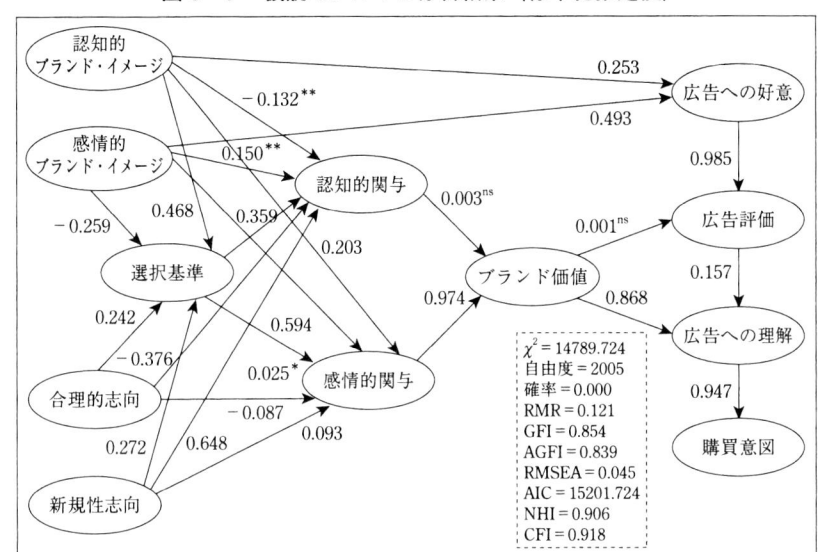

第5章　携帯電話広告の表示に対する消費者反応の分析　123

図5-5　仮説モデル1の分析結果（標準化推定値）

（図中の数値）
認知的ブランド・イメージ → 広告への好意: 0.253
認知的ブランド・イメージ → 認知的関与: −0.132**
認知的ブランド・イメージ → 広告への好意: 0.493
感情的ブランド・イメージ → 認知的関与: 0.150**
感情的ブランド・イメージ → 選択基準: 0.468
選択基準 → 認知的関与: 0.359
認知的関与 → ブランド価値: 0.003ns
ブランド価値 → 広告評価: 0.001ns
広告への好意 → 広告評価: 0.985
広告評価 → 広告への理解: 0.157
ブランド価値 → 広告への理解: 0.868
広告への理解 → 購買意図: 0.947
選択基準 → 感情的関与: 0.594
感情的関与 → ブランド価値: 0.203
感情的ブランド・イメージ → 選択基準: −0.259
合理的志向 → 選択基準: 0.242
合理的志向 → 認知的関与: −0.376
合理的志向 → 感情的関与: 0.025*
合理的志向 → ブランド価値: −0.087
新規性志向 → 選択基準: 0.272
新規性志向 → 感情的関与: 0.648
新規性志向 → ブランド価値: 0.093
感情的関与 → ブランド価値: 0.974

$\chi^2 = 14789.724$
自由度 = 2005
確率 = 0.000
RMR = 0.121
GFI = 0.854
AGFI = 0.839
RMSEA = 0.045
AIC = 15201.724
NHI = 0.906
CFI = 0.918

（注）＊印なしは1％水準，＊＊は5％水準，＊は10％水準で有意，nsは有意でない。モデル図が煩雑になるため，測定変数と誤差項を省略している（図5-6も同様）。

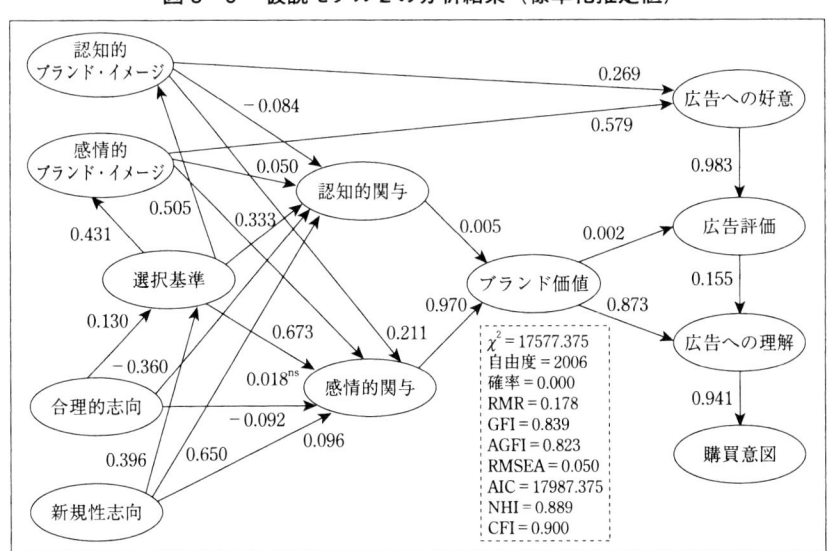

図5-6　仮説モデル2の分析結果（標準化推定値）

認知的ブランド・イメージ → 広告への好意: 0.269
認知的ブランド・イメージ → 認知的関与: −0.084
認知的ブランド・イメージ → 広告への好意: 0.579
感情的ブランド・イメージ → 認知的関与: 0.050
感情的ブランド・イメージ → 選択基準: 0.505
選択基準 → 認知的関与: 0.333
認知的関与 → ブランド価値: 0.005
ブランド価値 → 広告評価: 0.002
広告への好意 → 広告評価: 0.983
広告評価 → 広告への理解: 0.155
ブランド価値 → 広告への理解: 0.873
広告への理解 → 購買意図: 0.941
感情的ブランド・イメージ → 選択基準: 0.431
選択基準 → 感情的関与: 0.673
感情的関与 → ブランド価値: 0.211
感情的関与 → ブランド価値: 0.970
合理的志向 → 選択基準: 0.130
合理的志向 → 認知的関与: −0.360
合理的志向 → 感情的関与: 0.018ns
合理的志向 → ブランド価値: −0.092
新規性志向 → 選択基準: 0.396
新規性志向 → 感情的関与: 0.650
新規性志向 → ブランド価値: 0.096

$\chi^2 = 17577.375$
自由度 = 2006
確率 = 0.000
RMR = 0.178
GFI = 0.839
AGFI = 0.823
RMSEA = 0.050
AIC = 17987.375
NHI = 0.889
CFI = 0.900

接的な影響は見出せなかった。

　消費者がブランド価値を形成する背景として，携帯電話サービスに対する「認知的関与」や「感情的関与」を設定し，「ブランド価値」への影響を見たが，感情的関与の影響は大きいものの（パス係数0.974），認知的関与からの影響は有意にならなかった。したがって，H7は一部支持された。認知的関与→ブランド価値→広告評価のパスは存在せず，感情的関与→ブランド価値→広告への理解が強いルートとなっているといえる。

　次に，認知的ブランド・イメージと感情的ブランド・イメージの関与への影響を，直接効果と間接効果に分けて検討する。まず，認知的ブランド・イメージ→認知的関与は－0.132（5％水準）とマイナスの影響となった。しかしながら，認知的ブランド・イメージ→選択基準（0.468）→認知的関与（0.359），すなわち，間接効果は0.168であり，総合効果は0.036となる。また，感情的ブランド・イメージ→認知的関与のパス係数は0.150（5％水準）であるが，感情的ブランド・イメージ→選択基準（－0.259）→認知的関与（0.359）の間接効果（－0.092）を加味すると0.057となる。一方，感情的関与に対する認知的ブランド・イメージのパス係数は0.203，感情的ブランド・イメージは0.594であり，直接効果としてプラスの影響があることが見出された。よって，H8「ブランド・イメージは感情的関与と認知的関与にプラスの影響を及ぼす」は支持された。

　個人の価値観も「合理的志向」と「新規性志向」に分けて検証した。合理的志向→認知的関与は－0.376とマイナスの影響となり，合理的志向→選択基準（0.242）→認知的関与（0.359）を加味しても，－0.289とマイナスの影響となる。一方，新規性志向→認知的関与は0.648であり，新規性志向→選択基準（0.272）→認知的関与（0.359）を加えるとトータルで0.746となる。また，感情的関与への影響はともに小さく，合理的志向－0.087，新規性志向0.093となった。したがって，H9「個人の価値観は感情的関与と認知的関与にプラスの影響を及ぼす」は一部支持された。

　H10「選択基準は感情的関与と認知的関与にプラスの影響を及ぼす」に関しても，認知的関与へのパスが0.359となったものの，感情的関与のパス（0.025，

10％水準）が5％水準で有意とならず，一部支持された。また，合理的志向→選択基準（0.242），新規性志向→選択基準（0.272）のパス係数は有意であり，H11の「個人の価値観は選択基準にプラスの影響を及ぼす」は支持された。さらに，既存ブランドを対象とした本研究では，ブランド・イメージと選択基準は時間的にどちらが先に形成されたのかを特定するだけの確証がなく，2つのモデルを分析することにより，関係を見極めた。その結果，分析の冒頭に記した通り，ブランド・イメージ→選択基準を仮定したモデル1の方が適合度が高く，H12-1「ブランド・イメージは選択基準にプラスの影響を及ぼす」が支持された。

以上の分析結果より，個人の価値観（合理的志向，新規性志向）は認知的関与に影響するものの，感情的関与への影響は小さく，認知的関与は広告効果プロセスへ影響を及ぼさないため，総合的には価値観が広告効果に影響するとはいえない。これは携帯電話が日常生活の中で必需品となり，コモディティ化していることの表われと考える。一方，ブランド・イメージは，感情的関与，ブランド価値を経由して広告への理解に間接的に効果を発揮すること，また，広告への好意度に直接影響することが見出された。

上記の分析結果は，3社の広告への反応をプールした全体評価であるが，広告の表現手法は各社各様であり，表現内容の質的な差が広告への反応に影響を及ぼす可能性もある。そこで次に，3社の広告への反応の違いを明らかにするために多母集団の同時分析を行う。

5.2 携帯電話広告の表現の違いによる広告効果の差異： 3ブランド間の比較

多母集団の同時分析において，3ブランドのモデルが同一モデルで収束した（GFI＝0.820，AGFI＝0.801，RMSEA＝0.027）。有意差の検定は，Bonferroniの調整に基づき，有意水準1.67％で3群間の多重比較を行う[9]。表5-8は，3ブランド間で有意差が認められたパス係数（非標準化係数，標準誤差）の一覧[10]である。「ブランド価値→広告への理解」と「広告評価→広告への理解」の2

126　第II部　ネガティブな短期効果：広告表現内容がもたらす誤認

表5-8　広告表現の違いによる広告効果の差

	SoftBank		au		docomo	
	非標準化係数	標準誤差	非標準化係数	標準誤差	非標準化係数	標準誤差
広告評価→広告への理解	**0.133**	0.018	0.149	0.018	**0.191**	0.019
ブランド価値→広告への理解	0.805	0.026	**0.759**	0.027	**0.680**	0.025

（注）太字は1.67%水準で有意差のある項目である（以下表5-12まで同様）。

箇所に有意差が見出された。「ブランド価値→広告への理解」では，docomo⇔SoftBank，docomo⇔auで有意差があり，docomoは，他の2ブランドに比して，ブランド価値による広告への理解に対する影響が小さいことが判明した。逆に，docomoはSoftBankに比べて，「広告評価→広告への理解」のパス係数が有意に大きい。この結果は意外ともいえるが，docomoの広告に使用されているドコモダケは人気No.1のキャラクターになっており，¥0と赤字で大きく表示したSoftBankの広告に比して広告評価が高く，理解促進に役立ったためと考察できる。以上の結果より，有意差のあるパスは多くないものの，3社の広告表現内容の違いによって広告への反応に差があるといえる。

5.3　携帯電話広告への誤認による効果プロセスにおける差異

　広告に対する誤認が，広告効果発生プロセスにおいてどのような差異をもたらすかを検証するため，多母集団の同時分析を行う。以下では，広告表現の違いによる検証と同様の手順で，①3ブランド全体での広告への誤認の程度による違い，②ブランドごとの広告への誤認の程度による違いという観点から検討する。

5.3.1　全体モデルでの分析結果

　多母集団の同時分析において，誤認の程度別の3モデルが同一モデルで収束したので（GFI=0.816，AGFI=0.798，RMSEA=0.028），結果について解釈する。表5-9に示す通り，有意差のあるパスが9ヶ所見出された。

表5-9　誤認の程度の違いによる広告効果の差：3グループのパス係数

	誤認あり		一部誤認あり		誤認なし	
	非標準化係数	標準誤差	非標準化係数	標準誤差	非標準化係数	標準誤差
広告評価→広告への理解	**0.235**	0.031	0.154	0.023	**0.155**	0.017
ブランド価値→広告への理解	**0.658**	0.041	**0.813**	0.029	**0.758**	0.021
認知的BI→認知的関与	**−0.553**	0.173	**−0.083**	0.110	**−0.004**	0.098
感情的BI→認知的関与	**0.383**	0.137	0.054	0.078	**0.048**	0.070
合理的志向→認知的関与	−0.404	0.124	**−0.255**	0.076	**−0.554**	0.104
合理的志向→感情的関与	**0.010**	0.092	**−0.262**	0.069	−0.129	0.057
新規性志向→感情的関与	−0.070	0.078	**0.271**	0.061	0.123	0.055
合理的志向→選択基準	**0.458**	0.112	0.276	0.082	**0.072**	0.084
新規性志向→選択基準	−0.035	0.091	0.174	0.071	**0.384**	0.081

　大きな発見は，レイアウトの良さ，文字の大きさ，色づかいなどの「広告評価」が誤認発生の引き金になると考え，媒介変数としたが，「ブランド価値→広告への理解」と「広告評価→広告への理解」の2つのパスで，誤認の程度によって差異があることが検証されたことである。「ブランド価値→広告への理解」は，誤認あり⇔一部誤認，誤認あり⇔誤認なし間で有意差があり，誤認ありの方が影響が小さい。逆に，「広告評価→広告への理解」は，誤認あり⇔誤認なし間で差があり，誤認ありの方が影響が大きい。また，誤認あり⇔一部誤認では有意差がないものの，同様の傾向が見られる。これは，レイアウト，文字の大きさ，色づかいなどの印象による評価が良いほど，広告への理解度が高くなることを表わしている。まさに誤解をしたまま間違った理解をし，消費者が広告で訴求している内容を理解できたと勝手に判断している状況であり，問題といえる。

　以下に，その他に差異が認められた関係について列挙する。「認知的ブランド・イメージ→認知的関与」は，誤認あり⇔一部誤認，誤認あり⇔誤認なし間で有意差があり，誤認ありの方がマイナスの影響が強い。全体分析で述べたよ

うに,「認知的ブランド・イメージ→選択基準→認知的関与」の間接効果を加えて,総合効果を算出しても,一部誤認あり,誤認なしが負の影響を及ぼさないのに対して,誤認ありでは相殺されることなく,−0.437(標準化係数)となる。一方,「感情的ブランド・イメージ→認知的関与」においては,誤認あり⇔誤認なし間で有意差があり,誤認ありの方がプラスに影響している。また,誤認あり⇔一部誤認では有意差がないものの,同様の傾向が見られる。誤認ありの場合,相対的に感情的なブランド・イメージの影響が大きく,こうした結果が得られたと考えるが,推測の域を出ないので,今後の課題として検討したい。

誤認あり⇔誤認なし間では,「合理的志向→選択基準」のパスが誤認ありで有意に大きく,逆に,「新規性志向→選択基準」では誤認なしが大きい。また,誤認あり⇔一部誤認では,「合理的志向→感情的関与」のパスが誤認ありで有意に大きく,逆に,「新規性志向→感情的関与」では一部誤認の方が大きい。さらに,一部誤認⇔誤認なしでは,「合理的志向→認知的関与」において,一部誤認の方が負の影響が小さいことが見出された。

次に,ブランドごとの広告に着目して,誤認の程度による反応の差について詳細に分析する。

5.3.2 ブランド別の分析結果
(1) SoftBank の広告

誤認の程度別の3モデルが同一モデルで収束したので(GFI=0.700,AGFI=0.671,RMSEA=0.037),結果について解釈する。表5-10に示す通り,有意差のあるパスが8ヶ所見出された。

「ブランド価値→広告への理解」は,誤認あり⇔一部誤認,誤認あり⇔誤認なし間で有意差があり,誤認ありの方が影響が小さい。一方,「広告評価→広告への理解」も,誤認あり⇔一部誤認,誤認あり⇔誤認なし間で差があるが,誤認ありの方が影響が大きい。この結果は,全体分析と同様の傾向である。SoftBank の広告のレイアウト,文字の大きさ,色づかいなどの印象による判断が広告への理解に影響しており,前述と同様,誤認に基づく間違った理解の

表5-10 SoftBank広告への誤認:3グループのパス係数

	誤認あり		一部誤認あり		誤認なし	
	非標準化係数	標準誤差	非標準化係数	標準誤差	非標準化係数	標準誤差
広告評価→広告への理解	**0.340**	0.049	**0.128**	0.029	**0.168**	0.021
認知的BI→広告への好意	0.302	0.058	**0.181**	0.056	**0.460**	0.054
感情的BI→広告への好意	0.512	0.079	**0.569**	0.060	**0.395**	0.043
ブランド価値→広告への理解	**0.505**	0.055	**0.902**	0.048	**0.790**	0.033
認知的BI→認知的関与	**−0.122**	0.040	0.009	0.042	−0.019	0.037
認知的BI→感情的関与	0.121	0.052	**0.071**	0.053	**0.393**	0.049
感情的BI→感情的関与	0.795	0.080	**0.899**	0.065	**0.642**	0.044
新規性志向→選択基準	**−0.076**	0.075	**0.275**	0.095	**0.289**	0.068

可能性が指摘できる。さらに,一部誤認⇔誤認なし間で,ブランド・イメージと広告への好意に関する差異が見出された。「認知的ブランド・イメージ→広告への好意」は誤認なしの方が,一方,「感情的ブランド・イメージ→広告への好意」は一部誤認の方が影響が大きい。誤認なしの場合,信頼や親しみなどの情緒より,技術力,販売力や国際性などの評価が好意に結びついていると考察できる。また,一部誤認とはいえ,誤った認識の下,信頼や親しみから広告へ好意を示していることは問題をはらんでいる。誤認が解消された場合に,逆に感情的ブランド・イメージへ悪影響を及ぼし,ひいては広告への好意に対する悪影響も懸念されるためである。

「新規性志向→選択基準」は,誤認あり⇔一部誤認,誤認あり⇔誤認なし間で有意差があり,誤認ありの方が影響が小さい。この結果は全体モデルの結果と同様であるが,誤認あり⇔一部誤認の有意差も見出され,より鮮明な結果といえる。「認知的ブランド・イメージ→感情的関与」は,誤認あり⇔誤認なし,一部誤認⇔誤認なしで有意差があり,いずれも誤認なしの影響が大きい。「認知的ブランド・イメージ→認知的関与」は,誤認あり⇔一部誤認で有意差があり,誤認ありでネガティブな影響となっている。「感情的ブランド・イメージ

→感情的関与」は，一部誤認⇔誤認なしで有意差があり，一部誤認の影響が大きい。

(2) au の 広 告

同一モデルで収束したので (GFI=0.719, AGFI=0.691, RMSEA=0.035)，結果について解釈する。表5-11に示す通り，有意差のあるパスが8ヶ所見出された。

「認知的ブランド・イメージ→広告への好意」は誤認あり⇔一部誤認，誤認あり⇔誤認なしで有意差があり，誤認ありの方が影響が大きい。これはSoftBankの場合とは多少異なる結果であるが同様の問題を抱えている。つまり，誤認ありの場合，技術力，販売力や国際性などの評価が広告への好意に結びついているが，誤認が解消された場合，逆にブランド・イメージの毀損が懸念され，その結果，広告への好意に対して悪影響を及ぼすことも考えられる。

「認知的ブランド・イメージ→感情的関与」は，誤認あり⇔一部誤認，一部誤認⇔誤認なしで有意差があり，一部誤認で影響が強い。「合理的志向→感情的関与」は，誤認あり⇔一部誤認，誤認あり⇔誤認なしで有意差があり，誤認

表5-11 au広告への誤認：3グループのパス係数

	誤認あり		一部誤認あり		誤認なし	
	非標準化係数	標準誤差	非標準化係数	標準誤差	非標準化係数	標準誤差
認知的BI→広告への好意	**0.499**	0.107	**0.186**	0.045	**0.236**	0.039
認知的BI→認知的関与	**−0.254**	0.086	−0.114	0.045	**−0.037**	0.040
認知的BI→感情的関与	**0.178**	0.077	**0.481**	0.060	**0.242**	0.038
感情的BI→感情的関与	0.686	0.103	**0.522**	0.065	**0.818**	0.053
合理的志向→認知的関与	**−0.080**	0.139	−0.304	0.122	**−0.738**	0.232
合理的志向→感情的関与	**0.309**	0.129	**−0.353**	0.117	**−0.370**	0.123
新規性志向→認知的関与	**0.215**	0.116	0.588	0.149	**0.988**	0.243
新規性志向→感情的関与	**−0.141**	0.094	**0.355**	0.123	**0.349**	0.119

ありでパス係数が大きい。逆に,「新規性志向→感情的関与」では誤認ありの係数は有意に小さい。

認知的関与へのパスでは,誤認あり⇔誤認なしで有意差のあるパスが3箇所,すなわち,誤認なしで①合理的志向からのパスはマイナスの影響が大きく,②逆に,新規性志向からのパスはプラスの影響が強い,また,③認知的ブランド・イメージからのパスは,誤認ありの方がマイナスの影響が大きいことが見出された。さらに,一部誤認⇔誤認なしでは,感情的ブランド・イメージ→感情的関与のパス係数が,誤認なしで大きいという結果になった。

(3) docomo の広告

docomo の広告も,誤認の程度別の3モデルが同一モデルで収束したので(GFI＝0.715,AGFI＝0.687,RMSEA＝0.034),結果について解釈する。表5-12に示す通り,有意差のあるパスが5ヶ所見出された。一番の特徴は,SoftBank が広告効果プロセスの好意や理解で,また,au が好意で,誤認の有無によって反応に差が見出されたのに対して,docomo の広告ではそれらのパス間には有意差が認められなかったことである。誤認あり⇔一部誤認,誤認あり⇔誤認なしで有意差があったのは,認知的ブランド・イメージ→認知的関与,新規性志向→感情的関与であり,いずれも誤認ありで大きなマイナスの影響を及ぼしている。逆に,誤認あり⇔一部誤認では,合理的志向→感情的関与の係

表5-12 docomo広告への誤認:3グループのパス係数

	誤認あり		一部誤認あり		誤認なし	
	非標準化係数	標準誤差	非標準化係数	標準誤差	非標準化係数	標準誤差
認知的BI→認知的関与	**−0.801**	0.319	**0.133**	0.169	**0.065**	0.138
合理的志向→感情的関与	**0.158**	0.158	**−0.337**	0.117	−0.062	0.084
新規性志向→認知的関与	0.919	0.337	0.326	0.094	**0.852**	0.201
新規性志向→感情的関与	**−0.345**	0.197	**0.310**	0.080	**0.127**	0.087
新規性志向→選択基準	0.175	0.193	**−0.015**	0.100	**0.387**	0.140

数が誤認ありで有意に大きい。一部誤認⇔誤認なしでは，新規性志向→認知的関与，新規性志向→選択基準において，誤認なしが有意に大きいことが明らかになった。

6 携帯電話の広告を誤認すると広告への反応はどうなるのか

　本章では，情報量が多く，サービス内容が複雑な携帯電話の料金サービスの広告において少なからず広告情報による誤認が消費者の中に発生しているという現状を踏まえ，消費者の広告への反応プロセスにおける因果関係を明確化した全体像を捉えるためのモデルを構築し，フィールドデータを用いて反応プロセスを明らかにした。さらに，誤認の程度によって生じる広告効果の異同を実証分析した。提案したモデルでは，広告への好意→広告への理解→購買意図という先行研究による知見を踏まえたプロセスのみならず，それに影響を及ぼす既存の「ブランド要因」，個人の「価値観」と「関与」も明示的にモデルに取り込み，また，レイアウト，文字の大きさ，色づかいなどの表現要素に対する「広告評価」を取り込んでいる点に特徴がある。仮説モデルの分析の結果，広告効果発生プロセスに関して，以下の点が明らかになった。

① 広告への好意→広告評価→広告への理解→購買意図となり，先行研究でも明らかにされている広告効果プロセスが本研究でも確認できた。
② ブランド価値→広告への理解もプラスの影響を及ぼしている。しかしながら，ブランド価値→広告評価のパスは有意とはならず，ブランド価値→広告への理解は直接効果のみであり，広告評価を経由した間接効果は見出せなかった。
③ 認知的ブランド・イメージと感情的ブランド・イメージは，広告への好意にプラスの影響がある。また，関与への影響を，直接効果と間接効果の観点から検討した結果，認知的関与へのブランド・イメージの影響はほとんどなく，あってもごく小さい。一方，感情的関与に対しては，直接効果としてプラスの影響がある。したがって，ブランド・イメージは，感情的関与やブラ

ンド価値を経由して広告への理解に間接的に効果を発揮したり，広告への好意度に直接影響するといえる。
④ ブランド価値に対する感情的関与の影響は大きいものの，認知的関与からの影響は有意にならなかった。その結果，認知的関与→ブランド価値→広告評価のパスは存在せず，感情的関与→ブランド価値→広告への理解が強い影響力を持っていることが判明した。
⑤ 個人の価値観やブランドの選択基準は，認知的関与に影響を及ぼすが，感情的関与への影響は小さいことが明らかになった。④で記述した通り，認知的関与は広告効果に影響せず，感情的関与のみが影響することから考えると，価値観の影響はほとんどないといえる。この結果から，携帯電話が日常生活の中で必需品となり，コモディティ化している可能性が示唆される。
⑥ 3ブランドの広告表現内容による差異を検討するため，多母集団の同時分析を行ったところ，「ブランド価値→広告への理解」と「広告評価→広告への理解」の2つのパスで有意差があり，訴求方法の違いによる反応の差が明らかになった。

次に，広告に対する誤認の有無によって，広告効果発生プロセスにいかなる異同が生じるのかを多母集団の同時分析により検証した結果，以下の知見を得た。
① レイアウトの良さ，文字の大きさ，色づかいなどの「広告評価」が，誤認の発生の引き金になると考え，「広告への好意」と「広告への理解」の間の媒介変数としたが，仮定通り，「ブランド価値→広告への理解」と「広告評価→広告への理解」の2つのパスで，誤認の程度によって差異があることが検証された。
② 特に「広告評価→広告への理解」は，誤認あり群で影響が大きく，レイアウト，文字の大きさ，色づかいなどの印象による評価が広告への理解に影響する。したがって，誤認あり群では，誤った認識の下，広告評価が高まるほど，理解が高まったと受け止められる可能性があるという意味で問題がある。
③ SoftBankの広告では，広告への理解や好意に至るパスで，誤認の程度に

よって差異があることが検証された。広告に対して誤認したまま，より理解できた，より好ましいなどと消費者が反応し，広告効果を発揮するのは本来あるべき姿とはいえない。正確な情報を提供し，広告への好意度や理解度の形成を促すべきである。

④ au の広告では，直接的な広告効果プロセスに有意に影響を及ぼしているのは「認知的ブランド・イメージ→広告への好意」のみであった。しかしながら，問題点は SoftBank と同様であり，正確な情報を提供し，広告への好意度形成を促すべきといえる。

⑤ docomo の広告では，SoftBank や au の広告で見出されたパス間には有意差が認められなかった。

多母集団の同時分析においては，従来の研究では 2 群間の差異の検証事例が多かったが，本研究では，誤認の有無だけではなく，一部誤認といった誤認の程度も識別し，3 群間の異同を明確化したという点でも意義深いといえる。本研究のアプローチにより，携帯電話の通話料金プラン広告の効果と，ネガティブ効果としての広告による誤認に関していくつかの知見は得られたものの，課題も残されている。最後に本研究の限界と今後の課題について記述する。

調査に使用した広告物は，Vodafone が SoftBank になった新登場告知の新聞広告であり，2006年12月12日付けで公正取引委員会から「携帯電話事業者 3 社に対する警告等について」という広告内容に対する指導を受け，新聞記事やテレビ報道などでニュースとしても話題になったものである。掲載時期と調査時期にはタイムラグがあり，また，広告以外にも各種メディアからの情報に接触することもでき，すでに内容が理解され，学習している可能性が高い。そのため，各ブランドとも約半数が誤認しているとはいえ，誤認の発生率が低めに出ている可能性も否めない。また，調査回答者の面でも偏ったデータである。広告への誤認をテーマに研究を行った事例が少ない中，本研究の意義は大きいものの，今後の検証においては，これらの不備を改善してデータを収集し，検証する必要があると考える。さらに，本研究では，広告効果プロセスにおける誤認の影響を検討したが，広告への誤認そのものの発生要因に関する解明も重

要である。どのようなプロフィールと考えを持った消費者が誤認しやすいのかを明らかにし，誤認を発生させないための要件を導出することが実務の要請に応えることになると考える。サービス・ドミナント・ロジック[11]が提唱される昨今，サービス・マーケティング分野の理論化と実証研究の蓄積は重要であり，サービス財に関する消費者行動研究や広告効果の研究も今後さらに取り組むべき課題といえる。

【付記】本章は，竹内淑恵（2009），「携帯電話広告の表示に対する消費者反応の分析」『イノベーション・マネジメント』，No. 6，41-69頁をもとに加筆修正したものである。また本章は，公正取引委員会の競争政策研究センターとの平成20年度CPRC共同研究テーマ「広告表示等に対する消費者行動の分析―携帯電話の通話料金プラン選択等における購買意思決定―」の研究成果の一部である。ただし，本章の内容に関する文責は筆者にある。

（1） 概要は http://www.jftc.go.jp/pressrelease/08.june/08061303.html にて，詳細は http://www.jftc.go.jp/pressrelease/08.june/08061303-01-hontai.pdf にて確認されたい（アクセス日：2010年1月27日）。
（2） http://www.jftc.go.jp/keihyo/hyoji/hyojigaiyo.html を参照されたい（アクセス日：2010年1月27日）。
（3） 平成21年9月1日，消費者庁に移管され，「措置命令」と称されている。
（4） http://www.jftc.go.jp/pressrelease/06.december/06121202.html を参照されたい（アクセス日：2010年1月27日）。
（5） ブランド・イメージと価値観は，複数の潜在変数を仮定できるが，本仮説モデルでは明示せず，実証分析の節で，扱う潜在変数を明らかにする。
（6） 調査の質問数が多く，回答に時間がかかるため50歳以上が半数を超えるデータとなっている。本研究で調査対象とした素材は新聞に掲載された広告であり，産経新聞によれば，閲読率は10代48％，20代64％，30代79％，40代87％，50代90％ （http://www.sankei-ad-info.com/evalua/etsudokuritsu_1.php）であり，人口比率と新聞の閲読率を考慮すると著しい偏りとはいえない。また，携帯電話が若者だけでなく，中高年層にも一般化している現在，小さい文字で注意表示として記載される契約条項への反応を捕捉する上で50歳以上という対象者は，①老眼というハンデがあるため，小さい文字に敏感，②正確に理解しようとする真面目な態度が期待できる。したがって，この層に理解されないのであれば他の層ではさらに理解は危ぶまれるという2点から判断し，広告への誤認を検証する対象者として必ずしも不適切ではないと考えるが，分析結果は限定的なものといえる。

（7） 公正取引委員会・競争政策研究センターの共同研究に参画した5名の研究者の知見と先行研究の成果から「広告評価」項目を設定している。
（8） 広告効果測定の目的は，広告への好意，理解，購買意図の形成の捕捉であり，広告への誤認を目的変数とするモデルは本質的に意味を持たない。広告への誤認がどのような要因によって発生するのかを解明するためには別の分析手法（たとえば，消費者のプロフィールを明らかにする決定木分析など）によるべきと考える。
（9） グループA，B間の一対比較では5％水準で有意差を検定するが，A，B，Cの3グループ間ではAとB，BとC，CとAの3対あるので，3/5＝1.67％での検定となる。
（10） 標準化係数は影響度の強さを見る際に必要であるが，ここでは影響の度合いではなく，パス係数の大きさがグループ間で統計的に有意差があるかどうかを検定している。その検定の根拠になるのが，非標準化係数と標準誤差である。そのため，標準化係数の数値は省略した。
（11） 企業と顧客がともに価値を生み出す「価値共創」の場を企業活動の中心に位置づけて経営論理を構築しようとする視点である。これまではグッズ・ドミナント・ロジックであり，モノが中心に据えられ，一方向の価値提供であったが，サービス・ドミナント・ロジックではサービスを中心とし，双方向の価値共創が重視される。このテーマに関して，『マーケティングジャーナル』第107号（第27巻3号）社団法人日本マーケティング協会（2008）で特集が組まれているので，参照されたい。

第6章　医療保険広告の表示に対する消費者反応の分析

　2008年7月，生命保険会社各社は金融庁より保険業法第204条第1項の規定に基づく業務改善命令を受けた。保険金などの支払いという保険事業の根幹をなす業務において，いわゆる不祥事が発生している。各社とも行政処分を厳粛に受け止め，保険金などの支払管理態勢の強化を図るとともに，顧客視点に立ったより良いサービスの提供に向け，取り組みを始めているところである。この背景には，保険契約の難しさ，すなわち，素人にわかりづらい契約内容がある。したがって，保険の広告表現に対する消費者の反応を分析することは重要なテーマといえる。

　がん保険などの医療保険分野においても，「優良誤認」として公正取引委員会から排除命令を受けた事例がある。アメリカン・ライフ・インシュアランス・カンパニー（以下アリコと略す）の「元気によくばり保険」である。新聞広告において，「ガン　悪性新生物　一括300万円　ガン診断一時金250万円＋生活習慣病一時金50万円（上皮内新生物の場合は一括60万円）」と記載されているが，実際には，「一時金は，被保険者が上皮内新生物にり患していると診断され，かつ，その治療を目的とした入院中に所定の手術をしたときに支払われるものであり，上皮内新生物にり患したと診断されただけでは支払われないものであった」という点が問題視された。アリコジャパンのホームページ（http://www.alico.co.jp/about/press/07_1019.pdf）に，排除命令を受けた旨，2007年10月19日付で掲載されているので参照されたい。

　そこで本章では，第5章で提案した「ブランド要因と個人要因を組み込んだ広告効果モデル」の分析対象を医療保険に拡張し，モデルの妥当性，頑健性を検証し，医療保険における広告効果の発生メカニズムを解明する。

138　第Ⅱ部　ネガティブな短期効果：広告表現内容がもたらす誤認

1　医療保険広告に関する設定仮説と仮説モデル

　医療保険は，携帯電話以上にサービス内容が複雑であり，強調表示のみではすべてを表現しきれず，打消し表示によりサービスの全容を示すことになる。この打消し表示をも含めて，本来伝えるべき内容を消費者に提示し，その下でサービス内容を正確に理解できているかどうかを測定する必要がある。また，2008年7月の金融庁からの業務改善命令に対して，同年8月に業務改善計画を各社とも提出している。経営管理（ガバナンス），内部監査態勢などが盛り込まれているが，その中で，保険金の支払い漏れに関連して，請求案内の不備を認め，改善の方向性を示している。実際，これまでの広告物の中には，どのように保険金の支払い請求をしたら良いのかは明示されていない。この点の告知も重要であると判断し，打消し表示のみならず，支払い請求に関する情報も加味して，消費者に提示し，その理解の程度を捕捉する。

　医療保険に関する仮説モデルは，基本的に携帯電話のモデルに準ずるので，詳細は前章を参照されたい。ただし，医療保険固有の特徴として，保険料の支払いが長期間に及ぶため，将来にわたって収入が安定し，比較的高額の保険料の支払いをきちんと履行できるかといった収入や支出に対する不安がある。また，自分や家族の健康に対する不安が強いと，選択基準が厳しくなり，認知的関与や感情的関与も高まる可能性がある。この点が携帯電話の広告効果モデルと異なる。そこで，前章12項目の仮説に以下の1項目を追加する（詳細はp. 144図6‐2を参照のこと）。

　H13：不安感・リスクは，選択基準や認知的関与，感情的関与にプラスの影
　　　　響を及ぼす。

2 医療保険広告の表示に関する調査の概要

2.1 調査対象広告の選定

　公正取引委員会より排除命令を受けたアリコの「元気によくばり保険」と，がん保険など医療保険の先駆者であるアフラックの「EVER シリーズ」，2008年7月に新発売されたかんぽ生命（以下かんぽと略す）「入院特約その日から」[1]の3ブランドの新聞広告を用いる（図6-1）。なお，「元気によくばり保険」に関しては，広告の著作権者であるアリコより「広告の2次使用」の許可が得られず，本章に例示できない。

図6-1　調査提示用の医療保険の新聞広告

（注）アフラックの広告には，肖像権に基づき加工を施している。

2.2 医療保険広告に対する誤認の定義と測定

アリコに関しては、前述の公正取引委員会による排除命令に基づいて広告物の内容説明を、また、アフラック、かんぽ2社の内容説明は、強調表示に対応する打消し表示部分に着目して作成する。さらに、3社とも支払い請求の方法は、各社の消費者コールセンターに直接確認した内容に基づいて追加する。なお、提示する内容説明の文字数は、できる限り同程度になるよう配慮している。実査における質問と回答方法は、携帯電話広告の調査と同様である。

アフラック〈EVER〉シリーズの提示内容

> 保険期間が終身の医療保険であり、ケガの入院保障は90歳までである。保障の開始は、告知及び第1回保険料の振替がともに完了したときである。保険料振込期間は、EVERが終身、EVER HALFが65歳から半額、EVER払済タイプは65歳までとなっている。また、解約払戻金はない。女性疾病、長期入院と退院後の通院、死亡保障に関しては特約をつけなければ保障されない。保険給付金は、契約者本人あるいは代理人がコールセンターに電話して必要書類を入手し、期限内(3年以内)に提出した場合に支払われる。(単語数225)

「かんぽ生命入院特約その日から」の提示内容

> 「入院保険金は日帰り入院から保障」と記載しているが、入院保障は基本契約に入院特約を付加する必要がある。「日帰り入院」とは、入院日と退院日が同一である場合をいい、入院基本料の支払い有無などを参考にして判断する。また、入院保険金は一定の要件のもとに1つのケガまたは1つの病気について、それぞれ最高120日分まで支払われるものである。保険給付金は、契約者本人あるいは代理人がコールセンターに電話して、もしくは郵便局の窓口に出向いて必要書類を入手し、期限内(5年以内)に提出した場合に支払われる。(単語数241)

第6章 医療保険広告の表示に対する消費者反応の分析　141

「元気によくばり保険」の提示内容

> 「ガン 悪性新生物 一括300万円 ガン診断一時金250万円＋生活習慣病一時金50万円（上皮内新生物の場合は一括60万円）」と記載しているが，一時金は，被保険者が上皮内新生物にり患していると診断され，かつ，その治療を目的とした入院中に所定の手術をしたときに支払われるものであり，上皮内新生物にり患したと診断されただけでは支払われないものである。保険給付金は，契約者本人あるいは代理人がコールセンターに電話して必要書類を入手し，期限内（3年以内）に提出した場合に支払われる。（単語数226）

2.3　調査実施状況

webを活用したインターネット調査を2008年9月上旬に行い，有効回答数1,617名を得ている。性別と年齢構成は表6-1に示す通りであり，平均年齢は46.4歳である。また，現加入ブランド，興味関心度，各社の広告に対する誤認の発生を表6-2～表6-4に示す。

表6-1　対象者の性別と年齢

男　性	849名	52.5%	女　性	768名	47.5%
20歳	6名	0.37%	46～50歳	167名	10.33%
21～25歳	53名	3.28%	51～55歳	199名	12.31%
26～30歳	224名	13.85%	56～60歳	202名	12.49%
31～35歳	155名	9.59%	61～65歳	191名	11.81%
36～40歳	148名	9.15%	66～69歳	108名	6.68%
41～45歳	164名	10.14%			

表6-2　対象者の現加入ブランドと医療保険の種類

加入ブランド	アフラック	464名	保険の種類	医療保険・入院保険	711名
	アリコ	166名		がん保険	524名
	かんぽ	387名		合　計	1,235名
	合　計	1,017名			

表6-3　生命保険及び医療保険への関心度

関心あり	252名	15.6%	関心あまりなし	546名	33.8%
関心ややあり	643名	39.8%	関心なし	176名	10.9%

表6-4　医療保険の広告に対する誤認発生の人数と比率

	アフラック		かんぽ		アリコ	
誤認なし	974名	60.2%	955名	59.0%	845名	52.3%
一部誤認	531名	32.9%	522名	32.3%	562名	34.7%
誤認あり	112名	6.9%	140名	8.7%	210名	13.0%

　調査対象広告は，各社の広告とも5回露出させ，新聞広告の大きさに拡大できるよう設計し，調査票上に拡大するよう指示も出している。また，順序効果，学習効果を排除するため，1/3ずつのローテーションで提示した。前章と同様に，「広告評価」，「関与」，「価値観」，「ブランドイメージ」，「ブランド知覚価値」，「広告への好意度」，「広告への理解度」，「購買意図」に関する質問項目はそれぞれ複数個設定する。また，いずれの項目も7件法で測定する。

3　医療保険の広告に関する広告効果モデルの分析結果

3.1　潜在変数と観測変数

　共分散構造分析を行う前に，観測変数を因子分析にかけ，潜在変数としてまとめる妥当性を検討した。手法はいずれも主因子法，バリマックス回転を用い，固有値1以上，因子の共通性，累積寄与率により，構成する因子数を決定した。観測変数の内的整合性は信頼性係数 Cronbach の α により確認している。

　価値観は「客観的志向」（$\alpha=0.901$），「経済性志向」（$\alpha=0.905$），「依存性志向」（$\alpha=0.958$）と「情緒的志向」（$\alpha=0.913$）[2]，また，選択基準は「基本機能重視」（$\alpha=0.843$）と「付加価値機能重視」（$\alpha=0.837$）[3] を潜在変数とした。

第6章　医療保険広告の表示に対する消費者反応の分析　143

「関与」は杉本（1997）に準じ，認知的関与・感情的関与[4]それぞれ6項目ずつを設定し，これら2因子のαはそれぞれ0.957，0.925となり，妥当性が確認された。不安・リスクに関する17項目を因子分析にかけた結果，3因子構造となり，その名称を不安・健康（$\alpha=0.894$），不安・収入（$\alpha=0.917$），不安・支出（$\alpha=0.822$）[5]とした。

「ブランド・イメージ」も先行研究に基づき，「認知的ブランド・イメージ」として，たとえば「技術力がある」，「販売力がある」，一方，「感情的ブランド・イメージ」として，「信頼できる」，「親しみがある」などの11項目を測定尺度とし，因子分析を行った結果，認知的ブランド・イメージ（$\alpha=0.909$）と感情的ブランド・イメージ（$\alpha=0.917$）[6]の2因子構造とした。ブランド知覚価値は，「満足する自分がイメージできる」（心理的価値），「支払いに見合う価値」（家計的価値），「安い料金ですむ」（家計的価値），「家族友人に自慢できる」（社会的価値），「尊敬する人に評価される」（社会的価値），「長期利用したい」（時間的価値）の6項目が1因子に集約された。

「広告への態度」の変数である「広告への好意」[7]，「広告への理解」[8]，「購買意図」[9]も，先行研究の知見に依拠し，網羅的に複数項目ずつ設定したが，αはそれぞれ0.933，0.920，0.925となった。また，好意と理解の媒介変数と仮定した「広告評価」[10]は9つの変数から構成され，$\alpha=0.894$であり，いずれも各観測変数をそれぞれの潜在変数でまとめることの妥当性が検証できた。

3.2　医療保険広告の効果プロセスの検証：全体モデルでの分析結果

実証分析で扱う具体的な潜在変数を網羅したモデルを図6-2に示す。図中の点線の枠は，ブランド・イメージ，価値観，不安・リスク，選択基準，関与の変数が複数あるため，付記している。また，ブランド・イメージ，価値観，不安・リスクは外生変数[11]であり，それぞれ相関があるものとしてあらかじめ認めておく。分析は，①仮説に基づいた基本モデルの分析（以下，モデル①と表記する），②潜在変数を削除した改良モデル（モデル②），③修正指数に基づく改良モデルの改善：仮説以外のパスの追加（モデル③），④修正指数に基

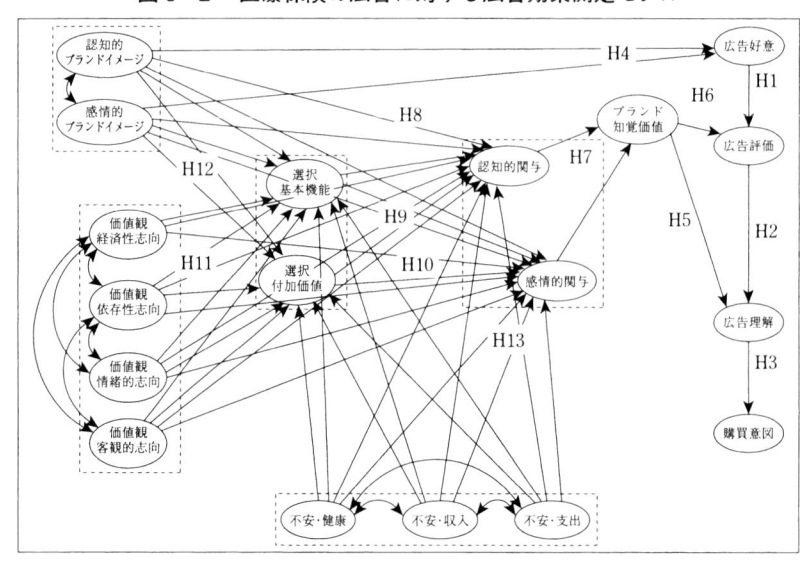

144　第II部　ネガティブな短期効果：広告表現内容がもたらす誤認

図6-2　医療保険の広告に対する広告効果測定モデル

づく改良モデルの改善：仮説以外のパスと誤差項間の共分散の追加（モデル④）の手順で行った。

　仮説に基づき設定したモデル①を分析した。しかしながら、いずれの適合度指標においても、モデル①はフィット[12]が十分とはいえず、モデルの改善を検討した。

　改善点として検討した内容は2点ある。まず1つ目は不安・リスクに関してである。「健康や金銭的な不安感は、選択基準や認知的関与、感情的関与にプラスの影響を及ぼす」というH13を設定したが、不安・リスクに関する3つの潜在変数はいずれも認知的関与、感情的関与に対して有意ではない、あるいは、有意だとしてもそのパス係数がかなり小さいことが判明した。また、選択基準（基本機能重視、付加価値重視）に対しても有意であるものの、その影響度合いは相対的に小さい。そこで、これら3つの潜在変数を削除した。2点目として、同様の考え方に基づき、価値観のうち情緒的志向についても削除した[13]。これ以外にも有意でないパスは存在するが、対になったもう一方の変

数が有意であるため，対のまま残す方針とした。

モデル②では潜在変数を整理した結果，5％水準で有意でないパスは3つに減ったが，モデルのフィットは十分とはいい難く，全体的な構造はこのまま保持しつつ，修正指数を用いて探索的に改善した。その結果，認知的ブランド・イメージ，感情的ブランド・イメージのいずれも，ブランド知覚価値への影響が有意であること，基本機能重視が付加価値重視に影響を及ぼすことが修正指数によって判明した。これら3つのパスは仮説では設定していないが，関係として妥当性があるといえ，パスを追加した（モデル③）。モデル②，モデル③ともに，GFI，AGFIは0.9を超えていないが，モデル③ではNFI，CFIは0.9以上となり，RMSEAは0.05以下が望ましいという基準もクリアされた。RMRもAICもモデル③の方が小さく，モデル③をベースにさらなる分析を行った。

修正指数によって，感情的関与から広告への好意のパスが存在することが確認できた。このパスも仮説では設定していないが，関係として妥当性があると判断し，追加した。また，誤差項の共分散を適宜仮定して，分析を繰り返し，最終的な結果を得た（モデル④）。モデル④では，$\chi^2=27800.76$，自由度$=2637$，$p=0.000$，GFI$=0.838$，AGFI$=0.816$，NFI$=0.923$，CFI$=0.930$，RMSEA$=0.044$，AIC$=28532.76$となった。4つのモデルの適合度指標から総合的に判断して，一番妥当性の高いモデルとしてモデル④を採択し，仮説の検証を行う。

H1：広告への好意は，広告評価にプラスの影響を及ぼす

パス係数は0.359（以下，いずれも標準化推定値，有意水準1％）となり，支持された。

H2：広告評価は，広告への理解にプラスの影響を及ぼす

0.402となり，支持された。

H3：広告への理解は，購買意図にプラスの影響を及ぼす

0.859となり，支持された。

H4：ブランド・イメージは，広告への好意にプラスの影響を及ぼす

感情的ブランド・イメージからのパスは0.227とプラスの影響を及ぼしているが，認知的ブランド・イメージの方は－0.090となり，マイナスの影響を与

えるという結果になり，部分的に支持された。また，探索的分析の結果，広告への好意に対して感情的関与も影響を及ぼし，その強さは0.637と相対的に大きな値となった。

H5：ブランド知覚価値は，広告への理解にプラスの影響を及ぼす

0.618となり，支持された。

H6：ブランド知覚価値は，広告評価にプラスの影響を及ぼす

0.732となり，支持された。

H7：認知的関与と感情的関与は，ブランド知覚価値にプラスの影響を及ぼす

認知的関与のブランド知覚価値に対するパス係数は0.267，感情的関与からのパス係数は0.465となり，支持された。また，探索的分析の結果，ブランド知覚価値に対して，感情的ブランド・イメージと認知的ブランド・イメージも影響を及ぼし，その度合いはそれぞれ0.208と0.044となった。

H8：ブランド・イメージは，感情的関与と認知的関与にプラスの影響を及ぼす

認知的及び感情的ブランド・イメージはいずれも感情的関与と認知的関与にプラスの影響があり，仮説は支持された。認知的ブランド・イメージは，認知的関与に対して0.126，感情的関与に対して0.052，一方，感情的ブランド・イメージは，認知的関与に対して0.580，感情的関与に対して0.701というパス係数となり，総じて感情的ブランド・イメージの影響が強い。

H9：個人の価値観は，感情的関与と認知的関与にプラスの影響を及ぼす

実証分析においては，価値観を4つの潜在変数に分割して検討を加えたが，情緒的志向についてはモデル改善の経過の中で削除した。経済性志向は，認知的関与，感情的関与ともにマイナスの影響を与え，パス係数はそれぞれ－0.230と－0.064となった。客観的志向は，認知的関与に対して0.337，感情的関与に対して0.096，また，依存性志向は，認知的関与に対して0.046，感情的関与に対して0.083という結果となった。個人の価値観は，関与に対して総じて大きな影響を及ぼさない。仮説は部分的に支持された。

H10：選択基準は，感情的関与と認知的関与にプラスの影響を及ぼす

選択基準のうち，基本機能重視は感情的関与，認知的関与のいずれに対しても有意な影響を及ぼさない。一方，付加価値重視は感情的関与と認知的関与に影響を及ぼし，パス係数はそれぞれ0.057，0.109となった。仮説は部分的に支持された。

H11：個人の価値観は，選択基準にプラスの影響を及ぼす

個人の価値観として設定した経済性志向，客観的志向，依存性志向の3変数と，基本機能重視，付加価値重視といった選択基準の2変数間の関係を検討した。その結果，基本機能重視に対して，経済性志向0.668，客観的志向－0.071，依存性志向－0.057となり，経済性志向のプラスの影響度が強いことが明らかになった。また，付加価値重視に対しては，経済性志向－0.402，客観的志向0.369，依存性志向0.203となった。しかしながら，探索的分析の結果，選択基準の2つの潜在変数間に関係が認められ，基本機能重視は付加価値重視に対してプラスの影響（0.324）を与えている。したがって，各価値観の付加価値重視に対する影響は，基本機能重視→付加価値重視を加味して，総合効果として捉える必要がある[14]。H11自体は部分的に支持された。

H12：ブランド・イメージは，選択基準にプラスの影響を及ぼす

基本機能重視に対して，認知的ブランド・イメージは0.197，感情的ブランド・イメージは－0.057，一方，付加価値重視に対して，認知的ブランド・イメージは－0.090，感情的ブランド・イメージは0.169となった。しかしながら，H11で述べた通り，基本機能重視→付加価値重視（0.324）を加味する必要がある[15]。H12も部分的に支持された。

H13：不安感・リスクは，選択基準や認知的関与，感情的関与にプラスの影響を及ぼす

モデル④において，不安・リスクの変数はすべて削除しているため，H13は支持されなかった。

次に，医療保険の広告に対する広告効果測定モデルを用い，3ブランド間の広告表現による広告効果の差異，さらに，「広告への誤認」という反応によっ

て，広告効果発生のプロセスにいかなる影響を及ぼし，差異が生じているのかを検討する。

3.3 医療保険広告の表現の違いによる広告効果の差異：
　　 3 ブランド間の比較

　広告の表現手法は各社各様である。アリコの広告は典型的なカタログ広告といえ，5種類の保険の紹介を行い，購買意図形成を目的とした直接反応広告である。一方，かんぽの広告は新発売告知を目的とし，タレントを大きく扱い，認知率の向上と広告への好意度の獲得を目指したものと考えられる。アフラックの広告は，両社の折衷的な表現であり，契約している2名のタレントを用いてブランド認知を促し，なじみ感や親近感を醸成しつつ，保険内容の情報を伝える理解促進型広告といえる。こうした広告表現内容の質的な差が広告への反応に影響を及ぼす可能性は大きい。そこで，3社の広告への反応の違いを明らかにするために多母集団の同時分析を行った（GFI＝0.806，AGFI＝0.779，RMSEA＝0.027）。

　3ブランド間比較モデルの一対比較の検定統計量は省略し，表6-5には有意差のあるパスのみを示す。なお，3群間での多重比較のため，それぞれのパス係数の差の検定は Bonferroni の調整に基づき，有意水準1.67％とした。以下の分析でも同様の基準で検定している。

　表6-5に示す通り，広告表現の違いによる効果の差異の特徴は大きく分けて2点ある。まず，ブランド・イメージが差異をもたらしているという点である。また，広告効果プロセスの「広告への好意→広告理解→購買意図」に対しても差異が認められる。それぞれについて，以下で詳細に検討する。

　がん保険など医療保険の分野において先発優位性を確立しているアフラック，外資系の総合保険会社として No. 1の実績を持ち，活発にコミュニケーション活動を展開しているアリコ，日本郵政公社の民営・分社化により平成19年10月1日に誕生した日本郵政グループのかんぽは，いずれもすでにブランド・イメージを形成しているといえる。しかしながら，その影響度合いは各ブランドで

表 6-5　3 ブランド間の一対比較の検定結果〈抜粋〉(16)

	アフラック	かんぽ	アリコ	アフラック⇔かんぽ	かんぽ⇔アリコ	アフラック⇔アリコ
	推定値	推定値	推定値	統計量	統計量	統計量
認知的BI→選択_基本機能	0.499	**−0.429**	0.442	**−8.427**	**8.066**	−0.800
感情的BI→選択_基本機能	−0.233	**0.501**	−0.241	**6.741**	**−7.005**	−0.106
認知的BI→選択_付加価値	−0.363	**0.708**	−0.357	**7.083**	**−7.254**	0.054
感情的BI→選択_付加価値	0.344	**−0.509**	0.429	**−5.757**	**6.540**	0.906
認知的BI→ブランド_知覚価値	**0.083**	0.310	−0.052	**4.686**	**−7.604**	**−4.199**
感情的BI→ブランド_知覚価値	0.169	0.074	0.314	−1.833	**4.679**	**3.605**
選択_付加価値→感情的関与	0.010	0.057	0.089	1.735	1.226	**3.045**
認知的BI→広告好意	0.111	0.180	−0.142	0.956	**−4.302**	**−5.071**
感情的関与→広告好意	0.657	0.566	0.887	−1.511	**4.591**	**3.535**
広告好意→広告評価	**0.330**	0.316	0.269	−0.542	**−2.000**	**−2.409**
ブランド_知覚価値→広告評価	0.632	0.610	0.714	−0.681	**3.054**	**2.405**
広告評価→広告理解	0.376	**0.287**	0.372	**−2.902**	**2.789**	−0.126
広告理解→購買意図	1.120	**1.312**	1.149	**2.893**	**−2.440**	0.495

(注)　表側のゴシック体は広告効果に関連する項目である。表中の太字推定値は有意に大きい，あるいは，小さいものを，また，太字統計量は1.67％水準で有意差のあるものを示している（以下表6-9まで同様）。

差異が生じている。その結果が，選択基準の2つの潜在変数，すなわち，基本機能重視（保険料重視，保障重視など）と付加価値重視（生活資金準備，貯蓄・節税目的），及びブランド知覚価値に表われている。

　認知的ブランド・イメージ（商品企画力，宣伝上手，販売力，挑戦的，国際性）の基本機能重視に対する影響は，アフラック⇔かんぽ，アリコ⇔かんぽ間で有意差があり，かんぽのパス係数の方が小さい。一方，感情的ブランド・イメージ（お気に入り，信頼できる，顧客重視，親しみ，実績あり）の基本機能重視に対する影響もアフラック⇔かんぽ，アリコ⇔かんぽ間で有意差があり，かんぽのパス係数の方が大きい。かんぽというブランドにおいて，保険料や保障の重視などの基本機能に対するニーズは，信頼や親しみなどの感情的ブランド・イメージから大きな影響を受けるというのは納得性のある結果であろう。

この傾向とはまったく逆の関係にあるのが，付加価値機能重視に対する影響である。いずれもアフラック⇔かんぽ，アリコ⇔かんぽ間で有意差が認められるが，かんぽでは認知的ブランド・イメージの影響が大きく，感情的ブランド・イメージの影響が小さい。つまり，かんぽにおいて，生活資金準備や貯蓄目的などの付加価値に対するニーズは，認知的ブランド・イメージからの影響が強い。かんぽは，医療保険以外の郵貯関連の金融商品を有しており，この結果はこれまでの実績を反映したものと推察できる。

　ブランド知覚価値（満足する自分，支払いに見合う価値，安い料金，家族友人に自慢，人に評価される，長期利用）に対して，認知的ブランド・イメージは3社間で有意差がある。影響の大きい順にかんぽ，アフラック，アリコである。一方，感情的ブランド・イメージは，かんぽ⇔アフラックには有意差がなく，この2社とアリコには有意差があり，アリコの方が大きい。さらに，認知的ブランド・イメージは広告好意への影響にも差異を発生させている。アフラック⇔かんぽ間には有意差はないが，この2社はアリコとは差がある。アリコにおいて，認知的ブランド・イメージによる広告への好意度への影響は最も小さい。逆に，感情的関与（魅力的，長く使える，自分にピッタリ）は，アフラック⇔かんぽ間には有意差はないが，この2社はアリコとは差がある。アリコの場合，感情的関与という個人の要因が高まれば，広告への好意度に対する影響が最も大きくなる。

　広告好意から広告評価への影響は，アフラック⇔アリコ間で有意差があり，アフラックの方が大きい。広告に対して好意を持つほど，インパクト，レイアウトの良さ，文字の大きさ，キャッチフレーズの印象など広告評価に良い影響を及ぼす。逆に，ブランド知覚価値から広告評価への影響は，アフラック⇔アリコ，かんぽ⇔アリコ間で有意差があり，アリコで影響が強く出る。アリコの場合，ブランド知覚価値が高ければ，広告評価が高まる。

　広告評価は広告内容への理解に影響を及ぼすが，アフラック⇔かんぽ，かんぽ⇔アリコ間で有意差があり，かんぽの影響が一番小さい。しかしながら，広告理解からの購買意図形成に対する影響は，アフラック⇔かんぽ，かんぽ⇔ア

リコ間で有意差があり、かんぽの影響が一番大きく、広告への理解が高まるほど購買意図が形成されるという結果が得られた。

広告への態度（A_{ad}）がブランドへの態度（A_b）に影響を及ぼすことは先行研究でも明らかにされてきたが（たとえば Lutz 1985, Miniard, Bhatla and Rose 1990, Brown and Stayman 1992），本研究の結果は，すでにブランドが確立している場合，ブランド・イメージなどいわゆるブランドへの態度が広告効果プロセスに大きな影響を及ぼし，広告への態度の形成に結びついていることを示しており，興味深い結果といえる。また，広告効果プロセスそのものも，ブランド間で違いが見られた。前述の通り，各社各様の広告表現を採用しており，情報提供型，理解促進型，好意度形成型といった表現手法による違いが効果の差異をもたらすと仮定したが，結果から判断すると，必ずしも理解促進，好意度形成といった類型ではなく，すでに確立されたブランド・イメージによる影響度合いの方が強いといえる。前章の携帯電話3社の広告表現間の比較では，ブランド・イメージによる影響の違いはなく，広告表現内容の違いによる広告への反応に差が見出されたが，医療保険会社のブランド間には，ブランド・イメージによる違いがあると考えられる。

3.4 医療保険広告への誤認による効果プロセスにおける差異

広告に対する誤認が，広告効果発生プロセスにおいてどのような差異をもたらすかを検証するため，多母集団の同時分析を行う。以下では，①3ブランド全体での広告への誤認の程度による違い，②ブランドごとの広告への誤認の程度による違いという観点から検討する。

3.4.1 全体モデルでの分析結果

3ブランドの全データを誤認の程度によって分類し，誤認の程度別モデルを分析した結果，多母集団の同時分析モデルが収束した（GFI＝0.805, AGFI＝0.779, RMSEA＝0.028）。誤認の程度別比較モデルの一対比較の検定統計量は省略し，表6-6には有意差のあるパスのみを示す（有意水準1.67%）。

表6-6　誤認の程度別の一対比較の検定結果〈抜粋〉

	誤認なし	一部誤認	誤認あり	誤認なし ⇔ 一部誤認	一部誤認 ⇔ 誤認あり	誤認なし ⇔ 誤認あり
	推定値	推定値	推定値	統計量	統計量	統計量
価値観_客観的志向→選択_基本機能	-0.128	-0.221	**0.145**	-1.259	**2.844**	2.202
認知的BI→認知的関与	0.064	**0.170**	0.166	**2.672**	-0.060	1.367
価値観_客観的志向→感情的関与	**0.212**	0.054	-0.019	**-2.964**	-0.844	**-2.782**
認知的関与→ブランド_知覚価値	**0.345**	0.334	0.225	-0.320	-2.206	**-2.562**
広告理解→購買意図	1.224	1.206	**0.965**	-0.280	**-3.154**	**-3.958**

　前述の広告表現の違いによる効果は13ヶ所で有意差が見出され，そのうち6ヶ所が広告効果プロセスにかかわるものであった。それに対して，誤認の程度別モデルの分析では有意差があったのは5ヶ所，また広告効果プロセスに関連するのはうち1ヶ所のみであった。以下，それぞれについて検討を加えることとする。

　広告への理解から購買意図へのパスは，広告効果プロセスの最終段階であるが，このパスにおいて，一部誤認⇔誤認あり，誤認なし⇔誤認あり間で有意差が認められた。誤認ありで一番影響度合いが弱く，広告理解が購買意図に及ぼす影響が小さい。そもそも誤認している状況下にもかかわらず，広告を理解したと認識し，それが購買意図に強く影響するのは望ましいことではない。医療保険の広告では，誤認による悪影響が小さいことが確認できた。

　価値観の潜在変数の1つである，客観的志向（情報収集，用語理解，長所短所の評価可能）は選択基準の基本機能重視に影響を及ぼすが，一部誤認⇔誤認あり間で有意差があり，誤認ありの方がその影響度合いが強い。しかしながら，そもそも誤認ありのモデルにおいて，客観的志向→基本機能重視のパスは有意ではなく，その影響は小さいと考える。また，認知的ブランド・イメージから認知的関与に対して，誤認なし⇔一部誤認間で有意差があり，一部誤認の方が影響が強い。全体での分析結果で述べた通り，認知的ブランド・イメージから認知的関与へのパス係数は0.13（標準化推定値）であり，感情的ブランド・イ

メージの影響に比べて認知的ブランド・イメージの影響は弱い。したがって，誤認の程度別に見た場合，一部誤認で影響が強いという結果も，モデル全体の中では相対的にその影響は弱く，さほど問題にならない。さらに，客観的志向→感情的関与，認知的関与→ブランド知覚価値において，誤認なしのパス係数が大きいという結果が得られたが，これも誤認なしという前提である限り，その影響が大きいことは問題なしと見なすことができる。したがって，全体モデルでは誤認の有無による差異はあるものの，大きな問題はない。しかしながら，個別のブランドではどうだろうか。以下ではその点を検討する。

3.4.2 ブランド別の分析結果

(1) アフラックの広告

アフラックの広告に対する反応データのみを用いて，誤認の程度によって分類し，誤認の程度別モデルを分析した結果，多母集団の同時分析モデルは収束した（GFI＝0.711, AGFI＝0.681, RMSEA＝0.035）。

有意差のあるパスを表6-7に示す。有意差のあるパスは9ヶ所である。3

表6-7 アフラック：一対比較の検定結果〈抜粋〉

	誤認なし	一部誤認	誤認あり	誤認なし ⇔ 一部誤認	一部誤認 ⇔ 誤認あり	誤認なし ⇔ 誤認あり
	推定値	推定値	推定値	統計量	統計量	統計量
感情的BI→選択__付加価値	**0.169**	0.421	0.553	**2.512**	0.850	**2.728**
認知的BI→ブランド__知覚価値	0.069	**0.111**	-0.006	1.482	**-2.775**	-1.970
感情的BI→ブランド__知覚価値	0.105	**0.275**	0.239	**3.613**	-0.473	1.874
認知的関与→ブランド__知覚価値	0.411	0.317	**0.111**	-1.423	-1.960	**-3.072**
感情的関与→ブランド__知覚価値	0.532	0.440	**0.692**	-1.553	**2.623**	1.775
広告好意→広告評価	**0.399**	0.273	0.313	**-2.961**	0.572	-1.299
ブランド__知覚価値→広告評価	0.570	**0.729**	0.482	**2.641**	**-2.752**	-1.116
広告評価→広告理解	0.310	0.425	**0.570**	2.010	1.254	**2.412**
広告理解→購買意図	**0.161**	0.909	0.846	**-2.472**	-0.496	**-2.725**

ブランド全体で誤認の程度別の分析を行った結果に比べて，より鮮明に違いが見出された。広告への理解から購買意図へのパスは，3ブランド全体での誤認程度別の分析結果と同様の傾向が見られ，一部誤認⇔誤認あり間に有意差はないものの，誤認なし⇔一部誤認，誤認なし⇔誤認あり間で有意差が認められた。誤認なしで一番影響度合いが強く，広告理解が購買意図に及ぼす影響が大きい。誤認がないという条件下，広告を理解したと認識し，それが購買意図に結びつくことは望ましい。

　しかしながら，問題は広告評価→広告理解のパスに存在する。誤認なし⇔誤認あり間に有意差があり，誤認ありでパス係数が有意に大きい。つまり，誤認しているという状態で，実際に見た広告に対してインパクト，レイアウトの良さ，文字の大きさ，キャッチフレーズの印象などを高く評価するほど，広告内容の理解により影響を及ぼす。アフラックの広告に対する誤認の発生率は6.9％（112名／1,617名）と相対的に低いが，広告表現要素が誤った広告理解を促進する可能性が示唆された。

　広告好意から広告評価へのパスは，誤認なし⇔一部誤認間で有意差があるが，誤認なしの方がパス係数が大きいので問題とはならない。しかしながら，ブランド知覚価値から広告評価へのパスにおいて，誤認なし⇔一部誤認，一部誤認⇔誤認あり間に有意差があり，一部誤認で影響度合いが強い。すでに形成されているブランド知覚価値によって，実際に見る広告への評価に影響する可能性が示唆される。さらに，ブランド知覚価値は，認知的ブランド・イメージや感情的ブランド・イメージから影響を受け，それらのパス間にも有意差が見出された。認知的ブランド・イメージとのパスは一部誤認⇔誤認ありで，感情的ブランド・イメージとのパスは誤認なし⇔一部誤認間で差があり，いずれも一部誤認のパス係数が大きい。既に消費者が形成しているブランド価値やイメージからの影響も無視できない要因として考慮し，検討する必要があるといえる。

　認知的関与，感情的関与からブランド知覚価値への2つのパスで，差異が認められた。認知的関与→ブランド知覚価値では，誤認なし⇔誤認あり間で有意差があり，誤認ありの影響が小さい。しかしながら，感情的関与→ブランド知

表6-8　かんぽ：一対比較の検定結果〈抜粋〉

	誤認なし	一部誤認	誤認あり	誤認なし⇔一部誤認	一部誤認⇔誤認あり	誤認なし⇔誤認あり
	推定値	推定値	推定値	統計量	統計量	統計量
価値観＿経済性志向→選択＿基本機能	0.689	0.664	**0.373**	−0.277	**−2.595**	**−2.924**
ブランド＿知覚価値→広告理解	0.425	0.413	**0.638**	−0.260	**2.693**	**2.699**

覚価値では，一部誤認⇔誤認あり間で差があり，誤認ありの影響の方が大きく，誤認なし⇔誤認あり間には有意差がないものの，やや問題ありといえる。

(2) かんぽの広告

かんぽの広告に対する反応データのみを用いて，誤認の程度によって分類し，誤認の程度別モデルを分析した結果，多母集団の同時分析モデルは収束した（GFI＝0.717, AGFI＝0.687, RMSEA＝0.033）。

表6-8は有意差のあるパスの一覧である。誤認の程度による違いがほとんど見出せず，差異がある2ヶ所のパスは，いずれもこれまでの分析結果とは異なる部位である。経済性志向→基本機能重視のパスは，誤認ありにおいて有意に小さいという結果になった。また，ブランド知覚価値→広告理解は，一部誤認⇔誤認あり，誤認なし⇔誤認あり間に有意差があり，誤認ありのパス係数が有意に大きい。ブランド知覚価値がすでに形成され，それが誤認ありの状態で広告への理解に影響が大きいという点は問題ありといえる。

(3) アリコの広告

同様に誤認の程度によって分類し，誤認の程度別モデルを分析した結果，多母集団の同時分析モデルは収束した（GFI＝0.706, AGFI＝0.676, RMSEA＝0.033）。

表6-9に示す通り，有意差のあるパスは10ヶ所である。アフラックと同様，アリコの場合も3ブランド全体で誤認の程度別の分析を行った結果に比べて，

156　第II部　ネガティブな短期効果：広告表現内容がもたらす誤認

表6-9　アリコ：一対比較の検定結果〈抜粋〉

	誤認なし	一部誤認	誤認あり	誤認なし ⇔ 一部誤認	一部誤認 ⇔ 誤認あり	誤認なし ⇔ 誤認あり
	推定値	推定値	推定値	統計量	統計量	統計量
価値観＿経済性志向→選択＿基本機能	0.471	**0.782**	0.466	**3.421**	**-2.855**	-0.048
価値観＿客観的志向→選択＿基本機能	-0.063	**-0.410**	0.194	**-2.894**	**3.113**	1.427
価値観＿経済性志向→感情的関与	**-0.174**	-0.051	-0.006	1.704	0.598	**2.482**
価値観＿客観的志向→感情的関与	**0.297**	0.087	-0.112	**-2.623**	-1.808	**-3.838**
認知的BI→認知的関与	0.044	0.078	**0.499**	0.482	**3.187**	**3.436**
感情的BI→認知的関与	**0.677**	0.587	0.268	-0.968	-2.363	**-3.282**
選択＿付加価値→感情的関与	0.033	**0.146**	0.082	**2.935**	-1.365	1.079
感情的関与→広告好意	0.790	**1.151**	1.094	**2.852**	-0.246	1.420
広告評価→広告理解	0.353	0.315	**0.533**	-0.761	**2.750**	**2.408**
広告理解→購買意図	1.126	1.179	0.843	0.514	**-2.895**	**-2.796**

より鮮明に違いが見い出された。また，差異の認められたパスは，3ブランド間の表現の違いを比較した分析結果と4ヶ所共通であり，そのうち広告効果プロセスの3ヶ所は同一パスである。以下，詳細に検討を行う。

　広告理解からの購買意図形成に対する影響は，一部誤認⇔誤認あり，誤認なし⇔誤認あり間に有意差があり，誤認ありで最も影響が小さい。しかしながら，広告評価→広告理解は，一部誤認⇔誤認あり，誤認なし⇔誤認あり間に有意差があり，しかも誤認ありで最も影響が大きく，問題である。誤認ありという状態下，広告への評価が高いほど，広告内容の理解により影響を及ぼす。この結果は，アフラックの誤認程度別の分析結果と同様であるが，アリコの場合，誤認発生率は13.0％（210名／1,617名）と比較的高いので，アフラックのケース以上に広告表現要素が誤った広告理解を促進する可能性が示唆される。また，感情的関与から広告好意へのパスでは，誤認なし⇔一部誤認間で有意差があり，一部誤認の方が影響が強い。感情的関与といった個人の要因が高まると，広告好意への影響も大きくなる。さらに，感情的関与に対する選択基準・付加価値

重視の影響も，誤認なし⇔一部誤認間で有意差があり，一部誤認のパス係数が大きく，少なからず問題をはらんでいる。

認知的ブランド・イメージ，感情的ブランド・イメージは，認知的関与に対して逆の影響を及ぼしている。認知的ブランド・イメージは，一部誤認⇔誤認あり，誤認なし⇔誤認あり間に差があり，誤認ありのパス係数が最も大きい。一方，感情的ブランド・イメージは，誤認なし⇔誤認あり間で有意差があり，誤認なしのパス係数が大きい。

これ以外の特徴として，他の分析では有意差が見られなかった経済性志向，客観的志向（いずれも価値観に関する潜在変数）から，基本機能重視と感情的関与へのパスで差が生じている点が挙げられる。基本機能重視へのパスは，誤認なし⇔一部誤認，一部誤認⇔誤認あり間で有意差があり，経済性志向からのパス係数は一部誤認で最も大きく，逆に，客観的志向からのパス係数は最も小さく，マイナスの値を取るという結果になった。一方，経済性志向→感情的関与のパス係数は，誤認なし⇔誤認あり間で有意差があり，誤認なしで小さく，逆に，客観的志向→感情的関与のパス係数は，誤認なし⇔一部誤認，誤認なし⇔誤認あり間で差があり，誤認なしで大きいという結果になった。

4 自由回答のテキスト・マイニングによる分析結果

ここまで定量的な分析を行い，広告効果の全体像，ブランド間の効果や誤認による効果の差異について検討した。その結果，いくつかの有意義な知見も得られたが，どのような内容に関して誤認したのかについては明らかになっていない。そこで，誤認に関する自由回答[17]をテキスト・マイニング（形態素解析・茶筌[18]と Key Graph[19]）によって分析し，誤認の程度による違いを検証する。

まず茶筌により，高頻度語を抽出した。アフラックの一部誤認は531名，誤認ありは112名のため，出現の絶対数は異なるが，上位に挙がったワードは極めて似ている。異なる語を取り出すと，一部誤認では，女性，長期，疾病，死亡，給付，通院，3年，誤認ありでは，細かい，文字，理解，終身，自分，複

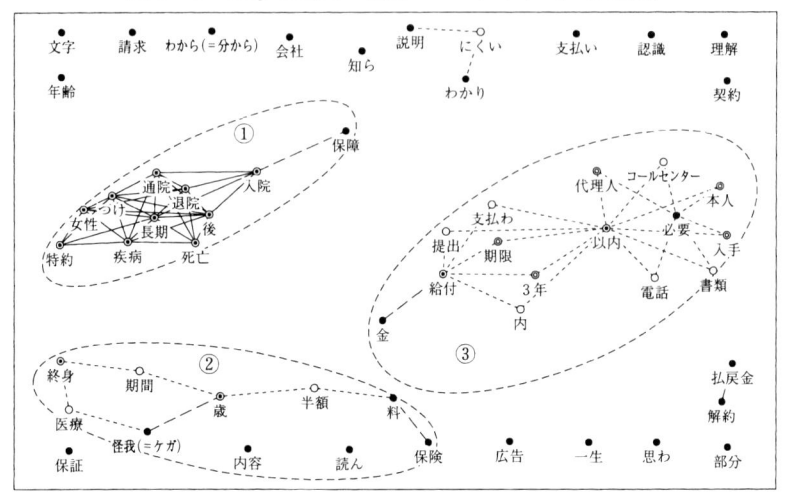

158　第II部　ネガティブな短期効果：広告表現内容がもたらす誤認

図6-3　Key Graphの結果：アフラック（一部誤認）

（注）●と◉は黒ノード，○と◎は赤ノードである。また，図中の楕円と数字は結果の解釈のために後から付記している（以下図6-8まで同様）。

雑，病気である。一部誤認において，具体的な内容に関して言及されていることがわかる。次に，Key Graphを用い，高頻度語のみならず，低頻度ながら重要な語である赤ノード[20]，さらにクラスター同士を結びつけているハブ[21]に着目し，それぞれの特徴を把握する。なお，単語の共起度の計算方法はJaccard係数[22]を用いている。

図6-3に示す通り，一部誤認の特徴は，3つの島[23]ができていることである。1つ目の島（図6-3の①）は，高頻度で出現した女性，長期，疾病，死亡，給付，通院などの語彙で構成されている。2つ目（図6-3の②）は，終身，怪我，保険といった黒ノードに，医療，半額などの赤ノードが加わっている。3つ目の島（図6-3の③）では，保険給付金の支払い請求に関して情報が記載されておらず，情報不足であるという仮定に基づいて提示した内容が出現している。したがって，保険給付金の支払いに関する請求案内は不備であり，今後，改善すべきといえる。一方，図6-4の誤認ありでは大きな1つの島の中に，いろいろな語彙が出現し，明確な特徴は見出せないが，解約に際して払戻金が

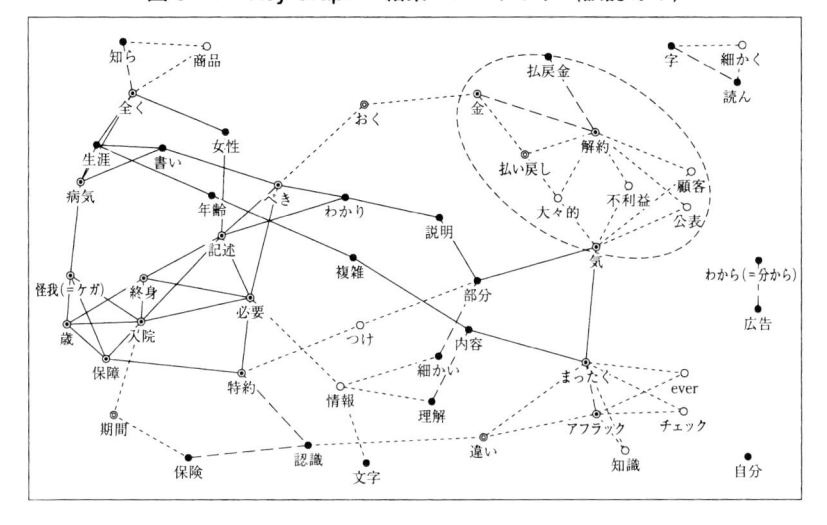

図6-4　Key Graph の結果：アフラック（誤認あり）

ないことが顧客の不利益になることを公表すべきという文脈が読み取れる。この点は消費者の声として企業は真摯に受け止めた方が良いだろう。

次に，かんぽについて詳しく検討する。かんぽの一部誤認は522名，誤認ありは140名であり，アフラック同様，出現の絶対数は異なるが，茶筌による分析で上位4位までに挙がったワードは，入院，特約，保障，日とまったく同一であった。特に一部誤認で顕著であるが，入院，特約の2語が突出している点も他のブランドには見られない特徴である。一部誤認では，支払い，支払う，請求，誤認ありでは，広告，条件といった語彙くらいしか特徴がなく，両者はほぼ同じワードで構成されているといえる。そこで次に，Key Graph を用い，それぞれの特徴を把握する。

一部誤認では，入院，特約，保障，保険，基本，付加，必要などの黒ノードを中心に，大きな島が形成され，茶筌でも出現した支払い，支払う，請求などの語彙のほか，赤ノードとして，対象，退院，給付，期限，記載などが含まれている（図6-5の①）。ここで，給付金の支払いに必要な書類の提出期限が（5年で）あることが文脈から読み取れ，アフラック同様，保険給付金の支払

160　第II部　ネガティブな短期効果：広告表現内容がもたらす誤認

図6-5　Key Graphの結果：かんぽ（一部誤認）

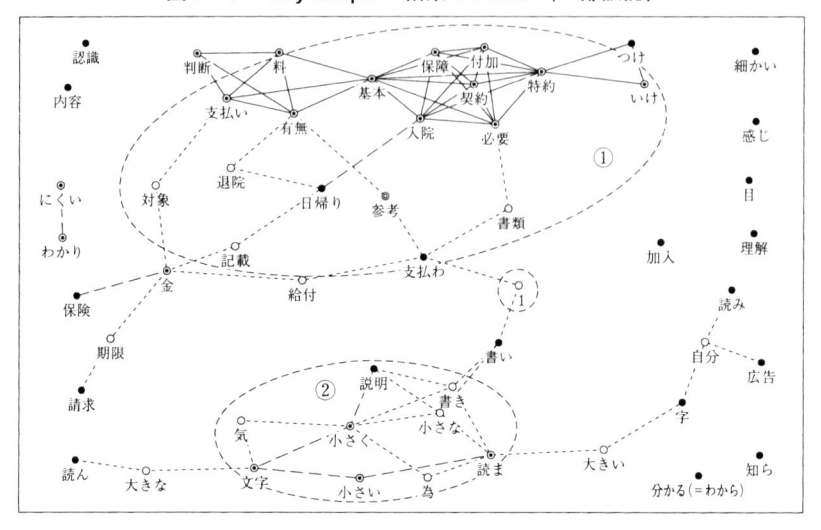

図6-6　Key Graphの結果：かんぽ（誤認あり）

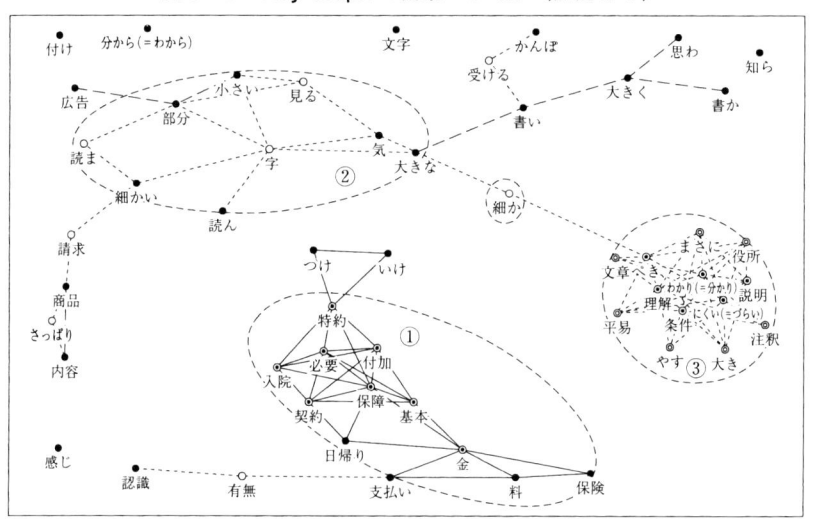

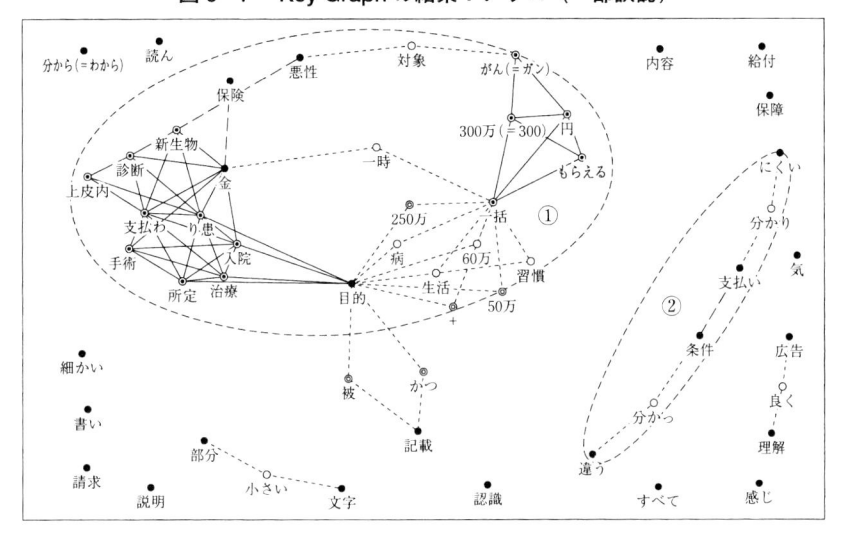

第6章 医療保険広告の表示に対する消費者反応の分析　161

図6-7　Key Graphの結果：アリコ（一部誤認）

いに関する請求案内が不備であることが判明した。もう1つの島（図6-5の②）は，文字，小さい，読ま〈ない〉など，表示の大きさに関するものである。これら2つの島を「1」という赤ノードがハブとなって結びつけている。「1日目から」，「1つの病気について」，「1回だけ」という用語の一部として出現しているが，かんぽの広告の特徴を表わしている。

　一方，誤認ありでは，一部誤認と同様，入院，特約，保障，保険，基本，付加，必要などの黒ノードを中心に大きな島（図6-6の①）が形成されているが，2つ目の島とリンクはしていない。2つ目の島（図6-6の②）は，小さい文字は読まないという内容であるが，「細か」という赤ノードがハブとなっており，「注釈の細かい条件を理解するには内容がわかりにくく，文字の大きさと説明文章がまさに役所，平易にわかりやすくすべき」といった意見（図6-6の③）が具体として抽出されている。

　アリコの場合，一部誤認は562名，誤認ありは210名である。順位は異なるものの，茶筌の分析によって上位に挙がったワードは極めて似ており，がん，診断，手術，保険，入院，金，支払う，上皮内新生物などが高頻度の共通語とな

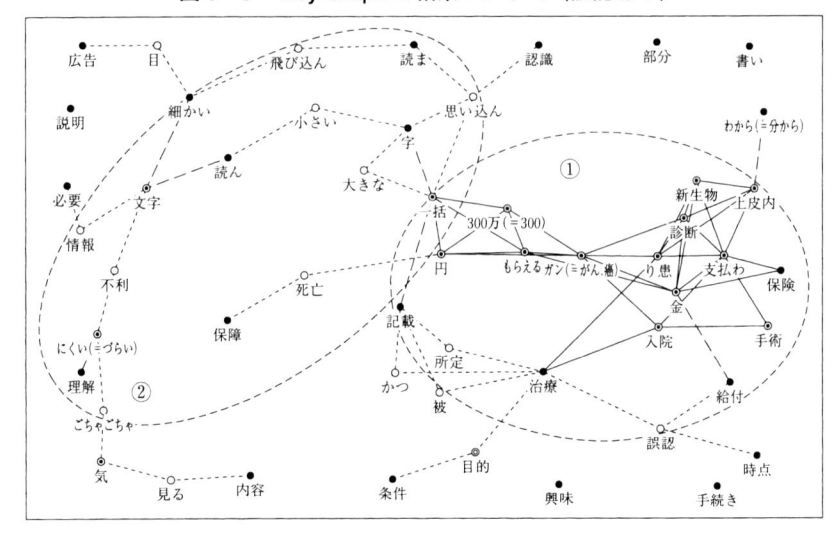

図 6-8　Key Graph の結果：アリコ（誤認あり）

っている。他のブランドより複数の上位語の出現度数が高いという特徴もある。違いを見てみると，一部誤認では治療，誤認ありでは，300万，給付，保障が挙げられる。Key Graph では，一部誤認の方が明確に島が形成されており，打消し表示のいわゆる注意書きがわかりにくい原因となっている（図6-7の①）。また，文字の小ささ，支払い条件のわかりにくさといった指摘も見られる（図6-7の②）。誤認ありも300万円一括支払いに関連した言及であるが（図6-8の①），具体的な中身までの記述は見られず，ごちゃごちゃ，目に飛び込んだ，思い込んだなどの若干情緒的なワードが出現している（図6-8の②）。アフラックやかんぽでは，保険給付金の支払いに関する請求案内についてなんらかの言及が見られたが，アリコではそれよりも，実際の支払い条件の厳しさなどに関する記載が多く，支払いの請求案内に関連する内容は出現していない。

5　医療保険の広告を誤認すると広告への反応はどうなるのか

本章では，医療保険を対象とし，価値観・関与などの消費者の個人要因，既

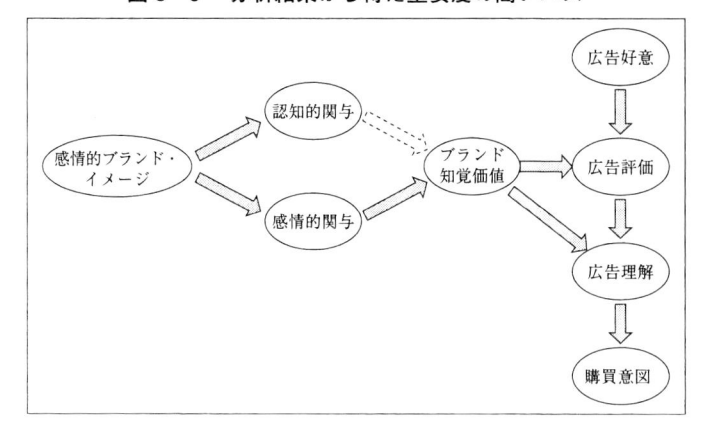

第6章 医療保険広告の表示に対する消費者反応の分析 163

図6-9 分析結果から得た重要度の高いパス

有のブランド・イメージ，ブランド知覚価値などのブランド要因を取り込んだ広告効果測定モデルを精緻化し，広告への誤認の有無，さらに，その程度による広告効果プロセスへの影響を検討した。その結果，提案した広告効果測定モデルの適合度は比較的高く，その妥当性，頑健性が実証され，医療保険の広告の特徴が明らかになった。

広告効果プロセスにおける重要な変数は，図6-9に示す通り，ブランド要因として，感情的ブランド・イメージとブランド知覚価値である。特に，ブランド知覚価値は広告評価と広告への理解の両方に強く影響を及ぼすため，日ごろからブランドの価値を醸成しておくことが重要であるといえる。また，個人要因としては，関与，特に感情的関与の影響が大きい。一方，医療保険という製品カテゴリーの特徴によるものと考えられるが，広告への好意は，全プロセスの中でさほど大きな影響を及ぼしていない。それよりも，広告への理解を促進することが購買意図の形成に有効であると結論づけられる。

3ブランドの広告表現による違いを見るために多母集団の同時分析を実施した結果，①ブランド・イメージによる差異，②広告への好意→広告理解→購買意図において差異が認められた。したがって，ブランド間で広告効果発現の構造は同じであるが，影響度合いに差異があると結論づけることができる。

広告への誤認の有無による多母集団の同時分析の結果，広告への理解→購買意図のみに有意差があった。しかも，誤認ありで一番影響度合いが弱く，広告理解が購買意図に及ぼす影響が小さい。前章の携帯電話の分析では，誤認ありで影響が大きく，問題点として指摘したが，本分析ではそうした悪影響が及ぼされていないことが確認できた。しかしながら，全データをプールして分析した結果のみで誤認について言及するのは危険である。そこで，ブランドごとの広告への誤認の程度による差異についても検討を行った。その結果，アフラックとアリコの広告において，広告評価→広告理解のパス係数が，誤認ありで有意に大きく，問題が発見された。誤認しているという状態で，実際に見た広告を高く評価するほど，広告内容の理解により影響を及ぼし，広告表現要素が誤った広告理解を促進する可能性が示唆される。

　上記の定量分析のほかに，自由回答を用いて定性的な分析も試みた。その結果，保険給付金の支払い請求に関して情報が記載されておらず，消費者への情報提供が不足していることが判明した。金融庁からの指摘を受け，業務改善計画書ですでに検討されているが，この点は至急対応し，改善すべきである。また，解約に際し，払戻金がないことが顧客の不利益になることを公表すべきといった要望がある。これを消費者の声として企業は真摯に受け止めた方が良いといえる。

　広告効果測定においてブラックボックス化されてきた消費者の個人要因とブランド要因を取り込んだ広告効果測定モデルを精緻化し，実データを用いて，統計的に検証することによって，構築したモデルの妥当性，汎用性と頑健性が確認されたという点で，広告効果測定の研究分野に対して，また，実務にも貢献できたと考える。しかしながら，取り組むべき課題も残されている。今後，広告効果のネガティブな側面としての誤認の実態を把握し，広告誤認がいかなる要因により発生するのか，そのメカニズムを明確化し，未然に防ぐための方策を検討すべきといえる。その際，誤認の測定尺度の精査や，広告関与・製品関与，ブランド知識，当該サービスの利用状況など，さまざまな側面からリスク要因を探る必要がある。また，誤認に関する知見を蓄積し，既存の広告物で

はなく，架空の広告物を新たに作成し，実験手法など条件を一定にコントロールできる方法を用いて，広告への誤認発生とブランドへの態度変容を検証し，そこで得られた成果に基づき，誤認を発生させないためのガイドラインを導くことも重要な課題と考える。

【付記】本章は，（財）吉田秀雄記念事業財団より研究助成を受け，竹内淑恵・小川孔輔（2009），「金融リスク商品の選択における購買意思決定―広告誤認発生と消費者反応の分析―」，平成20年度（第42次）吉田秀雄記念事業財団研究助成報告書としてまとめた成果をもとに加筆，修正したものである。

（1） 本広告は，実際には4色カラーで掲載されているが，他の2ブランドはモノクロであり，調査条件を同一にするため，かんぽについてもモノクロバージョンを作成し，調査を実施している。
（2） 4つに集約したそれぞれの観測変数は次の通りである。①客観的志向：情報収集，アドバイスする，用語理解，新製品興味度，長・短所の評価可，知識・情報に関心あり，広告を見てアクセス，内容の良い保険選択，他人への相談質問。②経済性志向：納得するものを選択，実用性重視，支払い価値重視，予算重視・最安価の選択，慎重に選択，特徴比較，期待通りか心配。③依存性志向：保険会社に対する人の評判，保険商品に対する人の評判。④情緒的志向：有名金融機関・代理店は安心，有名会社は安心。
（3） 基本機能重視：保険給付金支払い漏れ，業務改善命令，保険料重視，保障重視。付加価値重視：生活資金準備，貯蓄・節税目的。
（4） 認知的関与：豊富な知識，いろいろな広告接触あり，比較経験あり，アドバイスできる知識，いろいろなブランド既知，保障の違いわかる。感情的関与：役立つ，魅力的，高品質，長く使える，自分にピッタリ，情報収集したい。
（5） 不安・健康：家族の事故・病気，家族の死亡，自分の事故・病気，体の自由・病気，自分の介護，配偶者の介護，自分の死亡。不安・収入：安定した収入なし，老後の生活（経済的），失業，収入の減少，資産の貯えなし，保険給付金の未払い，交通事故・相手に怪我。不安・支出：教育費増加，住宅ローン返済。
（6） 認知的ブランド・イメージ：商品企画力，宣伝上手，販売力，挑戦的，国際性。感情的ブランド・イメージ：お気に入り，信頼できる，顧客重視，親しみあり，実績あり。
（7） レイアウト印象，全体の雰囲気，全体の第一印象，文字の大きさの印象。
（8） 便利，メリット，保険料・保障金額の理解，内容説明わかりやすい，商品選択の参考，利用したい，わかりやすさの印象，他社の方が優れている。
（9） 資料請求，コールセンターに電話，HPにアクセス，家族・友人に紹介したい。
（10） 企業イメージ良い，インパクトあり，企業ロゴ良い，キャッチフレーズ印象的，全

体のバランス良い，有名人の影響を受ける，文字の大きさで判断，文字の大きさ妥当，注に注意する。
(11) 外生変数とは，モデルの中で一度も他の変数の結果とならない変数のことである。これに対して内生変数は少なくとも一度は他の変数の結果になる変数であり，モデルの内部でその変動が説明される。モデル図でいうと，外生変数は単方向の矢印を受け取らないが，内生変数は受け取る。また，図6-2の両方向の矢印は相関（共分散）を表わしている。
(12) モデル適合度は第5章同様，GFI，AGFI，NFI，CFI，RMSEA，AICを用い，総合的に評価している。詳細は第5章を参照されたい。なお，分析結果は膨大な量になるため，省略する。
(13) 分析結果は次のモデル②で示すが，一挙にすべての変数を削除するのではなく，段階を踏んで，分析を繰り返した。
(14) 付加価値重視に対する総合効果は，経済性志向−0.186，客観的志向0.346，依存性志向0.185である。
(15) 付加価値重視に対する総合効果は，感情的ブランド・イメージ0.151，認知的ブランド・イメージ−0.026であり，認知的ブランド・イメージの影響はほぼ相殺されている。
(16) パス係数の多重比較は非標準化推定値と標準誤差を用いるため，表中の推定値の数字はいずれも非標準化推定値を記載している。検定統計量の数字は，たとえば，アフラック⇔かんぽで符号が−の場合，アフラックの方が値が大きく，＋の場合はかんぽが大きい。他の列も同様に，−の場合は前者が，＋の場合には後者の値が大きいことを示している。
(17) 対象者は誤認あり，一部誤認ありと回答した者のみである。
(18) 文章をそれ以上分割できない最小の文字列，すなわち形態素に分割する形態素解析ツールの1つであり，奈良先端科学技術大学院大学松本研究室で開発された。
(19) 大澤（2006）が開発した。テキストデータ化された対象者の発言中のキーワードを独自のアルゴリズムによって抽出し，発言の骨子を可視化する。発言の骨子は，キーワードとそれらのリンク状態として表現される。
(20) 単語のことであり，ある文章における事象，たとえば状況や行動を表わす。高頻度単語を表わす「黒ノード」と，低頻度単語を表す「赤ノード」の2種類がある。
(21) 関わりのあるクラスター同士は，ノードを介して実線あるいは点線で結ばれる。その実線あるいは点線を橋，また，橋が交わるノードをハブと呼び，文章中の特徴的な主張を表わし，文章の骨格が遷移するきっかけとみなす。
(22) Jaccard係数の計算方法は，データ全体において，ある単語aと単語bが共に出現する共起単位の数を，どちらか一方が出現する共起単位の数で除して算出する。
(23) クラスターとも呼ばれ，黒ノードとそれらを実線で結んだ塊のことを指し，文章の骨格を表わす。

第III部
ポジティブな長期効果：
ブランド価値を醸成する
広告の役割

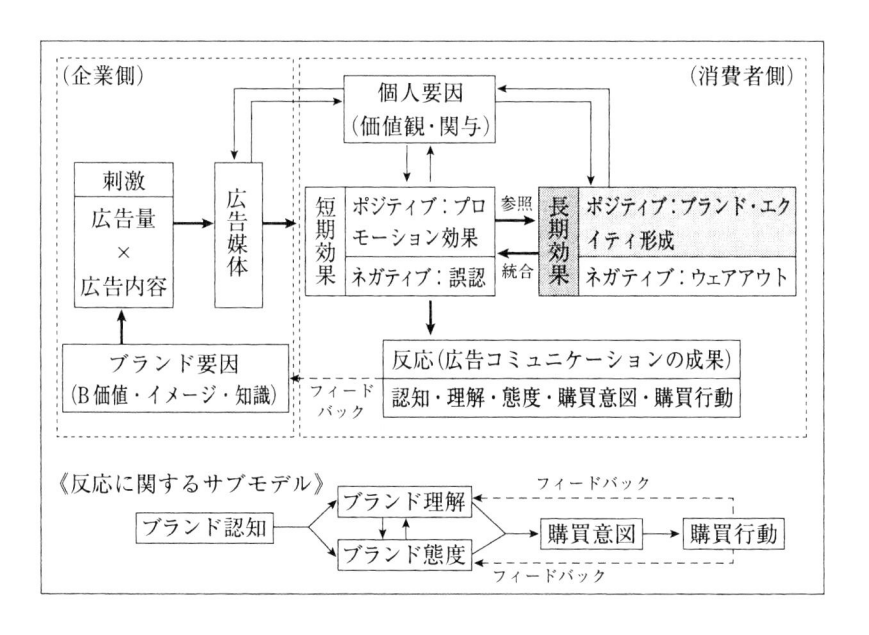

```
(企業側)                          個人要因              (消費者側)
                               (価値観・関与)
    ┌──────┐   ┌──┐  ┌──┬─────────┬──┬─────────────┐
    │ 刺激 │   │広│  │短│ポジティブ：プロ│参│ポジティブ：ブランド・エ│
    │広告量│──▶│告│─▶│期│モーション効果 │照│クイティ形成      │長│
    │  ×  │   │媒│  │効├─────────┤長├─────────────┤期│
    │広告内容│   │体│  │果│ネガティブ：誤認 │期│ネガティブ：ウェアアウト│効│
    └──────┘   └──┘  └──┴─────────┤効├─────────────┤果│
                                     │果│                │ │
    ┌──────┐                         │統│                │ │
    │ブランド要因│                     │合│                │ │
    │(B価値・イメージ・知識)│          └──┘                └─┘
    └──────┘          ┌─────────────────────────┐
                        │反応(広告コミュニケーションの成果)        │
                  フィード│認知・理解・態度・購買意図・購買行動   │
                  バック  └─────────────────────────┘

《反応に関するサブモデル》          フィードバック
              ┌─▶ブランド理解─┐
  ブランド認知─┤       ↕     ├─▶購買意図─▶購買行動
              └─▶ブランド態度─┘
                        フィードバック
```

第7章　テレビ広告の質的内容による累積効果

　第3章では，広告の表現内容の質的効果を「広告イメージ」によって捉え，認知率，好意度，購買意図形成に対する短期効果を検証し，測定尺度として「購買意図」を用いることが妥当であると結論づけた。しかしながら，短期効果として形成された購買意図を引き続き長期にわたって持続させること，また，購買意図の継続を累積効果として測定することが重要である。そこで本章では，広告表現内容，すなわち，広告イメージを長期的に一貫させたときに，購買意図形成の継続が可能であるのか，その長期的な累積効果の検討を行う。過去の広告イメージが累積効果として当期の購買意図形成に影響するのか，さらに質的にどのような影響を及ぼすのかについて分析できる「広告イメージの累積効果モデル」を定式化する。その上で，同一ブランドの時系列データを用いて，購買意図形成に対する累積効果の有無を実証分析する。

1　広告イメージによる累積効果の分析の枠組みと仮説設定

　「ブランド・エクイティ」という概念への注目が集まるとともに，ブランド価値の伝達において「長期的一貫性」が重視されるようになった。広告効果測定においても，ブランドの長期的な管理という観点から長期的・累積的な立場で効果を測定し，管理すべきといえる。しかしながら，長期的一貫性を考慮した広告効果測定，及びその測定方法の開発はこれまで明示的には扱われておらず，記憶や累積効果の下に醸成される長期的効果が十分に検証されているとはいい難い。過去の広告表現内容に対する質的な評価が，当期の購買意図形成に影響を及ぼすのか，すなわち，累積効果があるのか否か，また，過去に投下した広告が購買意図形成に対する累積効果としてどのように影響しているのかについては明らかにされていないのが現状である。そこで本章では，どのような

図7-1 広告イメージの累積効果

```
┌─────────────────────────────────────────────────┐
│  広告露出  →  現在の広告イメージ  →  購買意図      │
│    ↑              ↑                              │
│   製 品       過去の広告イメージ                   │
└─────────────────────────────────────────────────┘
```

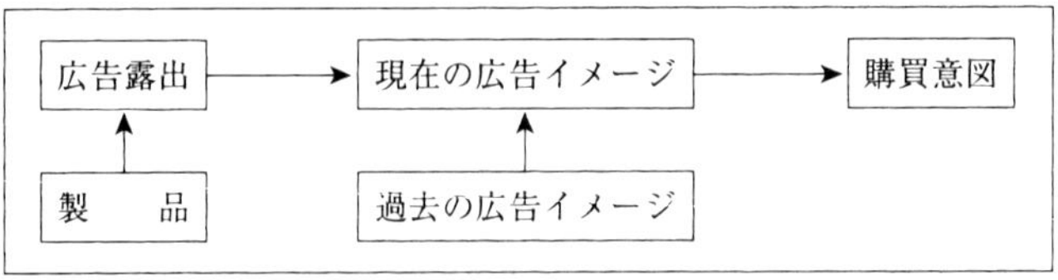

広告イメージが累積されることが購買意図の継続的な形成にとって重要であるかを,以下の3つの視点から検証する。

・テレビ広告の広告イメージは累積するのか。
・累積する場合,広告イメージに長期的な一貫性を持たせることが購買意図形成に影響を及ぼすのか。
・影響する場合,どのような広告イメージがいかなる形で影響を及ぼすのか。

累積効果の分析枠組みは,図7-1の通りである。消費者がある製品の広告に接触すると,消費者の心の中に広告イメージがつくられ(図中の「現在の広告イメージ」),直接購買意図形成に影響する。それとともに,当該製品が過去にも広告を投下している場合,残存している過去の広告イメージが,現在の広告イメージに累積し,購買意図形成に影響を及ぼすと仮定する。

累積効果の分析に際して,まず「広告イメージの累積効果モデル」を定式化し,次に,累積効果の有無を実証する。累積効果は次の4パターンを仮定する。

① 広告イメージの累積効果が増加的に効き,プラス作用を及ぼす(増加型)
② 広告イメージの累積効果が逆効果となり,マイナス作用を及ぼす(減少型)
③ はじめはプラス作用を及ぼすが,時間の経過とともに飽きて,マイナス作用に変化する(混合・逆U字型)
④ はじめはマイナス作用を及ぼすが,時間の経過とともに慣れが生じて,プラス作用に変化する(混合・U字型)

設定する仮説は以下の通りである。

H1:広告イメージには累積効果がある。
H2:広告イメージを一貫させることによる累積効果は,増加型,減少型,

混合・逆U字型，混合・U字型の4つに分類できる。

H3：良い認知的反応や感情的反応が形成されている広告（親しみ型，説得力型など）では，購買意図に対する良い累積効果が得られる[(1)]。

H4：良い認知的反応や感情的反応が形成されていない広告（説得力なし型，しつこい型など）では，購買意図に対する良い累積効果が得られない[(2)]。

2 「広告イメージの累積効果モデル」の構築

2.1 広告イメージの累積による購買意図形成に影響する態度

　広告の累積効果は，広告投下量を取り込んだブランド選択モデルとして検討されているが（たとえば，Nerlove & Arrow 1962，Bultez & Naert 1979，Tellis 1988，杉田・水野・八木 1992），「広告イメージ」のような広告表現内容に対する反応を対象にした累積効果のモデルは提示されていない。累積効果を捉えるときは，前述のように，①増加型，②減少型だけでなく，③混合・逆U字型や④混合・U字型まで捉えられるようなモデルを構築する必要がある。こうした混合タイプの分類が必要なのは，次の理由からである。

・人がある刺激に接すると，初めのうちは反応し，効用が増加する。しかしながら，何度も同じ刺激に接することにより，飽きが生じて刺激を感じなくなり，効用は減少する。これが逆U字型の反応であり，広告に限らず，いろいろな刺激に対して見られる一般的な現象である。

・一方，広告のように消費者が求めているか否かにかかわらず，また，嫌な感情を持ったとしても，外部から与えられる刺激は，初めのうちは効用が減少するが，繰り返し与えられるうちに慣れが生じて効用が増加するケースがあり得る。これがU字型の反応である。

　逆U字型やU字型のパターンを表現するためには，効用に関して2次関数を仮定する必要がある。そこでまず，同一ブランドの購買の連続回数により，ブランド選択をモデル化したBawa (1990) の枠組みに依拠して，「広告イメ

ージの累積効果モデル」を定式化する。

2.2 広告イメージの累積効果モデル

r を時点 t でのブランド j における広告イメージ i の「連」の数とする。「連」とは，同じ広告イメージが連続して何回続いているかを表わしているものと定義する[3]。したがって，広告イメージ i が $(t-1)$ 期に広告イメージ i 以外に属していて，t 期に広告イメージ i に属している場合，次回の $(t+1)$ 期にも広告イメージ i であるなら，t 期の連は $r=1$，$(t+1)$ 期の連は $r=2$ である。広告への反応において，同じ広告イメージが続くことによる購買意図形成に影響を与えるだろう態度を $S_i(r)$ とすると，$S_i(r)$ は次のようになる。

$$S_i(r) = a_i r^2 + b_i r + c_i + \varepsilon_i \tag{1}$$

ここで a_i，b_i，c_i は，広告イメージ i 固有のパラメータである。また，誤差項 ε_i は，標準正規分布～$N(0,1)$ に従うものと仮定する[4]。(1) 式では，ブランドや時点には依存しておらず，広告イメージによる累積効果のパターンは以下のように分類できる。

① ゼロオーダー評価 (Z)

(1) 式において $a_i=0$，$b_i=0$ となる。広告イメージによる累積効果がない場合である。現在の広告イメージに過去の広告イメージが累積せず，消費者は投下された広告をそのたびごとに新たに評価する。逆にいえば，投下ごとの広告イメージが相互に独立である場合であり，毎時点，そのときの広告イメージだけが効いているパターンである。時点間で独立であるということから，「ゼロオーダー評価 (Z)」と名づける。図 7-2 にゼロオーダー評価 (Z) を図示する。

②-1 増加型評価 (I)

広告イメージを受け入れ，慣れによって惰性的に評価する場合である。(1) 式において $a_i \geq 0$，$b_i \geq 0$（ただし，$a_i=b_i=0$ を除く）となる。ある広告に対して

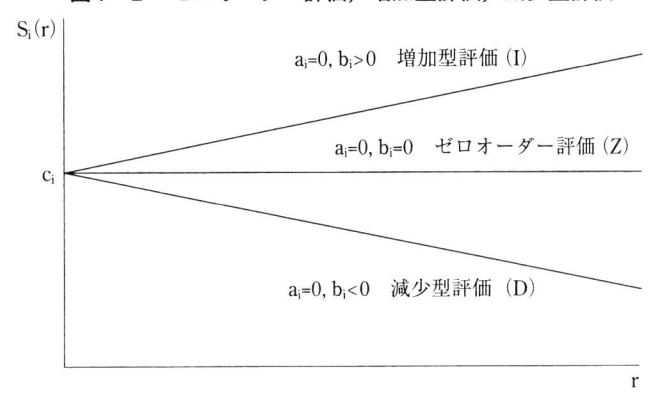

図7-2　ゼロオーダー評価，増加型評価，減少型評価

$S_i(r)$

$a_i=0, b_i>0$　増加型評価（I）

$a_i=0, b_i=0$　ゼロオーダー評価（Z）

c_i

$a_i=0, b_i<0$　減少型評価（D）

r

　良いイメージを持つと，そのイメージの継続によって，さらにプラス効果が働いて，評価が継続的に良くなる。このパターンを「増加型評価（I）」と呼ぶ。図7-2では，増加型評価（I）の $a_i=0, b_i>0$ のケースを図示する。

②-2　減少型評価（D）

　広告イメージに対して良い評価を形成していないため，広告イメージを受け入れず，飽きが生じており，累積効果がマイナスに働く場合である。(1) 式において $a_i \leq 0, b_i \leq 0$（ただし，$a_i=b_i=0$ を除く）となる。このケースでは広告イメージを継続せず，変えた方が良いといえる。これを「減少型評価（D）」と名づける。図7-2では，減少型評価（D）の $a_i=0, b_i<0$ を図示する。

②-3　混合・逆U字型評価（H1）

　広告イメージへの評価が増加型と減少型の混合であり，逆U字型のパターンである。(1) 式において $a_i<0, b_i>0$ となる。連の回数が少ない時点では，広告イメージに対して増加的に良い評価をするが，極大点を過ぎると連の回数を重ねるにつれ，飽きが発生し，評価が減少する。これを「混合・逆U字型評価（H1）」と呼ぶ（図7-3）。

図7-3 混合・逆U字型評価と混合・U字型評価

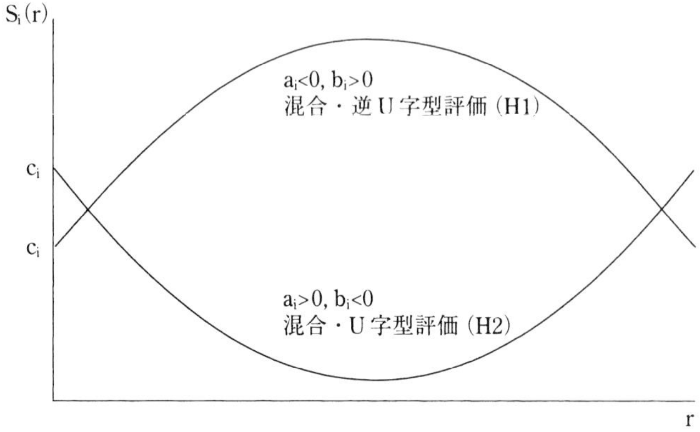

$S_i(r)$

$a_i<0, b_i>0$
混合・逆U字型評価（H1）

c_i

c_i

$a_i>0, b_i<0$
混合・U字型評価（H2）

r

②-4 混合・U字型評価（H2）

混合・逆U字型評価とは反対に，連の回数が少ないうちは評価が減少し，極小点を過ぎると慣れが生じ，累積による効果が出て，評価が増加する。(1)式において $a_i>0, b_i<0$ となる。これを「混合・U字型評価（H2）」と名づける（図7-3）。

2.3 ブランドの異質性

広告イメージの累積効果を考える上で，市場参入順序，市場でのシェア，製品差別性，製品の革新性，製品ライフサイクル上の位置，競合環境，製品への関与度，パーソナルユースあるいはファミリーユースといった使用状況など，ブランドを取り巻く市場状況を考慮することも必要だろう。単に (1) 式のような広告イメージの累積だけでは判断できない要因が背景にある。そこで，ブランドごとに購買意図に対して一定の閾値を持っている，すなわちブランド間に異質性があると考える必要がある。累積効果のモデル化に際しては，このブランドの異質性を明示的に取り込んだ形で，広告イメージの連続回数による累積効果として捉えるべきである。これは，項目反応モデルの潜在的変数の考え方に依拠している。項目反応モデルは，教育心理学の分野で項目反応理論とし

て，項目・テスト間回帰[5]の限界に対して提案されたものである。理論的な潜在的変数を設定することにより，テスト結果の解釈の任意性（あいまいさ）を低減し，間隔尺度を構成でき，各項目に対する最適な配点を考えることができるなどの利点があるとされる（渡部 1994）。守口（1993）は，価格プロモーション効果の検証において，項目反応理論を用いて市場反応分析を行い，消費者個人間の異質性を考慮したモデルによりブランド選好を明らかにした。この他にもマーケティング分野の研究において，消費者の異質性を潜在変数として位置づけてモデル化した潜在変数分析がいくつかある。消費者セグメントごとのブランド選択確率を潜在変数，異なる2時点における消費者全体の選択確率の同時分布を顕在変数とし，市場におけるブランドの競争構造を潜在クラス分析によって検証した研究（片平・八木 1989）や，マーケティング変数と消費者の行動を顕在変数，消費者の態度などを潜在変数として，共分散構造分析を利用し，因果関係を解明した研究（青木 1987）が代表的な例といえる。本書の第5章，6章も後者の例に属する。

本節の「広告イメージの累積効果モデル」においても，ブランドの異質性そのものを推定するというアプローチを取りながら，広告イメージの連続による累積効果を検証する。ここでいう潜在的変数とは，実在する変数ではなく，あくまでもモデル上の構成概念である。したがって，潜在的変数は，ブランドごとの購買性向，すなわち，購買しても良いと消費者が考えるブランドへのハードル，心理学的には購買に対する「構え」（梅津・相良・宮城・依田 1994）と同様の概念を表わすものといえる。したがって，同じ広告イメージが続くことにより，購買意図形成に影響を与える態度 $S_i(r)$ が，ブランドに対する購買性向 l_j を越えているとき，そのブランドに購買意図を持つと仮定できる。つまり，

$$S_i(\mathrm{r}) > l_j \tag{2}$$

のとき購買意図を持つといえる。ここで，l_j はブランド j 固有のパラメータである。

l_j はブランドごとに異なり，さらに，

- 市場参入順序による違いがある
- 製品カテゴリーによる違いがある
- 製品差別性，製品のイノベーション性を反映する
- 製品ライフサイクル上の位置，すなわち製品の導入期，成長期，成熟期，衰退期に依存する
- 競合ブランド数が影響する
- 製品への関与度，すなわち製品に対する消費者個人にとっての重要性の度合いが関係する
- 製品の市場でのシェアや売上げを反映する
- パーソナルユース，ファミリーユースなど使用状況の違いがある

と考えられ，ブランドの購買性向に対する総合的な指標であると仮定する。

2.4 「広告イメージの累積効果モデル」の定式化

同じ広告イメージが続くことによる購買意図形成に影響を与える態度 $S_i(r)$ を，連 r の2次関数 $S_i(r) = a_i r^2 + b_i r + c_i + \varepsilon_i$ とし，また，購買に対してブランドごとに異質性があり，$S_i(r)$ が，ブランドに対する購買性向 l_j を越えるとき，すなわち，$S_i(r) > l_j$ のとき購買意図を持つと仮定した。したがって，広告イメージ i が r 回続いているときにブランド j に対して購買意図を持つ確率 $P_{ij}(r)$ は，以下のように定義できる。

$$P_{ij}(r) = \Pr[S_i(r) > l_j]$$
$$P_{ij}(r) = \Pr[a_i r^2 + b_i r + c_i + \varepsilon_i > l_j]$$
$$= \Pr[\varepsilon_i > l_j - (a_i r^2 + b_i r + c_i)]$$

項目反応モデルでは，項目特性曲線を累積正規分布関数またはロジスティック関数を用いて表わすのが一般的である。しかしながら，累積正規分布関数によるモデルは積分を含み数学的取り扱いが容易ではないので，その近似的モデルとしてロジスティック関数を用いる。このとき，累積正規分布の近似のために $D = 1.7$ を用いる。これは，$D = 1.7$ とすると $P_{ij}(r)$ の値が累積正規分布による値と極めてよく近似されるからである（渡部 1994）。

$$P_{ij}(r) = \Pr[S_i(r) > l_j] = \Pr[\varepsilon_i > \tilde{S}_{ij}(r)] \approx \frac{\exp\{-D\tilde{S}_{ij}(r)\}}{1+\exp\{-D\tilde{S}_{ij}(r)\}} \quad (3)$$

ただし，$\tilde{S}_{ij}(r) = l_j - (a_i r^2 + b_i r + c_i)$

ここで a_i, b_i, c_i は，広告イメージ i 固有のパラメータである。また，l_j はブランド j 固有のパラメータである。

2.5 パラメータの推定方法

(3) 式において，広告イメージ i が r 回続いているときにブランド j に対して購買意図を持つ確率 $\tilde{P}_{ij}(r)$ と，時点 t のブランド j における広告イメージ i の連の数 r が既知である場合，次の (4) 式にしたがい，誤差を最小化するようにパラメータ a_i, b_i, c_i, l_j を推定する。なお，パラメータの推定は，広告イメージ i とブランド j とを分割して 2 段階で行う。

$$\min_{a_i, b_i, c_i, l_j} \sum \left[\frac{\exp\{-D\tilde{S}_{ij}(r)\}}{1+\exp\{-D\tilde{S}_{ij}(r)\}} - \tilde{P}_{ij}(r) \right]^2 \quad (4)$$

ただし，$\tilde{S}_{ij}(r) = l_j - (a_i r^2 + b_i r + c_i)$

3 広告内容による累積効果の実証分析

3.1 累積効果の分析に使用するデータ

第 3 章と同様，対象はハミガキ，ハブラシ，洗濯用洗剤，柔軟仕上げ剤，漂白剤，台所用洗剤，住居用洗剤，シャンプー＆リンス，ヘアメイク剤，化粧石鹸，男性用整髪料（育毛剤を含む），制汗剤，台所用紙製品などのテレビ広告である。データ・ソースは，トイレタリーメーカーの A 社が，1989年～1994年に実施した「テレビCMカルテ」を本章でも用いる。調査地域，対象，方法，調査期間，有効サンプル数，回収率，調査項目の概要は第 3 章を参照されたい。

3.2　広告キャンペーンの長期的展開の基準

　分析に供するデータは，6年間にわたって調査されたものである。従来の研究の多くが，同一時点でのデータを用いて分析しているのに対して，本章では異時点間のデータを使用し，時間の経過を伴う累積効果を分析する。6年間分のデータの中には，継続的に調査されたブランド，単発的に調査されたブランドがある。また，継続的に調査されている場合でも，同じブランドの異なる時期の広告を扱うことになる。したがって，同じコンセプトで継続的に制作されている場合と広告表現戦略が変更されている場合が含まれている。一方，被験者である調査対象者も調査ごとに無作為二段階抽出しており，毎回サンプルが異なる。したがって，個人の異質性を考慮せず，集計済データを用いる。また，新製品の発売や新しい広告の登場する時期を考慮し，調査は毎年4月と10月頃，年2回実施されているが，ブランクのある場合，同時期に2タイプ以上の広告を流している場合，あるいは，同じ広告を継続してオンエアしている場合もあり得る。そこで本章では，広告キャンペーンの長期的展開に対する累積効果を見る基準として，同一ブランドにおいて異なる時期の広告が4本以上あるブランドを分析対象として採用する[6]。累積効果の分析に用いる広告の総本数は51ブランド計335本である。

3.3　広告イメージの抽出

　本モデルは，ある特定の広告イメージの累積効果をその広告イメージを継続し続ける回数「連」の関数で表現する。そこであらかじめ広告イメージを抽出し，類型化することによってブランドごとに広告イメージの特定化を行う必要がある。まず，広告イメージの12項目の因子分析の結果を用い，次元の整理を行った。因子分析の結果は，第3章「広告イメージの抽出」を参照されたい。次に因子得点に基づいて，クラスター分析（Ward法）を実施して，類型化し，広告イメージを特定化した。各クラスターの因子負荷量（平均），クラスター名称と累積効果の分析に用いる広告の本数を表7-1に記す。

表7-1 クラスターの因子負荷量（平均），クラスター名称，広告本数

	インパクト因子	親しみ因子	説得力因子	しつこい因子	クラスター名称	本数
クラスター1	1.674	−0.273	−0.872	−1.327	あっさり＆インパクト	16本
クラスター2	0.989	−0.711	1.562	−0.081	インパクト＆説得力	23本
クラスター3	−0.258	0.065	1.099	−0.635	説得力	53本
クラスター4	−0.148	−0.878	−0.195	0.988	しつこい	40本
クラスター5	−0.197	−0.301	−0.848	−0.719	説得力なし	43本
クラスター6	−0.961	−0.121	−0.066	0.283	平凡な	72本
クラスター7	−0.373	1.263	0.083	−0.711	親しみ	35本
クラスター8	0.365	2.491	−0.205	0.898	面白＆親しみ	28本
クラスター9	1.008	0.179	−0.528	1.325	しつこい＆インパクト	25本

4　累積効果の分析結果

4.1　モデルの妥当性の検証とパラメータの推定

時点 t におけるブランド j の購買意図の確率 $\tilde{P}_{ij}(r)$ と，時点 t でのブランド j における広告イメージ i の連の数 r はデータとしてあり，既知である。そこで (4) 式にしたがい，誤差を最小化するようパラメータ a_i, b_i, c_i, l_j を推定する。パラメータの推定には，非線形最適化のためのプロシジャーであるSASのNLPプロシジャーを用い，最小二乗法で推定を行う。推定は2段階，すなわち，パラメータ a_i, b_i, c_i はクラスター分析によって広告イメージを特定化した9つのクラスターごとに，また，パラメータ l_j は51個のブランドごとに実施する。手順は以下の通りである。

①l_j の値を初期値（$l_j=0$）に固定した上で，最小二乗法により9個のクラスターに対して9組の a_i, b_i, c_i を推定する。

②推定された9組の a_i, b_i, c_i を用いて，51個のブランドに対して51個の l_j

表7-2 各クラスターの平均絶対誤差

	平均絶対誤差		平均絶対誤差		平均絶対誤差
クラスター1	0.034	クラスター4	0.041	クラスター7	0.030
クラスター2	0.036	クラスター5	0.029	クラスター8	0.026
クラスター3	0.032	クラスター6	0.035	クラスター9	0.021

を最小二乗法で推定する。

③推定された51個の l_j を用いて，再度9組の a_i, b_i, c_i を再推定する。

Newton-Raphson法を用いて，上記ステップを繰り返し，10回の施行ではぼ収束したと判断し，最終的な推定値とした。推定されたパラメータを用いて，購買意図確率の予測値を求め，実測値との平均絶対誤差を算出した。表7-2に各クラスターの平均絶対誤差を，表7-3にブランドごとの平均絶対誤差を示す。ともに平均絶対誤差は小さく，予測精度は高い。表7-4は各クラスターのパラメータ a_i, b_i の推定値の一覧である。また，表7-5と表7-6は，それぞれクラスター i の広告を行ったブランド全体の定数項 c_i と，ブランド j がいろいろな広告を行ったときのブランド定数項 l_j の推定結果である。

4.2 累積効果のパターンの分類

本章で提案するモデルは，パラメータ a_i, b_i の正負の符合で累積効果パターンを表現している。そこで，推定されたパラメータ a_i, b_i の値（表7-4）の符号に基づいて整理した結果を表7-7に示す。「型」は正負の符合により累積効果のパターンを判定した結果である。

① ゼロオーダー評価（Z）

ゼロオーダー評価（Z）に分類されたクラスターは1つもなかった。ゼロオーダーとは，広告イメージが毎回独立して購買意図に影響し，累積効果がない型である。本分析で得た9つのクラスターはいずれも累積効果があり，H1は支持された。

表7-3 各ブランドの平均絶対誤差

ブランド名	本数	平均絶対誤差	ブランド名	本数	平均絶対誤差
ハイトップ	8	0.027	デンター	8	0.026
ダッシュ	4	0.038	クリニカ	10	0.040
スパーク	5	0.021	ブラッシュ	4	0.013
アタック	8	0.035	GUM	11	0.030
ジャスト	8	0.042	クリアクリーン	7	0.027
アリエール	9	0.047	ビトイーン	5	0.014
サーフ	8	0.049	ビヨンド	4	0.034
チャーミーG	9	0.018	ハローチェック	4	0.029
ナテラ	7	0.016	ソフトインワン	11	0.028
ファミリーF	4	0.023	プレーン&リッチ	6	0.025
モア	6	0.018	メリット	5	0.019
アクロン	9	0.016	メリットリンスイン	5	0.033
モノゲン	4	0.025	エッセンシャル	8	0.062
エキセリン	6	0.038	リジョイ	8	0.047
ソフラン	8	0.046	ヘアメイク	4	0.020
ソフト&ドライ	4	0.019	スーパーマイルド	9	0.030
ハミング	9	0.028	サロンセレクティブ	4	0.038
タッチ	7	0.043	ラックス	4	0.014
バウンス	7	0.050	F&F	13	0.037
手間なしブライト	5	0.019	ラステア	7	0.025
液体ワイドハイター	5	0.032	リーゼ	4	0.014
ルック	7	0.032	バン	6	0.046
マジックリン	6	0.037	バン16	5	0.020
植物物語	6	0.019	8×4	6	0.042
ビオレ	10	0.046	リード	4	0.023
シャワーソープ	4	0.040			

表7-4 各クラスターのパラメータ a_i, b_i の推定値

パラメータ	推定値	パラメータ	推定値	パラメータ	推定値
クラスター1の a_i	0.003	クラスター2の a_i	0.000	クラスター3の a_i	0.007
クラスター1の b_i	-0.010	クラスター2の b_i	0.059	クラスター3の b_i	-0.051
クラスター4の a_i	-0.018	クラスター5の a_i	0.003	クラスター6の a_i	0.007
クラスター4の b_i	0.082	クラスター5の b_i	-0.013	クラスター6の b_i	-0.049
クラスター7の a_i	0.001	クラスター8の a_i	0.000	クラスター9の a_i	-0.011
クラスター7の b_i	0.007	クラスター8の b_i	0.009	クラスター9の b_i	0.097

表7-5 パラメータ c_i の推定値

クラスター	推定値	クラスター	推定値	クラスター	推定値
クラスター1	-0.182	クラスター2	-0.159	クラスター3	-0.066
クラスター4	-0.352	クラスター5	-0.247	クラスター6	-0.192
クラスター7	-0.221	クラスター8	-0.230	クラスター9	-0.380

本分析により,理論的にも実証的にも広告イメージの累積効果が検証でき,さらに表7-7で示したように4つのパターンに分類できた。したがって,H2「広告イメージを一貫させることによる累積効果は,増加型,減少型,混合・逆U字型,混合・U字型の4つに分類できる」も支持された。以下に各々の累積効果の具体的なタイプについて記述する。

②-1 増加型評価(I)

クラスター2「インパクト&説得力」,クラスター7「親しみ」,クラスター8「面白&親しみ」は,増加型評価(I)に分類された。いずれもパラメータの符号が $a_i=0, b_i>0$ で,連 r の1次の増加関数になり,前期の広告イメージが次期の広告イメージへ増加的に効いており,プラスの累積効果ありといえる。

説得力は良い認知的反応であり,親しみ,インパクトは良い感情的反応である。したがって,H3「良い認知的反応や感情的反応が形成されている広告では,購買意図に対する良い累積効果が得られる」は,これら3つのクラスター

第7章 テレビ広告の質的内容による累積効果　183

表7-6　パラメータ l_j の推定値

ブランド名	推定値	ブランド名	推定値	ブランド名	推定値
ハイトップ	−0.019	デンター	0.120	ソフトインワン	−0.040
ダッシュ	0.221	クリニカ	−0.140	プレーン＆リッチ	0.127
スパーク	0.072	ブラッシュ	−0.224	メリット	−0.052
アタック	−0.120	GUM	−0.017	メリットリンスイン	0.075
ジャスト	0.157	クリアクリーン	−0.115	エッセンシャル	0.149
アリエール	0.143	ビトイーン	−0.117	リジョイ	0.084
サーフ	0.234	ビヨンド	−0.092	ヘアメイク	0.068
チャーミーG	−0.055	ハローチェック	−0.007	スーパーマイルド	−0.184
ナテラ	−0.147	ソフラン	−0.025	サロンセレクティブ	0.206
ファミリーF	0.059	ソフト＆ドライ	−0.036	ラックス	0.206
モア	0.125	ハミング	−0.063	F＆F	0.148
アクロン	−0.255	タッチ	0.089	ラステア	0.155
モノゲン	−0.040	バウンス	0.107	リーゼ	0.232
エキセリン	0.036	手間なしブライト	−0.127	バン	0.012
植物物語	−0.003	液体ワイドアイター	−0.165	バン16	0.249
ビオレ	−0.021	ルック	−0.192	8×4	0.056
シャワーソープ	0.225	マジックリン	−0.354	リード	−0.381

とも支持された。

　これらのクラスターに属する広告イメージについては，「いかに同じ広告イメージを継続させるか」を広告表現戦略の立案に際して考慮しなければならないだろう。また，短期効果について検討した第3章の分析において，「面白＆親しみ」は，認知率，好意度，購買意図に関して多重比較を行った結果，他のクラスターに対して有意に高いことが見出された（有意水準5％）。さらに本章の累積効果の分析では，「親しみ」のクラスターが増加型であることが検証された。したがって，トイレタリー製品では「親しみ」の形成が重要であるといえる。

表7-7 各クラスターのパラメータの符合と累積効果のタイプ

	クラスター名称	a_i	b_i	型
クラスター1	あっさり & インパクト	0	−	減少型評価
クラスター2	インパクト & 説得力	0	+	増加型評価
クラスター3	説 得 力	+	−	混合・U字型評価
クラスター4	しつこい	−	+	混合・逆U字型評価
クラスター5	説得力なし	0	−	減少型評価
クラスター6	平 凡 な	+	−	混合・U字型評価
クラスター7	親 し み	0	+	増加型評価
クラスター8	面白&親しみ	0	+	増加型評価
クラスター9	しつこい & インパクト	−	+	混合・逆U字型評価

②-2 減少型評価（D）

クラスター5「説得力なし」，クラスター1「あっさり&インパクト」は，減少型評価（D）である。この2つのクラスターは，パラメータの符号が $a_i=0$, $b_i<0$ で，連 r の1次の減少関数になり，同じ広告を繰り返すと購買意図が減っていく。したがって，1回ごと（本実証分析では半年に1度に相当する）に広告を変更した方が良く，累積効果が逆に作用しているといえる。この広告イメージに属した場合には，同じイメージを繰り返すごとに購買意図が減少するので，広告表現戦略を変更して，広告イメージを変える工夫が必要であろう。

説得力は良い認知的反応であるが，「説得力なし」は良い認知的反応が形成されていない。したがって，H4「良い認知的反応や感情的反応が形成されていない広告では，購買意図に対する良い累積効果が得られない」は，クラスター5の「説得力なし」に関して支持された。

②-3 混合・逆U字型評価（H1）

クラスター4「しつこい」，クラスター9「しつこい&インパクト」は，混合・逆U字型評価（H1）に分類された。このタイプでは，増加型と減少型の混合となっている。$a_i<0$, $b_i>0$ の場合，2次関数が逆U字型になっており，

連 r が小さいとき,ブランド j の広告イメージは増加しているが,消費者は広告を習慣的に評価している。しかしながら,$r^*(=-b_i/2a_i)$ をすぎると,購買意図は,広告を継続するごとに減っていく。実証分析によって得られたパラメータの値に基づき,極大値を与える連の大きさ $r^*(=-b_i/2a_i)$ を計算すると,クラスター 4「しつこい」では 2 回で,また,クラスター 9「しつこい&インパクト」では4.5回でピークとなっている。単に「しつこい」場合,同じ広告イメージも 2 回までであれば購買意図も増加するが,それ以上では飽きが生じるのであろう。一方,「しつこい」だけでなく「インパクト」というイメージが付加されれば,4 回までは飽きがこないといえる。消費者の広告への評価が「増加型から減少型」へと変わり,$r^*(=-b_i/2a_i)$ の時点からは購買意図が減少するので,1 回ごとに広告を変えていった方が良い。

「インパクト」は良い感情的反応であるが,「しつこい」は,良い感情的反応とはいえない。H4「良い認知的反応や感情的反応が形成されていない広告では,購買意図に対する良い累積効果が得られない」は,クラスター 4 の「しつこい」に関して支持された。しつこさは,はじめのうちは気にならなくても,同じイメージを繰り返されると飽きが発生し,逆に嫌になる。こうした感情は日常的にも感じるものである。したがって,この広告イメージに属する場合には,新発売の告知のような「登場感」を重視した表現では有効であろうが,それを継続させると累積による購買意図が減少するので,広告イメージの変更をどこで実施するかを見極めることが大切になる。

②-4 混合・U 字型評価 (H2)

もう 1 つの混合モデルである混合・U 字型評価 (H2) に属したのは,クラスター 3「説得力」とクラスター 6「平凡な」である。混合・逆 U 字型評価 (H1) とは逆に,$a_i>0$, $b_i<0$ という符号になり,連 r が小さいうちは購買意図が減少し,r^* を過ぎると増加する U 字型関数を示す。はじめのうちは購買意図が減少するが,それでも広告イメージを変えずに継続した方が良く,r^* を過ぎると増加していく。推定されたパラメータに基づき,極小値を与える連

の大きさ $r^{*}(=-b_i/2a_i)$ を計算してみると，クラスター3「説得力」，クラスター6「平凡な」ともに2.5回でピークとなる。いずれも最初の2回までは，累積による購買意図が減少するが，3回以降増加するという結果である。

「説得力」は良い認知的反応であり，H3「良い認知的反応や感情的反応が形成されている広告では，購買意図に対する良い累積効果が得られる」は，クラスター3「説得力」に関して支持された。

クラスター3「説得力」に含まれるブランドを確認したところ，ハミガキとハブラシの広告が多かった。この製品カテゴリーでは，新製品の市場シェア獲得の立ち上がりが他の製品カテゴリーより遅い。したがって，広告イメージの累積により，購買意図を強化することが必要といえる。一方，クラスター6の「平凡な」広告には，洗濯用洗剤の広告が多かった。調査データを得た当時，洗濯用洗剤分野では，各社とも長期的にブランドを育成しており，広告も単発的に展開するのではなく，継続的に比較的大量の広告を投下していた。その影響が大きいためと推測される。「説得力」，「平凡な」という広告イメージを継続する意思がある場合，続けることが必要であり，続けていればある時点から購買意図が増加し，累積効果がプラスに現れるといえる。

4.3 ブランドの異質性に関する考察

l_j はブランドごとの購買性向を表しており，そのブランドを購買するかどうかについての準備傾向を示す。l_j の推定値（表7-6）に基づいて，考察を加える[7]。

洗濯用洗剤では，シェアのトップ2ブランド，アタックとハイトップの値が低い。アタックは，コンパクト洗剤市場を創造し，市場の一番手として登場した先発商品であり，洗濯用洗剤の市場構造を変えるほどのイノベーションを持った製品である。また，ハイトップは二番目に発売したコンパクト洗剤であり，アタックに次ぐシェアを獲得している。一方，サーフはコンパクト洗剤の最後発ブランドであり，また，ダッシュは全自動洗濯機用洗剤という特殊なコンセプトを持つ製品である。サーフとダッシュの値が高いのもこうした背景を持つ

ためと考えられる。

　毛糸用洗剤では，洗濯機洗浄を最初に訴求し，競合ブランドからシェアを奪ったアクロンの値が低い。また，シェアが下降し，その後ブランド名を変更したエキセリンの値が相対的に高い。柔軟仕上げ剤でもシェア No. 1 ブランドのハミングが低く，最後発ブランドのバウンスが高い。全体的にファミリーユースの製品（洗濯用洗剤，台所用洗剤，柔軟仕上げ剤など）では，市場での製品の地位，ブランドのシェアを反映していると考えられる。

　住居用洗剤，漂白剤，台所用紙製品など競合ブランドが少なく，プロミスの明確な製品群では，l_g が全体的に低い。特に，競合ブランドが少なく，しかも広告を投下している唯一のブランドである台所用紙製品リードは，l_g が全体の中で最も低くなっている。

　パーソナルケア製品であるハミガキ・ハブラシ製品は，プロミスや製品差別化が明確であり，それをストレートに広告表現している場合が多いが，これらの製品においても l_g が低い。しかしながら，デンターは l_g の値が大きい。発売以来30年以上経過するブランドであり，本結果だけで即断することは危険であるが，製品ライフサイクル上の成長期後期あるいは衰退期になっていることが予想され，ブランド自体のテコ入れを行う必要があるだろう。l_g の値は，ブランド診断にも適用できるのではないかと考える。

　パーソナルケア製品でも，シャンプー＆リンス，ヘアメイク剤，制汗剤など，製品への関与が比較的高い製品の場合には，l_g が大きい。特に，ターゲットを10代女性に限定しているバン16は，l_g が全体の中で最も高くなっている。また，シャンプー＆リンスでは競合ブランドが多く，市場にはブランド数が100～200あるともいわれている。したがって，ブランド選択の代替案が多く，購買へのハードルが高い。しかしながら，マイルド洗浄を訴求して高シェアを獲得したスーパーマイルド，フケ予防で幅広いターゲットに受け入れられているメリット，リンスインシャンプーのパイオニア的存在のソフトインワンでは，l_g の値が低い。いずれも発売以来各々約10年，約25年，約7年の製品である。ライフサイクルが長く，ブランドへの「なじみ」が形成された製品では，l_g が低くな

っていると考えられる。

　以上，l_9 は製品カテゴリー，市場シェア，製品ライフサイクル，製品差別性，競合環境などを包括するブランドごとの購買意図に対する総合的な指標であるといえよう。

5　購買意図形成に対する短期効果と累積効果の比較

　第3章で検証した短期効果では，「面白＆親しみ」，「説得力」，「インパクト＆説得力」，「親しみ」という広告イメージは，それ以外のイメージと比較して，また，「平凡な」は「しつこい」と比較して，購買意図が有意に高かった（表7-8）。累積効果では「面白＆親しみ」，「インパクト＆説得力」，「親しみ」の3つのクラスターが増加型評価，「説得力」，「平凡な」は混合・U字型評価であった（表7-9）。一方，短期効果で購買意図が有意に低かったのが「あっさり＆インパクト」，「しつこい＆インパクト」，「説得力なし」，「しつこい」であった。また，累積効果では「あっさり＆インパクト」，「説得力なし」が減少

表7-8　短期効果・多重比較の結果（サマリー）

有意に高いクラスター	差のある（5％水準）クラスター				
面白＆親しみ (46.1%)	平凡な (37.6%)	あっさり＆インパクト (36.2%)	しつこい＆インパクト (34.7%)	説得力なし (33.2%)	しつこい (32.7%)
説得力 (46.0%)	平凡な (37.6%)	あっさり＆インパクト (36.2%)	しつこい＆インパクト (34.7%)	説得力なし (33.2%)	しつこい (32.7%)
インパクト＆説得力 (45.1%)	平凡な (37.6%)	あっさり＆インパクト (36.2%)	しつこい＆インパクト (34.7%)	説得力なし (33.2%)	しつこい (32.7%)
親しみ (44.5%)	平凡な (37.6%)	あっさり＆インパクト (36.2%)	しつこい＆インパクト (34.7%)	説得力なし (33.2%)	しつこい (32.7%)
平凡な (37.6%)	しつこい (32.7%)				

（注）表中の（　）内の数値は，各クラスターの購買意図の平均値である。

表7-9　累積効果の結果（サマリー）

累積効果のパターン	クラスター名		
増加型評価（I）	インパクト＆説得力	親しみ	面白＆親しみ
減少型評価（D）	あっさり＆インパクト	説得力なし	
混合・逆U字型評価（H1）	しつこい＆インパクト	しつこい	
混合・U字型評価（H2）	説得力	平凡な	

型評価，「しつこい＆インパクト」，「しつこい」は混合・逆U字型評価であった。

「面白＆親しみ」,「インパクト＆説得力」,「親しみ」は，短期効果では購買意図が高く，累積効果では増加型，一方，「あっさり＆インパクト」,「説得力なし」は，短期効果では購買意図が低く，累積効果では減少型であり，短期効果と累積効果の結果に整合性がある。しかしながら，短期効果と累積効果に整合性があるとはいえないクラスターもある。短期効果の分析では，投下時期や期間を考慮しておらず，「説得力」と「平凡な」は短期的に効果ありという結果になったと考えられる。また，しつこい因子を持つ広告も，初めのうちは効果を発揮するものの，一定の時期を過ぎると効果が減少するため，いつ切り替えるかの意思決定が重要になる。したがって，単に短期効果だけを捉えて広告の質的内容を管理するのではなく，「購買意図の継続」という視点から累積効果を把握することが大切といえる。

6　広告内容はどのような累積パターンに分類できるのか

広告はブランド・イメージやブランド価値を醸成でき，ブランド・エクイティ形成に対して役立つが，ブランド・イメージやブランド価値の醸成は一朝一夕にはできない。したがって，広告効果の測定においても1回ごとの効果だけではなく，長期効果を測定することが必要となる。そこで本章では，「広告イメージの累積効果モデル」を構築し，消費者によるテレビ広告に対する評価デ

ータに適用し，実証分析した。その結果，以下の知見を得ることができた。

・累積効果のない広告イメージはない。
・累積効果によって購買意図が高まるのは「面白＆親しみ」，「親しみ」，「インパクト＆説得力」である。
・「説得力なし」，「あっさり＆インパクト」は累積によって購買意図が減少する。
・「説得力」，「平凡な」は初めのうちは購買意図が減少し，ある時点から高くなる。
・逆に，初めのうちは購買意図が高まるが，累積によってある時点から減少するのは「しつこい」，「しつこい＆インパクト」である。
・購買意図形成に対する短期効果を見るだけでなく，購買意図の継続という視点から広告イメージによる累積効果を検討することが重要である。

　本分析では，第3章と同様に，実験室での強制露出によるデータではなく，6年間という比較的長い期間にわたり同一の方法で収集された消費財のテレビ広告のフィールドデータを用いている。そのため，より自然な状態での消費者の広告への反応を測定しているものと判断できる。広告イメージを広告の質的効果の分析に用い，短期効果，及び累積効果を検証することはマーケティングの研究分野として，また，実務的にも意義深い。

　短期効果では「説得力」は購買意図が高かったが，累積効果を分析した結果，「親しみ」がより効果的であることが確認できた。単に説得力を持って製品を告知するだけでなく，親しみというイメージを醸成できるような広告表現開発が必要であろう。実務では，「広告表現のクオリティの高さ」＝「インパクトのある表現」と評価されがちであるが，トイレタリー製品では「インパクト」は必ずしも購買には結びつかないことも確認された。広告表現は芸術やアートの作品ではなく，製品を売るためのマーケティング・ツールの1つであることを十分に認識して広告制作にあたるべきである。ブランド・エクイティ形成を視野に入れ，広告効果測定を長期的な累積効果の視点から捉えることは，マーケティングの研究として，また，実務の広告戦略構築・立案に対して重要といえる。

【付記】本章は，竹内淑恵（1996），「広告効果とブランド価値：消費財におけるTV広告の機能と効果」，平成7年度（第29次）吉田秀雄記念事業財団研究助成報告書，ならびに，竹内淑恵・西尾チヅル（1997），「テレビ広告における広告イメージの累積効果の分析」『マーケティング・サイエンス』，Vol. 6, No. 1, 1-15頁をもとに加筆，修正したものである。

(1) ①増加型と，ある一定期間経過後にプラス作用に変化する④混合・U字型は，良い累積効果が得られていると仮定する。
(2) ②減少型と，ある一定期間経過後にマイナス作用に変化する③混合・逆U字型は，良い累積効果が得られていないと仮定する。
(3) 同一ブランド j において，異なる時点間で同一の広告イメージ i が続く場合もあるし，異なる時点間で異なる広告イメージになる，つまり，同じ広告イメージ i が続かない場合もある。本モデルでは，異なる時点間で同一の広告イメージ i が続く場合に着目し，同一の広告イメージ i が何回続くか，その回数を「連」として定義している。
(4) 本来は標準偏差を導入し，「誤差 ε_i は広告イメージ i に拠らず共通の正規分布 $N(0, \sigma^2)$ に従うと仮定する」とすべきであるが，ここでは $N(0, 1)$ と仮定した。したがって，パラメータ a_i, b_i, c_i, l_j は標準偏差 $\sigma=1$ との相対的な値である。
(5) テスト理論では，テストを1つ1つの小さな問，すなわち，項目から成り立っているとしている。テスト得点ごとに項目正答率（これにより，項目間の困難度がわかる）を求めてプロットした曲線が，項目・テスト間回帰と呼ばれる（渡部 1994）。
(6) ブランクがなく，4本続けて投下している場合，投下期間は約2年間に及ぶが，たとえば制汗剤のように夏期中心に投下されるブランドでは，1年のうちの特定の時期に投下し，それが4年間に及ぶことになる。
(7) 考察は1989年～1994年当時の状況に基づくものであり，現在の市場とは競争環境がかなり異なっている。

第8章 消費者のメンタル・プロセスを組み込んだ統合型広告効果測定モデル

　DAGMAR[1] (Colley 1961) 以来，広告の目的をマーケティングの目的と峻別し，広告課題をコミュニケーション課題に限定すること，広告の実施に先立ち明確な広告目標を設定することの重要性が主張されてきた。しかしながら，製品やサービスを提供する企業にとって，大量の広告を投下する最終的な目標は，消費者とコミュニケーションを取り，売上げの向上を図ることである。したがって，大量の広告投下に見合う売上げへの貢献をマーケティング活動の成果として測定し，次期マーケティング戦略立案，マーケティング計画策定に生かすことが必要になる。また，そうしたニーズは確かにあるが，実務ではいまだ経験則や勘も支配しており，マーケティング活動の費用対効果を測定し，マーケティング諸活動への資源配分を科学的に意思決定するという組織は少ない。さらに，売上げの増大は，広告だけに依存するのではなく，他のマーケティング諸活動による面が大きいことも認識されている。そのため，売上げに対する貢献を広告効果として直接測定するのではなく，広告認知あるいはブランド認知などを代理指標としてきたというのが実態である。

　こうした現状を踏まえて，Tellis (2004) は，広告効果測定において実験による検証とフィールド・アプローチという2つの方法論があるが，それぞれ一長一短があり，混合型としてシングルソース・データによるアプローチが良いと主張している。シングルソース・データは，日本でも整備されつつあったが，㈱インテージはシングルソース・データの提供がビジネスとして成り立たないため中止する旨を発表した（2004年10月15日現在）。㈱ビデオリサーチでもいったん中止したシングルソース・データ提供ビジネスを「パーソナル スキャンシステム」[2]という新たな方法で再開したが，2009年にはその提供もなくなっている。理論的にはシングルソース・データによる検証は必要であるが，ビジ

ネス化という観点ではその継続と維持は難しい。さらに，消費者の心理的反応であるメンタル・プロセスを捕捉する「時系列的な認知的反応のデータ」をも含めるのは，実現の可能性が低い状況といえる。

上述のように，広告効果測定においてシングルソース・データを活用できず，分析データの収集が困難であるという限定的な環境に置かれている。しかしながら，広告本来の目的である売上げに対する効果測定をこのまま看過するわけにはいかない。

そこで本章では，売上げに対する短期効果を検討した第4章で課題として残された次の点に取り組むことを目的とする。

① 店頭プロモーションの変数として，店頭配荷率のみならず，販売促進にかかわる変数である実勢売価を取り込む。
② 広告出稿のメディア・ミックスや，投下量による短期効果だけではなく，たとえば半年，1年，2年といった長期効果についても考慮する。
③ 広告への態度からブランドへの態度が形成され，それが購買行動へとつながるとする消費者反応のメンタル・プロセスを盛り込む。

したがって，インプットとしての広告データ，アウトプットとしての売上げデータだけでなく，本章では，従来，明示的に扱われてこなかった広告に対する消費者の心理的反応，いわゆるメンタル・プロセスのデータといった複数のデータソースの活用を想定して，新たな統合型広告効果測定モデルを構築する。その上で，売上げに対してどれだけ寄与できるのかについて，実証的に分析し，その効果を検討する。

1 統合型広告効果測定モデルに関する仮説

Tellis (2004) は，広告効果測定を困難にさせる理由として，広告の働きの複雑性，すなわち注意，処理過程，再生と訴求への反応における複雑性を挙げ，以下の問題点を考慮すべきとしている。
(1) 消費者はさまざまな理由で製品を購買している。

たとえば，ブランドの広告を見ること，過去に購買した製品に対する満足，他の消費者からの口コミによる推奨，嗜好の変化，プレステージ，魅力的なパッケージ，店頭ディスプレー，販売プロモーション，魅力的な価格などが購買への理由となる。また，広告はブランドを購買するよう使用者を促す多くの理由の1つにすぎず，購買に対して広告がどのような影響を及ぼしているかの分析では，他のこれらすべての要因の効果を理解し，コントロールすることが必要となる。

(2) ブランドの広告は異なるメディアに現れる。

各メディアは，それぞれ固有の効果を持っている。したがって，広告の役割を十分理解するためには，各メディアの部分的効果に分解しなければならない。また，メディアを複数活用すると，相互効果が生まれる。

(3) 広告には瞬間的な効果だけでなく，遅延効果がある。

瞬間的効果とは消費者が広告を見てすぐに反応することである。また多くの場合，消費者はすぐには反応せず，広告について考える期間を経て，友達と話し，さらに調べて，適切なときに購買する。これを遅延効果という。

(4) 広告効果は，キャンペーン期間中にウェアインとウェアアウトという変化を生じる。

ウェアインとは，1つの広告を繰り返し，広告への親近性を増すことによって活性する効果であり，ウェアアウトとは，広告への飽きによって経時的に効果を失うことである。この問題については次章で詳細に検討する。

(5) 継続的な広告には効果のオーバーラップと衰退のオーバーラップがある。

(6) 広告反応は市場内のセグメントや個人によって異なる。

これらの問題点を踏まえ，Tellisは，インプット（広告の投入），アウトプット（市場での成果），消費者反応プロセスの測定（認知的・感情的・行動的反応）の各変数のタイプと測定値を提示し，広告効果測定の変数の定義と分類を行っている。さらに，広告の投入と結果としての成果を評価するだけでなく，消費者の心的な変化（Consumer's mental process）をも評価することの必要性を強

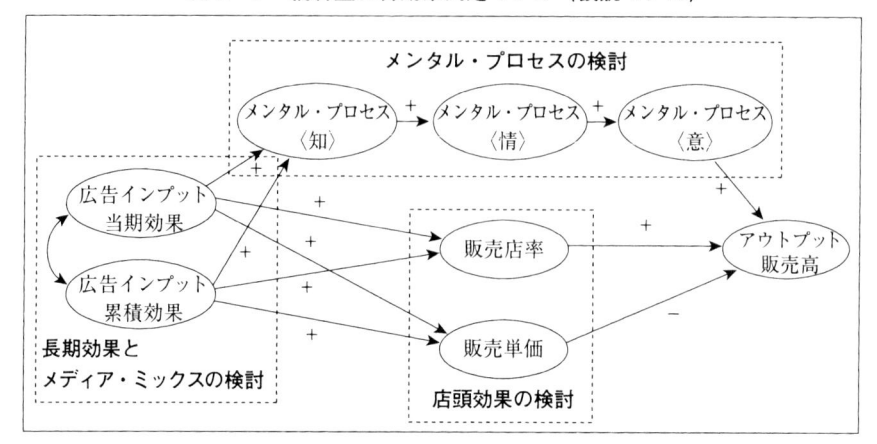

図8-1 統合型広告効果測定モデル（仮説モデル）

調している。

こうした先行研究の成果を踏まえ，本章でのアプローチのポイントとして，
① 広告メディアに関してマスコミ4媒体の広告出稿量を扱う
② 広告の長期効果を扱う
③ メンタル・プロセスとしての消費者反応を扱う
④ 店頭効果としての販売店率，販売単価を扱い，流通対策という視点からの広告投下を加味する

という4点を検討し，費用対効果の視点からアウトプットである売上高に対する影響を統合的に捉える。仮説をモデルとして示すと図8-1のようになる。モデルは，
① 長期効果とメディア・ミックスを扱ったインプット部分
② 認知的・感情的・行動的（以下，略して「知・情・意」と表記する）反応を扱った消費者のメンタル・プロセス部分
③ 販売店率，製品単価といった店頭効果部分
④ アウトプットである販売高

で構成される。ほとんどのパスが＋になるという仮説を立てているが，製品単価に関しては，単価が高いほど販売高は減少するという仮説を立て，パスは－

を仮定している。

2 統合型広告効果測定モデルの検証に使用するデータ

対象とする製品カテゴリーはシャンプーである。広告投下に関する媒体データは㈱電通のDASを，また，広告への反応に関する消費者データは㈱電通のAdFlashを，販売データは㈱電通が独自母集団推定した㈱インテージSRIデータを使用する[3]。いずれも集計済みの週次データである[4]。使用したデータ期間は，2001年6月25日〜2003年11月10日の約2年4ヶ月である。広告投下を行っている主要7ブランドのデータを分析対象とし，サンプル総数は859本である。

シャンプーのカテゴリーでは，どのブランドでも主たるターゲットを女性に設定しており，そうした製品カテゴリー特性を反映し，4媒体の広告出稿比率を見ると，テレビ83.3%（スポット71.1%，番組12.2%），雑誌14.7%，新聞2.0%，ラジオは0%であった（図8-2）。そこで，テレビと雑誌への出稿データに限定して分析を行うこととする。分析手法は共分散構造分析を用いる。

分析に先立ち，図8-1に提示した仮説モデルの潜在変数に対して，実測データやアンケート調査のデータである観測変数を以下のようにそれぞれ割り当てる。

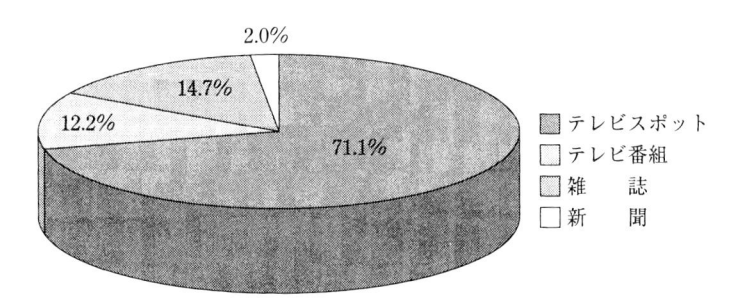

図8-2 シャンプーの4媒体広告出稿比率

① 潜在変数「広告インプット当期効果」：テレビ広告のGRP，15秒GRP，雑誌広告費
② 潜在変数「広告インプット累積効果」：6ヶ月分のテレビ広告費，1年分のテレビ広告費，6ヶ月分の雑誌広告費，1年分の雑誌広告費
③ 潜在変数「メンタル・プロセス・知」：広告再認率，広告第一再生率，広告再生率
④ 潜在変数「メンタル・プロセス・情」：好きな広告，目立つ広告の比率
⑤ 潜在変数「メンタル・プロセス・意」：当該ブランドの使用意向率，主使用意向率
⑥ 潜在変数「販売店率」，「製品単価」，「アウトプット販売高」：ドラッグストア，SMチェーン，大型スーパーであるGMS，ホームセンターの販売実績データ

以上の①と②は広告媒体データ，また，③〜⑤は消費者の広告への反応データである。各観測変数については，次節「統合型広告効果測定モデルの分析結果」の図（たとえば図8-3）にて詳細を確認されたい。

3 統合型広告効果測定モデルの分析結果

仮説に沿って基本モデルの分析を行った。図8-3にモデル全体の適合度と各パス係数（標準化係数）を示す。本モデルにおいて，広告インプット当期効果から製品単価へのパスや，累積効果から販売店率のパスが5％水準で有意になっていない。しかしながら，そもそもモデル全体の適合度である規準化適合度指標NFI，比較適合度指標CFIは0.9を超えたものの，適合度指標GFI，調整済み適合度指標AGFIはそれぞれ0.859，0.763と低く，また，平均二乗誤差平方根RMSEAは0.1以上になっており，この基本モデルは棄却される。

分析結果の詳細を「修正指標」によって確認したところ，誤差変数間の共分散などを仮定すると適合度が上昇する可能性を示唆していた。また，販売店率から製品単価へのパスを仮定すると，モデルがかなり改善されるという重要な

第8章 消費者のメンタル・プロセスを組み込んだ統合型広告効果測定モデル　199

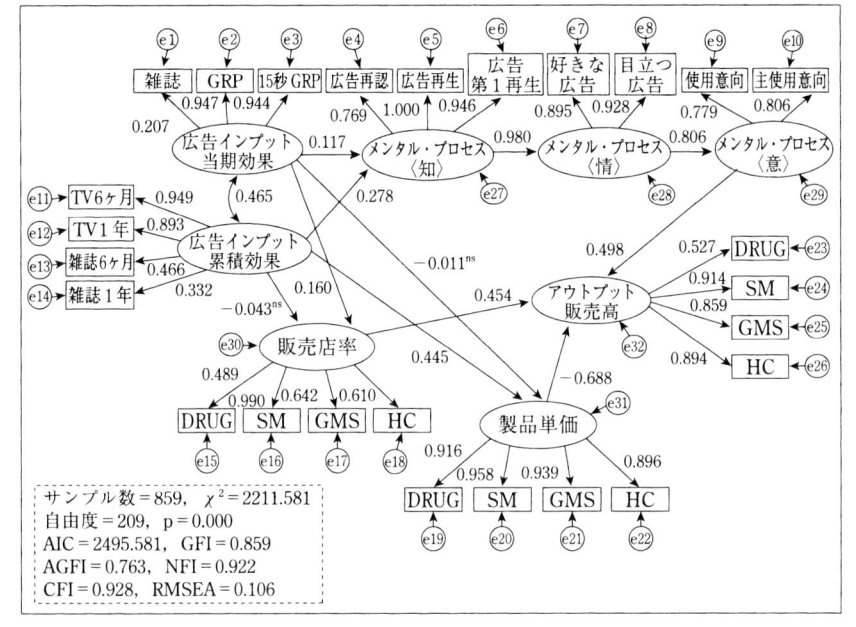

図8-3　基本モデル：仮説フルパスモデル

(注) パス係数は標準化係数である。nsは有意でなく（5％水準），ns以外は1％水準で有意である（以下図8-6まで同様である）。

点も明らかにされた。そこで，販売店率から製品単価へのパスを追加した修正モデル1について検討した。

図8-4に示す通り，GFI，AGFIともに0.9には満たなかったが，0.8を超え，モデル適合度も改善された。RMSEAもグレーゾーンではあるが，0.1を切り，棄却されないレベルに達した。また，広告インプット当期効果から製品単価へのパスも有意になった。ただし，広告インプット累積効果から販売店率のパスは有意ではない（5％水準）。新たに加えた販売店率から製品単価へのパスは−0.615である。これは「販売店率が高いほど，製品単価が安い」あるいは「販売店率が低いほど製品単価が高い」ことを示しており，広く配荷されている製品がより店頭での値引きが行われているという市場の実態を反映していると考えられる。

200　第III部　ポジティブな長期効果：ブランド価値を醸成する広告の役割

図8-4　修正モデル1

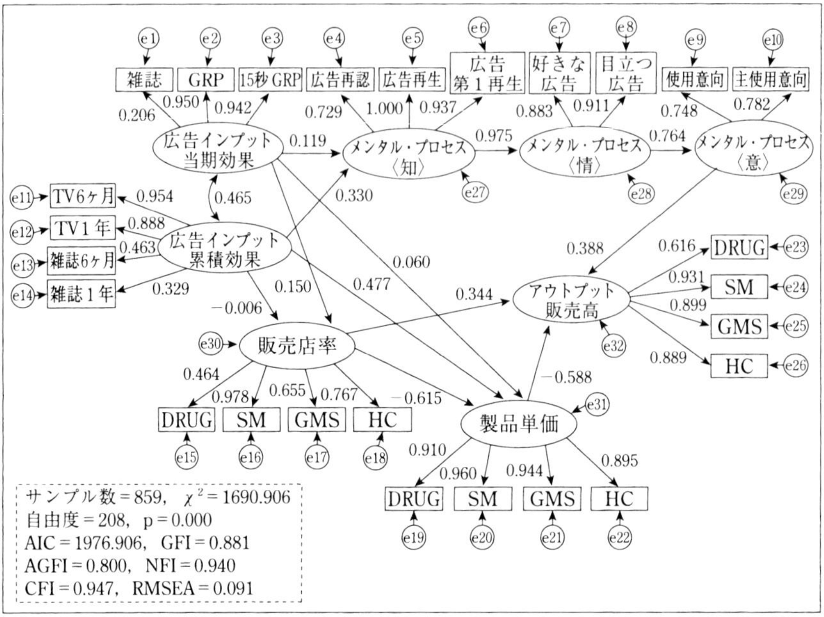

（図：パス図）

サンプル数 = 859, $\chi^2 = 1690.906$
自由度 = 208, p = 0.000
AIC = 1976.906, GFI = 0.881
AGFI = 0.800, NFI = 0.940
CFI = 0.947, RMSEA = 0.091

3番目のモデルとして，修正モデル1で有意にならなかった「広告インプット累積効果」から「販売店率」のパスを仮定しない，すなわち，パス係数を0と置いた修正モデル2を検討した（図8-5）。修正モデル1と結果はほとんど変わらない。ここで修正指標を参考にいくつか共分散を仮定して，さらにモデルの改善を試みた。その結果，図8-6に示す通り，修正モデル3が得られた。分析を実施した4つのモデルの評価を行うため，適合度指標GFI，調整済み適合度指標AGFI，平均二乗誤差平方根RMSEA，さらに，一般の統計モデルを評価するための情報量規準であるAICなどを用いて，総合的に比較検討した（表8-1）。修正モデル3の適合度指標はGFI = 0.896, AGFI = 0.821, RMSEA = 0.085であり，本モデルを最終モデルとする。

分析の結果，以下の点が明らかになった。
(1) モデルの適合度について

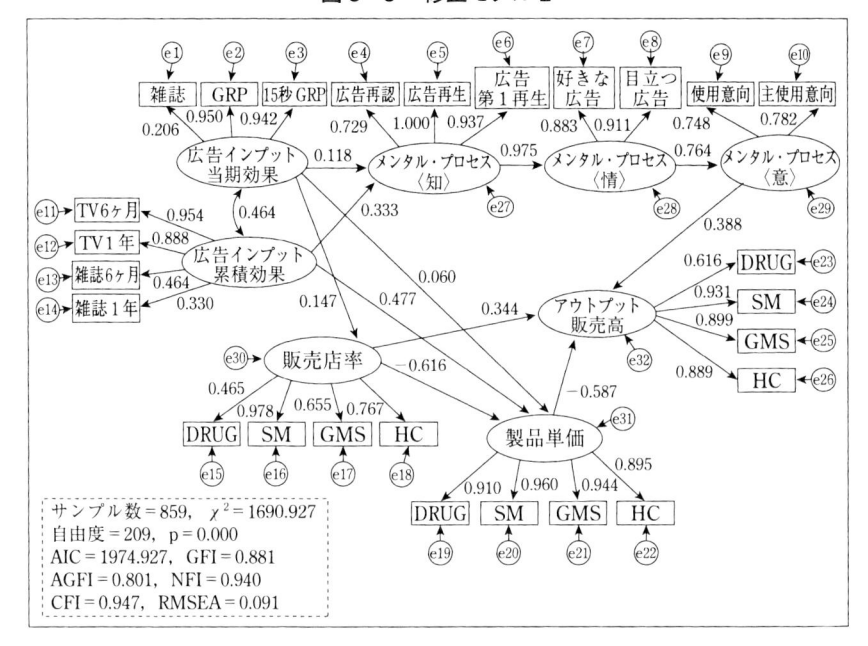

第 8 章　消費者のメンタル・プロセスを組み込んだ統合型広告効果測定モデル　201

図 8-5　修正モデル 2

GFI，AGFI はともに 0.9 以上にならなかったが，NFI，CFI は 0.9 以上となった。RMSEA は 0.1 以下になったが，0.08 以下にならず，グレーゾーンである。モデルのフィットは十分とはいい難いが，高いレベルといえる。

(2) 広告インプット→メンタル・プロセス〈知〉のパスについて

① 7 ブランドのうち，1 ブランドは 2001 年春，1 ブランドは 1999 年 9 月発売，他の 5 ブランドはそれ以前の発売であり，累積的な効果が見られるのは妥当である。累積効果は当期効果に比べて約 2.5 倍大きいという結果になった。

② 観測変数に対する当期効果の影響において，テレビの大きさに比して，雑誌は 0.204 と小さい。

③ 観測変数に対する累積効果の影響において，テレビ，雑誌とも 6 ヶ月の累積の方が 1 年間の累積よりも大きい。これは時間の経過による減衰効果を表していると考えられる。

図8-6 修正モデル3

(構造方程式モデルのパス図。サンプル数=859, χ²=1481.223, 自由度=205, p=0.000, AIC=1773.223, GFI=0.896, AGFI=0.821, NFI=0.948, CFI=0.954, RMSEA=0.085)

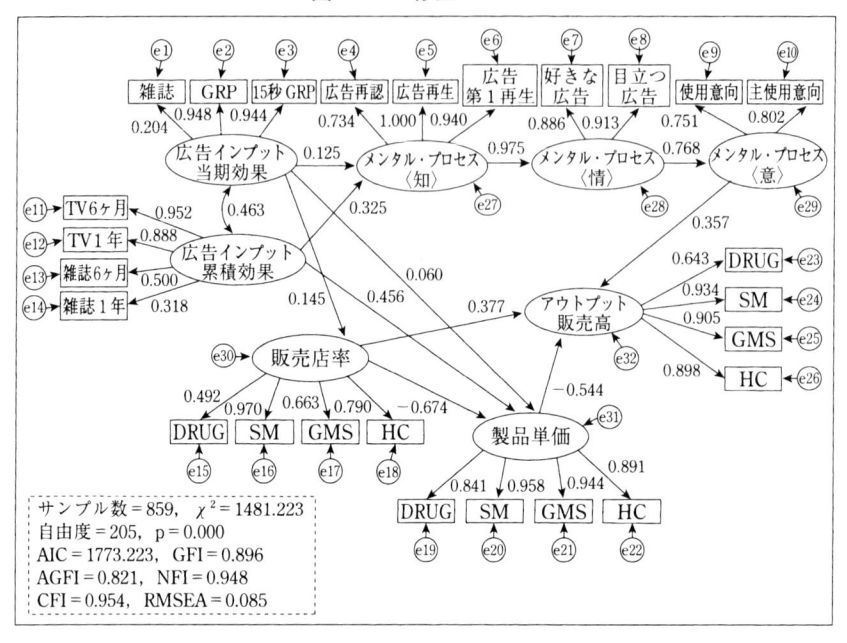

表8-1 各モデルの適合度指標のまとめ

	基本モデル フルパス	修正モデル1 店率→単価追加	修正モデル2 累積→店率削除	修正モデル3 最終修正
サンプル数	859	859	859	859
χ^2	2211.581	1690.906	1690.927	1481.223
自由度	209	208	209	205
p値	0.000	0.000	0.000	0.000
AIC	2495.581	1976.906	1974.927	1773.223
GFI	0.859	0.881	0.881	0.896
AGFI	0.763	0.800	0.801	0.821
NFI	0.922	0.940	0.940	0.948
CFI	0.928	0.947	0.947	0.954
RMSEA	0.106	0.091	0.091	0.085

(3) 広告の店頭配荷への影響について
① 広告は対消費者のみならず，流通対策としての役割も担っている。第4章と本章の分析に供したデータは異なるデータソースから得ているが，流通への影響，すなわち，プッシュ効果が追認された。
② 累積効果から製品単価へのパスが，広告インプット効果としてもっとも大きい（0.456）。しかしながら，販売店率には影響が見られない。
③ 当期効果から販売店率へのパス（0.145）は，メンタル・プロセス〈知〉へのパス（0.125）と同等である。製品単価への影響は0.060と小さいが，5％水準で有意となった。
(4) 販売店率と製品単価の関係について
　　仮説以外のパスを見出すことができた。販売店率が高くなるほど，製品単価は安くなる傾向がある。逆に，販売店率が低くなるほど，製品単価が高くなるという関係である。前述の通り，多くの店で扱われている，すなわち，普及している製品は安売りも多く実施されていると解釈できよう。
(5) 販売高への影響について
① 製品単価のパス係数は仮説通りマイナスとなった。製品単価の販売高への直接効果が最も大きい（−0.544）。
② メンタル・プロセス〈意〉と販売店率の販売高への直接効果は同等である（5％水準で有意差なし）。しかしながら，販売店率→製品単価（−0.674），さらに製品単価→販売高（−0.544）のルートがあり，製品単価を経由する販売店率から販売高への間接効果は0.367となる（図8-7）。
③ 販売店率の直接効果（0.377）と間接効果（0.367）を合わせた総合効果は0.744となる。①で記したように，直接効果としてはメンタル・プロセス〈意〉と販売店率のパス係数の大きさに有意差はないが，総合効果を含めてトータルでみると，メンタル・プロセス〈意〉（0.357）＜販売店率（0.744）であり，販売店率の方が約2倍大きい。同様に，総合効果を考慮すると製品単価より販売店率の影響が大きい（図8-7）。
④ 従来，ブランド選択モデルや販売効果の先行研究において，広告出稿量も

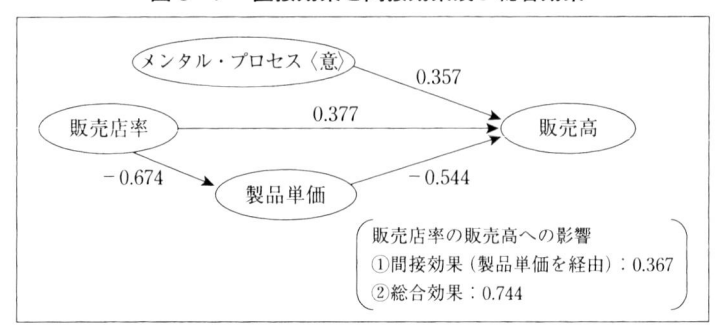

204　第Ⅲ部　ポジティブな長期効果：ブランド価値を醸成する広告の役割

図8-7　直接効果と間接効果及び総合効果

```
          メンタル・プロセス〈意〉
                    ＼ 0.357
                     ＼
   販売店率 ──── 0.377 ────→ 販売高
        ＼                   ↗
      -0.674                -0.544
          ＼               ／
           → 製品単価 ──
```

販売店率の販売高への影響
① 間接効果（製品単価を経由）：0.367
② 総合効果：0.744

変数の1つとして扱われ，広告出稿の影響はかなり小さい，あるいは，ないと主張されてきた。しかしながら，企業のインプットである広告出稿量そのものではなく，広告への反応という消費者のメンタル・プロセスを媒介変数とすることにより，メンタル・プロセス〈意〉から販売高への影響（0.357）が，販売店率から販売高への直接的な効果（0.377）と同程度になっていることが確認された。

4　売上げに対して何がどのように影響するのか

　本章では，インプットとしての広告出稿データ，アウトプットとしての販売データだけでなく，広告に対する消費者反応データを用いて，統合型広告効果測定モデルを構築し，シャンプーの主要7ブランドのフィールドデータを用いて実証分析を行った。その結果，広告に対する消費者反応であるメンタル・プロセス〈知・情・意〉を考慮することが重要であることが確認された。広告インプットによる認知形成は，当期効果より累積効果の影響が大きい。また，当期の広告投下には，店頭配荷を促進するプッシュ効果があることも見出された。さらに，実際の販売高に対する影響は，メンタル・プロセス〈意〉である行動的反応と，販売店率がほぼ同等であるが，間接効果を加味すると，販売店率の方が2倍程度大きいことも明らかになった。したがって，販売データのトラッ

キングのみならず,広告への消費者反応の経時的な測定は,企業にとって時間とコストの面では負担がかかるが,ブランド育成という観点から重要な課題であると結論づけられる。

今後の課題として,モデルの適合度の改善,ブランドごとの分析による実務への適用,製品カテゴリーの拡張による一般化への試み,「マーケティングROI」の視点から,製品を取り巻くマーケティング・ミックスの総合効果の検討などが挙げられる。

最初のポイントであるモデルの適合度について,本分析ではGFI,AGFIが0.9を超えず,またRMSEAも0.08以下にならなかった。豊田(1998)によれば観測変数を30以内に収めない場合,このような問題が生じるとされ,本モデルで扱った観測変数の総数は26ではあるが,比較的多くの変数を扱っており,そうしたことが影響している可能性が否定できない。また,3つの別々のデータソースを活用して実証を行っており,データ上の限界も結果に影響しているものと考えられる。現実のデータ整備の問題,限られた資源,すなわち手元データを用いて,より良い広告効果測定モデルを構築することが重要であり,本モデルはその緒として十分な成果を果たしているといえよう。しかしながら,モデルの適合度の改善という課題は,この点を極力排したモデルを再構築したいということである。Tellis(2004)はシングルソースによる広告効果測定の重要性を主張している。確かにシングルソースであれば,本モデルの適合度も改善されることが予想される。しかしながら,広告出稿,消費者の広告への反応,販売実績,さらに店頭でのプロモーション(たとえば,値引き率,チラシ配布,特別陳列など)までをも包含した形で,しかも経時的推移を扱ったデータを揃えることは実際にはなかなか困難である。そうした現状を踏まえた上で,よりマーケティングの実務を反映し,貢献できるモデルの構築を行いたいと考える。また,本分析は製品カテゴリー全体についてのみであったが,ブランドごとの分析を行い,個別ブランドの管理といった視点から実務への適用を図りたい。さらに実証を行った製品カテゴリーもシャンプーのみとしたので,製品カテゴリーを拡張し,広告効果測定の一般化についても検討したいと考える。

第4章でも述べた通り，昨今，「マーケティング ROI」の重要性も叫ばれている（三谷・大原 2003）。こうした視点から製品を取り巻くマーケティング・ミックスの総合効果について検討することも重要であろう。

【付記】 本章は，竹内淑恵（2005），「消費者のメンタルプロセスを組み込んだ統合型広告効果測定モデル―シャンプーによる分析事例―」『イノベーション・マネジメント』，No. 2，1-15頁をもとに加筆修正したものである。

（1） Defining Advertising Goals for Measured Advertising Results の頭文字を取った略。ダグマー理論ともいわれる。Colley が1961年にアメリカ全国広告主協会で発表した。広告コミュニケーションのプロセスを①未知，②認知，③理解，④確信，⑤行動の5段階に分類し，これら一連の心理的変容過程の段階を広告目標として設定する。広告目標が明確であれば，広告効果の測定ができるという考え方をベースとし，広告活動を展開した結果，どの程度目標を達成できたかを評価する目標管理に関する理論である。広告の最終目標を販売に置かないという点に特徴がある。

（2） VR ホームスキャン・システムは1987年4月1日に開始された。また，2003年9月1日にはパーソナル スキャン システムの実験サービスが実施され，2004年7月1日パーソナル スキャン システムの有料サービスが開始された。

（3） データをご提供いただいた㈱電通，㈱インテージに感謝申し上げる。

（4） 広告への反応に関する消費者データである AdFlash は，毎回新しいサンプルを抽出し，毎週アンケート調査を実施しているため，4週間分のデータの移動平均を算出し，週次データとする。また，販売データは，調査対象店舗から収集される JAN コードデータをベースに，目的に応じて製品カテゴリーを分け，ブランドやサブブランドごとに該当する JAN コードを括り，分析に供する。広告投下に関する媒体データ DAS も，ブランドやサブブランドの広告内容を確認した上，該当ブランドの投下量を決定する。

第IV部

ネガティブな長期効果：
広告の消耗・寿命

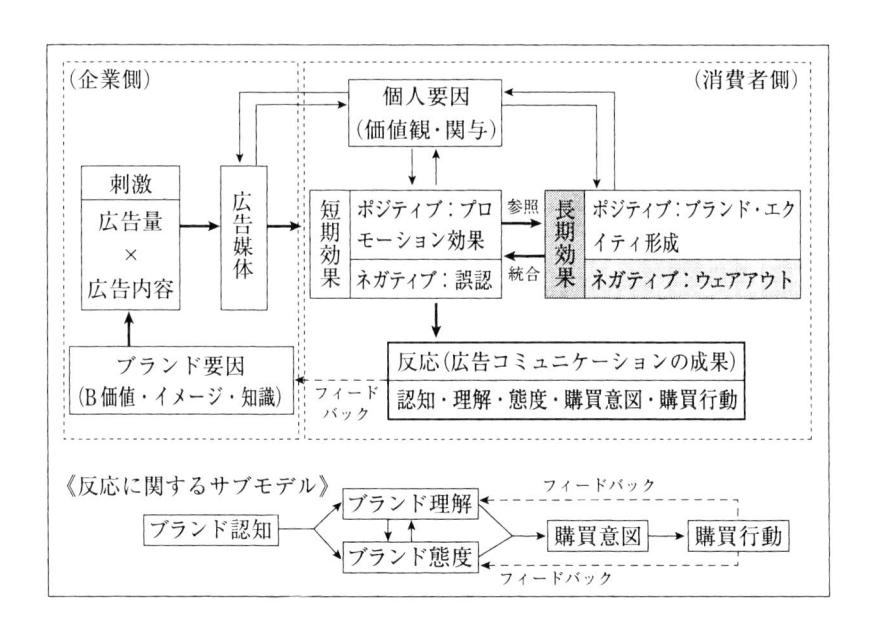

第9章　テレビ広告のウェアアウトの発生とその要因

　本章では，長期的に広告を投下する際に発生するウェアアウトについて検討する。いつも同じ内容が繰り返されると，たとえそれが気に入った広告であったとしても，陳腐化や飽きが発生することは避けられない。継続的な広告投下によるポジティブ効果の測定はもとより，累積の結果生じるネガティブな側面からの検討は重要であるにもかかわらず，十分な成果が得られていない。第1章で既述の通り，広告投下量の側面ではある程度議論も積み重ねられ，実証分析の結果，いくつかの知見が得られているが，広告内容に関するウェアアウトはほとんど検証されていない。Naik, Mantrala and Sawyer (1998) や Bass, Bruce, Majumdar and Murthi (2007) は，広告投下量のみならず，広告コピーによるウェアアウトに着目している。同様に竹内 (1998) も，ウェアアウトの形成要因とその影響を探る「ウェアアウト発生モデル」を提案し，「過剰感」を媒介変数として導入し，大量の広告投下だけでなく，広告内容への反応も過剰感の発生原因となり，広告への態度やブランドへの態度に対して悪影響を及ぼすという発生メカニズムを明確化した。これら先行研究の結果は，ウェアアウトの発生とその影響を探る実証分析として意義深いものであるが，そもそもどのような内容の広告がウェアアウトを起こすのか，逆に，どのような内容であればウェアアウトが発生しにくいのかについては明らかにされていない。そこで本章では，データ・マイニング手法を用いて，テレビ広告を分類し，ウェアアウトの発生要因について探索を試みる。

1　分析方法：2進木分類法とCART

　データ・マイニングとは，大規模なデータを分析し，そこから発見されるパターンやルールなどの有用な情報を，知識として蓄積するための新しい知識の

発見・学習のプロセスである。データの山の中から宝を掘り出すので，データ・マイニングと呼ばれている。ナレッジ・ディスカバリー・イン・データベース（Knowledge Discovery in Database, KDD）と呼ばれることもある。データ・マイニングの手法として，大規模なデータを扱うため機械学習系の手法が用いられることが多い。二分割して層化する「2進木分類法」，要因特定分析とも呼ばれ，たとえば異常が発生する確率がどの程度変化するかを探索する「アプリオリ分析」，クラスタリングに使用されるニューラルネットワークである「Kohonenネットワーク」など多くの手法が活用されている。以下では，本分析で用いる2進木分類法の1つであるCART（Classification and Regression Trees）について概説する。

CARTは，量的あるいは質的な「目的変数」を，その原因となる「説明変数」のある特定の水準とそれ以外の水準に二分割し，各段階におけるグループ内の平方和（量的目的変数の場合）や誤分類率（質的目的変数の場合）を算出し，それが最小になるような説明変数を選択しながら，逐次的に2進木を成長させる手法である（大滝・堀江・Steinberg 1998）。多変量データ解析手法である判別分析や回帰分析に対応するが，CARTは目的変数に影響する要因の組合せを考慮でき，交互作用を前提としたノンパラメトリックな統計手法として，2股に枝分かれする多段層化という特徴を持っている。大滝・堀江・Steinberg（1998）は，必要とするケース数として，安定した2進木を得るために少なくとも1,000以上が望ましいが，100サンプル程度の分析を否定するものではないとしている。

2進木分類法は決定木（Decision Tree）と呼ばれる手法の1つであり，この他にCHAID，C 5.0なども多く活用されている。本分析でCARTを用いる理由は，2進木という名称からわかる通り，3つ以上に分岐できるCHAIDやC 5.0とは異なり，分岐する数が常に2という点である。たとえば，CMに対する飽きを発生させる原因が，CMへの親近感や説得力で説明できるとしよう。親しみを感じるか否か，あるいは，説得力があるかないかであれば，次期のCM制作へ生かせる可能性がある。しかしながら，それが「親しみがあるとい

う回答が何％以下なら飽きる」，あるいは「説得力が何％以下なら飽きる」という結果が得られたら，どうだろうか。何％になるかどうかは広告出稿後，効果測定をしなければわからない。そうした具体的な数値よりも，どのような変数が影響を及ぼすかを検出できた方が実務に有効活用できる，生きた知識となると考えるからである。

　本分析で目的としている「飽きる」という現象の解明に，判別分析を用いることも可能である。判別分析を行うことによって，どの説明変数がどの程度の強さで影響するのかが明確になる。また，分散分析を用いれば，特定の要因の主効果や他の要因との交互作用も検討できる。しかしながら，要因数には限界があり，そもそも何を説明変数とするのかに関して事前の仮説が必要となる。CARTであれば，そうした問題点を克服しつつ，層別を視覚化でき，具体的にどのような内容でグループが成り立っているのかを容易に理解できる。データ内に隠れている構造を知る手がかりを得ることができ，また，ある特定の現象（本分析では「飽きる」）が発生するケースを限定せず，いろいろな要因の組合せが原因となる可能性を探ることもでき，実務に生かせる具体的な示唆を得られるというメリットがある。

2　ウェアアウトの実証分析に供するデータの概要

2.1　使用データソース

　データソースは，㈱ビデオリサーチが実施している2種類の「テレビCMカルテ」である（表9-1)[1]。1つ目は，一般視聴者からの評価データを体系的に収集することを目的に，関東地区では1982年12月以降，また，関西地区では1992年12月以降定期的に調査を実施し，その時点でオンエアされている全業種の代表的なCMを網羅したシンジケート型CMカルテとして提供されている。2つ目は㈱ビデオリサーチが個別企業（クライアント）に対してオーダーメイド型CMカルテとして実施しているものである。したがって，対象となる

表9-1　使用データ

	シンジケート型	オーダーメイド型
調査地域	東京30km圏	
調査対象	満13歳～59歳の男女	満13歳～49歳の男女
サンプリング方法	無作為二段抽出法	
調査期間	1996年3月	1996年6月
調査方法	留置調査	
回収率	78.0%（指令：800, 回収：624）	

CMはクライアント企業のCMとその競合企業のCMで構成され，製品カテゴリーが限定されるという特徴がある。詳細については後述する。

2.2 CMカルテの調査項目

2つのデータソースともアンケートの調査項目はほぼ同じである（表9-2）。また，各CMの放送期間，CM本数，15秒換算GRP，総秒数などの広告投下量に関するデータも1本のCMごとに整備されている。広告投下の期間はCMにより異なっているが，短いものでは1ヶ月以下の集中的な投下，長期間に及ぶものでは1年以上のCMも入っている。このように期間の長短はあるものの，1度や2度のオンエアではなく，長期的にわたり何度も[2]投下され，累積効果が残存している広告のデータである。

2.3 調査対象とする製品・サービス

シンジケート型では前述の通り，全業種を対象としているため，自動車（トヨタ，日産，三菱），ビール（キリン，アサヒ，サッポロ，サントリー），食品（カルビー，東洋水産，森永製菓，日清食品，明星食品，エースコック，キッコーマン，東海漬物，桜物産など），飲料（コカコーラ，キリンビバレッジ，ペプシコーラ，UCC上島珈琲など），化粧品（資生堂，花王，カネボウ，コーセー，マックスファクター，レブロンなど），家電（三菱電機，富士通），通信（NTTdocomo，日本電

第9章　テレビ広告のウェアアウトの発生とその要因　213

表9-2　調査項目の概要

質問項目	具体的内容
CM認知率	3段階評価（「見た」,「見たような気がする」の合計を認知者とする）
広告内容理解度[3]	5段階評価（非常によくわかった～まったくわからなかった）
商品興味関心度	5段階評価（非常に興味を感じた～まったく興味を感じなかった）
好意度	5段階評価（非常に好き～非常に嫌い）
印象に残ったクリエイティブ要素・7項目（複数回答）[4]	タレント・キャラクター／話の流れ・ストーリー／音楽・BGM・効果音／セリフ・ナレーション／背景・画面／商品名・サービス名の出し方や呼び方／商品・サービスの具体的な機能・特徴
イメージ評価[5]（複数回答）	インパクト因子：新鮮な／印象的な／心に残る／平凡な／心に残らない
	親近性・共感性因子：親しみのある／共感できる／情緒のある／親しみのない／つまらない
	理解・説得力因子：わかりやすい／説得力のある／信頼感のある／説得力がない
	面白・過剰感因子：面白い／飽きがこない／しつこい／飽きる／品のない／あっさりしている
できばえ採点	100点満点自由回答
キャラクター適合度	5段階評価（非常にふさわしい～まったくふさわしくない）
商品購買喚起度[6]	5段階評価（非常に買ってみたいと感じた～まったく買ってみたいとは感じなかった）
商品購買経験[7]	2段階評価（ある，ない）

信電話，ツーカーセルラー東京，アステル東京，国際電信電話，日本テレコム），医薬品（エスエス製薬，明治製菓，藤沢薬品）の他に，東京電力，全労済，JR東日本，三井不動産販売，小学館など全78社のCMで構成されている。また，個別ブランドの広告のみならず，企業広告も数本含まれている。いずれも消費者が回答した個票データではなく，ブランドごとに集計したデータである。

　一方，オーダーメイド型は，特定のクライアント企業が調査を依頼しているため，当該企業とその競合各社のCMで構成される。本分析に用いる対象製品カテゴリーは，トイレタリー製品である。花王，ライオン，資生堂，カネボ

ウ，P&G，マンダムなどの，洗濯用洗剤，ハミガキ，シャンプー，男性用整髪料，育毛剤，洗顔料，衣料用仕上げ剤などが含まれる。CM本数は65本であるが，ターゲット[8]別に評価を集計し，また，広告投下量のデータもターゲットごとの露出が算出されている。分析に供する総計は652本である。

3　データ・マイニングによる分析結果

　第1章で述べた通り，ウェアアウトの定義はいくつか存在し，測定尺度も複数用いられている。そこで本研究では「広告内容に対する飽き」と定義し，実証分析においては，アンケート調査項目「イメージ評価」の「飽きる」の集計済みデータを使用する。

3.1　シンジケート型CMカルテによる分析

　まずサンプル数78本のシンジケート型で分析を試みた。「飽きる」得点の平均値によって二分割し，飽きる34本，飽きない44本で分析を行った。

　本分析では，説明変数として27項目を入力しているが，「商品購買喚起度」，「つまらない」，「セリフ・ナレーション」，「面白い」の4変数が重要度の高い項目となった。結果は図9‐1に示す通りであり，下方に分岐しない（子ノードを持たない）ターミナルノードを確認しながら解釈を行う。

① ノード0⇒ノード1⇒ノード4：つまらなくはなく，買ってみたくなる

　第1分岐は「つまらない」という評価である。「つまらない」が低い22本（ノード1）のうち，21本が飽きないCMに分類され，その予測率は95.5％である。ノード4は最初に出現するターミナルノードであり，「商品購買喚起度」が高く，20本すべてが飽きないCMとなっている。したがって，飽きさせないためには，つまらなくはなく，商品を購買したいと思わせれば良いといえる。

第9章 テレビ広告のウェアアウトの発生とその要因 215

図9-1 シンジケート型CMカルテの決定木

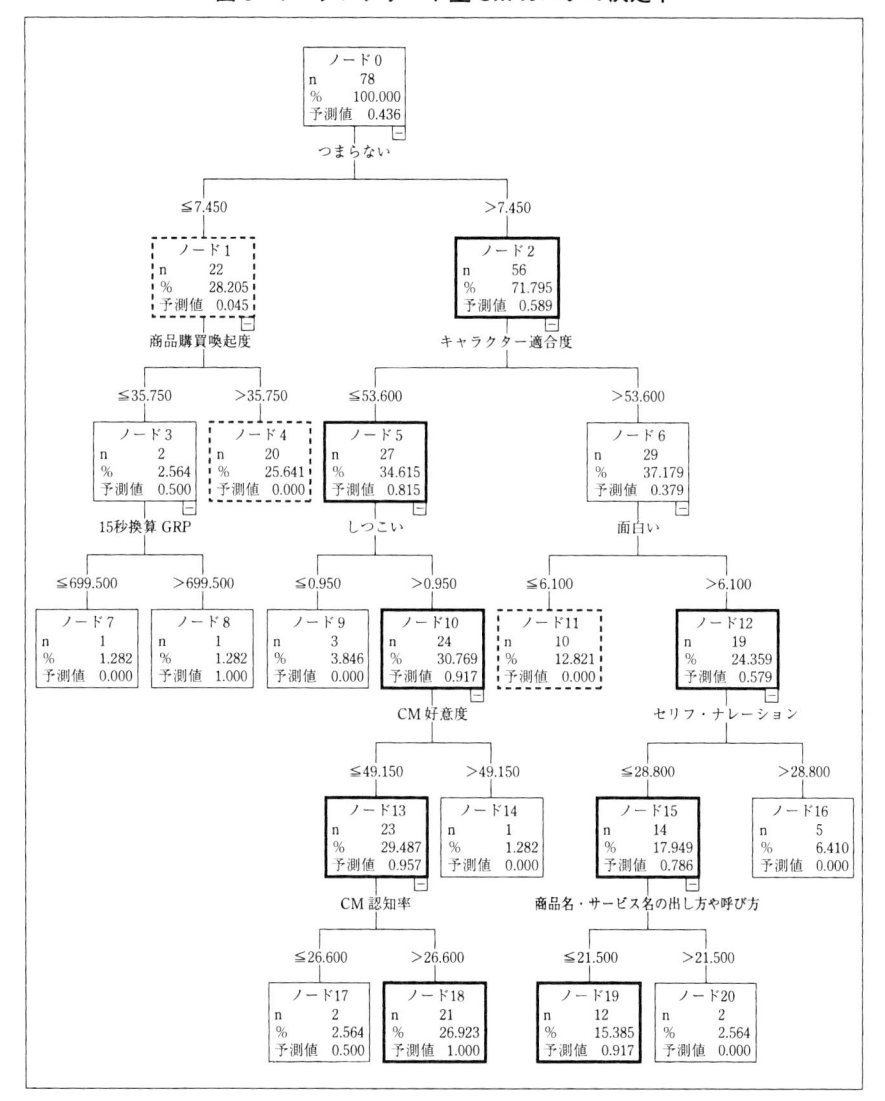

```
                                    ノード0
                                    n      78
                                    %  100.000
                                    予測値 0.436
                                       つまらない
                        ≦7.450 ┌─────────┴─────────┐ >7.450
                    ┌ ─ ─ ─ ─ ┐                ┌─────────┐
                    │ ノード1 │                │ ノード2 │
                    │ n    22 │                │ n    56 │
                    │ %28.205 │                │ %71.795 │
                    │予測値0.045│               │予測値0.589│
                    └ ─ ─ ─ ─ ┘                └─────────┘
                   商品購買喚起度                 キャラクター適合度
              ≦35.750 ┌──┴──┐ >35.750      ≦53.600 ┌──┴──┐ >53.600
              ┌────┐ ┌ ─ ─ ┐           ┌────┐ ┌────┐
              │ノード3│ │ノード4│         │ノード5│ │ノード6│
              │n   2 │ │n  20 │         │n  27 │ │n  29 │
              │%2.564│ │%25.641│         │%34.615│ │%37.179│
              │予0.500│ │予0.000│         │予0.815│ │予0.379│
              └────┘ └ ─ ─ ┘           └────┘ └────┘
             15秒換算GRP                    しつこい                面白い
        ≦699.500 ┌┴┐ >699.500      ≦0.950 ┌┴┐ >0.950    ≦6.100 ┌┴┐ >6.100
        ┌───┐┌───┐        ┌───┐┌───┐     ┌ ─ ─ ┐┌───┐
        │ノード7││ノード8│        │ノード9││ノード10│     │ノード11││ノード12│
        │n  1 ││n  1 │        │n  3 ││n  24 │     │n  10 ││n  19 │
        │%1.282││%1.282│        │%3.846││%30.769│     │%12.821││%24.359│
        │予0.000││予1.000│        │予0.000││予0.917│     │予0.000││予0.579│
        └───┘└───┘        └───┘└───┘     └ ─ ─ ┘└───┘
                                              CM好意度              セリフ・ナレーション
                                   ≦49.150 ┌┴┐ >49.150    ≦28.800 ┌┴┐ >28.800
                                   ┌────┐┌────┐       ┌────┐┌────┐
                                   │ノード13││ノード14│       │ノード15││ノード16│
                                   │n  23 ││n  1 │       │n  14 ││n  5 │
                                   │%29.487││%1.282│       │%17.949││%6.410│
                                   │予0.957││予0.000│       │予0.786││予0.000│
                                   └────┘└────┘       └────┘└────┘
                                      CM認知率              商品名・サービス名の出し方や呼び方
                              ≦26.600 ┌┴┐ >26.600    ≦21.500 ┌┴┐ >21.500
                              ┌────┐┌────┐       ┌────┐┌────┐
                              │ノード17││ノード18│       │ノード19││ノード20│
                              │n  2 ││n  21 │       │n  12 ││n  2 │
                              │%2.564││%26.923│       │%15.385││%2.564│
                              │予0.500││予1.000│       │予0.917││予0.000│
                              └────┘└────┘       └────┘└────┘
```

（注）結果の解釈において着目したノードを太い実線（飽きる群）と破線（飽きない群）で囲んでいる。

② ノード0⇒ノード2⇒ノード5⇒ノード10⇒ノード13⇒ノード18：
　つまらない，しつこい，好きではない

　一方，「つまらない」という評価のグループは，「キャラクター適合度」，すなわち，CMに登場するタレントなどがふさわしいかどうかという反応によって枝分かれする。ノード5とノード6はほぼ同数のCMが含まれるが，「飽きる」の予測値はそれぞれ81.5％と62.1％であり，キャラクター適合度が低いノード5の方が飽きるCMが多い。ノード5の内訳は27本中「飽きる」が22本，「飽きない」が5本である。次に「しつこい」で分類すると，しつこいという評価が高いノード10（24本）の予測値は91.7％であり，さらに下層の「CM好意度」が低いノード13（23本）は飽きるCMグループである（予測値95.7％）。最終的に，CM認知率が相対的に高いノード18では，21本すべてが飽きるCMに分類される。

　以上の結果をまとめると，つまらないと評価され，キャラクター適合度も低く，しつこいCMは飽きられてしまう。さらに，CM好意度が低く，認知率の高い場合は飽きる群になる。

③ ノード0⇒ノード2⇒ノード6⇒ノード11：
　つまらない，面白くない　ただしタレントはいい

　ノード6は，つまらないものの，キャラクター適合度が高い群であり，次に，「面白い」で枝分かれする。「面白い」が低いノード11（10本）はすべて飽きないグループに属している。したがって，つまらないものの，キャラクターがふさわしく，面白CMだと思われなければ飽きられない。俗にいうタレント広告の類になっていると推測される。

④ ノード0⇒ノード2⇒ノード6⇒ノード12⇒ノード15⇒ノード19：
　面白いがクリエイティブの印象は弱い

　逆に「面白い」と評価された19本（ノード12）は，「セリフ・ナレーション」が印象に残る（ノード16）と飽きないが，「セリフ・ナレーション」の印象度

が低く（ノード15），さらに，「商品名・サービス名の出し方や呼び方」の印象度が低いノード19では，12本中11本が飽きるCMに属している。このルートでは，面白さがキーになり，面白CMだと思われ，セリフ・ナレーション，また，商品名・サービス名の出し方や呼び方が印象的でない，つまり，単なる面白CMでクリエイティブ的に印象が低いと飽きられてしまうといえる。

　以上，①〜④の4ルートについて詳細に見たが，今一度図を俯瞰的に眺めると，「つまらない」で二分されたノード1は飽きない群（計21本）であり，ノード2には飽きる群と飽きない群が混在しているという大きな傾向が読み取れる。ノード2以下に飽きないCM23本がノード11（10本），ノード16（5本），ノード9（3本）などとして点在しているという結果である。

　分析結果に基づいて，飽きさせないためにどのような広告づくりをすれば良いのかを考察したい。「つまらない」という項目は，因子分析により抽出された「親近性・共感性因子」の1項目であり，「飽きる」が属する「面白・過剰感因子」とは独立の項目である（表9-2を参照されたい）。したがって，独立し，直接関係のない「つまらない」と感じるかどうかによって，「飽きる」が識別できるというのは興味深い発見といえる。当該CMに対して，つまらないという評価が低く，そこに購買喚起の高評価が加われば，まさに「買いたくなるCM」としてポジティブ効果が期待できる。

　「しつこい」，「面白い」は，「面白・過剰感因子」の中に「飽きる」とともに属しており（表9-2），この2項目はトートロジーの感が否めない。しかしながら，「面白い」という一見するとポジティブな評価項目は，広告効果測定のデータを見る際，注意すべきであるという警告とも受け取れる。仮に面白いという好評を得ても，長期的に広告を投下する際，「面白い」という評価がむしろ足かせになる危険性をはらんでいると捉えた方が良いだろう。面白CMであっても，ナレーションなどの言語的要素によって，飽きられないようクリエイティブ上の工夫が必要であるといえる。

　ノード内に含まれるCM本数が3本と少ないので，本分析結果をもって断

言することはできないが、つまらなくて、タレントもふさわしくない、ただし、しつこくはないCM（ノード9、飽きない群）は、飽きるまでのレベルに達していない可能性も否定できない。先行研究において、ウェアアウトはウェアインの結果として発生すると指摘されている。したがって、ここに含まれるCMがウェアインを起こしていない事例なのかどうかについて、今後サンプル数を増やした上で精査する必要があると考える。

予想外の結果としては、広告投下量がほとんど影響しなかったことが挙げられる。これはCMカルテという広告内容に対する反応データを用いていることに起因している可能性が高い。CMごとに全投下量のデータを変数として入力しているが、CMカルテ回答者の視聴実態のデータではなく、量的データと質的データのシングルソースとはなっていない。広告投下量と広告内容評価のシングルソース・データを入手する可能性が低い現状では、解決が困難な問題といえる。しかしながら、少なくとも本分析の結果は、投下量による量的な問題よりも、広告表現の質的な内容の方が飽きるか否かに作用することを示唆している。

3.2 オーダーメイド型CMカルテによる分析

オーダーメイド型CMカルテの総サンプル数は652本であり、前述の分析同様「飽きる」得点の平均値によって二分し、飽きる270本、飽きない382本で検証した。分析に際して、説明変数として34項目を入力しているが、「しつこい」、「つまらない」、「商品購買意図」、「音楽・BGM・効果音」、「タレント・キャラクター」、「購買経験」、「セリフ・ナレーション」、「キャラクター適合度」、「商品名・サービス名の出し方・呼び方」の9変数が重要度の高い項目となった。

結果は図9-2に示す通りである。以下では主にターミナルノードを確認しながら解釈を行う。

① ノード0⇒ノード1，ノード2：「つまらない」による分岐
　（ただし，ノード1，2ともにターミナルノードではない）
　第1分岐はシンジケート型CMカルテの分析同様，「つまらない」という評価によっている。「つまらない」が低い387本（ノード1）と，「つまらない」と評価された265本（ノード2）である。この数値は，分析に当たりあらかじめ分類した「飽きない」382本，「飽きる」270本とかなり近い。また，先の分析では左右にほぼ二分されるという結果を得たので，まず全体像を把握する。図9-2の決定木に後から布置した太い実線と破線のマークを見るとわかる通り，シンジケート型の分析ほど明確には二分されていない。したがって，ノード1にもノード2にも，「飽きる」と「飽きない」が混在している。そこで，さらに詳しく各ルートに沿って内容を検討すべく，まずノード1，次にノード2からの分岐を精査する。

② ノード0⇒ノード1⇒ノード3⇒ノード7⇒ノード14：
　　つまらなくはなく，しつこくもない　買いたくもない
　「つまらない」も「しつこい」も低く，さらに，本来高い評価を得るべき，購買意図に関しても評価が低い。ただし，タレント・キャラクターが印象に残るというノード14（49本）は，飽きない群である。「飽きない」の予測率も91.8％と高い。つまらなくはないし，しつこくもなく，登場人物も高評価で飽きにくいという点でノード14は良いといえる。しかしながら，単なるタレントCMになっている可能性が否定できない。あまり買いたいという気にさせないということは，ウェアインが発生していない可能性もある。この点については，次節の定量分析で詳細に検討する。

③ ノード0⇒ノード1⇒ノード3⇒ノード8⇒ノード15⇒ノード26：
　　心に残り，買いたい
　②のノード7と「商品購買意図」で分岐し，買いたいという評価が高いノード8には135本のCMが含まれ，「飽きない」の予測率が89.6％と高い。さらに，

220 第IV部 ネガティブな長期効果：広告の消耗・寿命

図9-2 オーダーメイド型

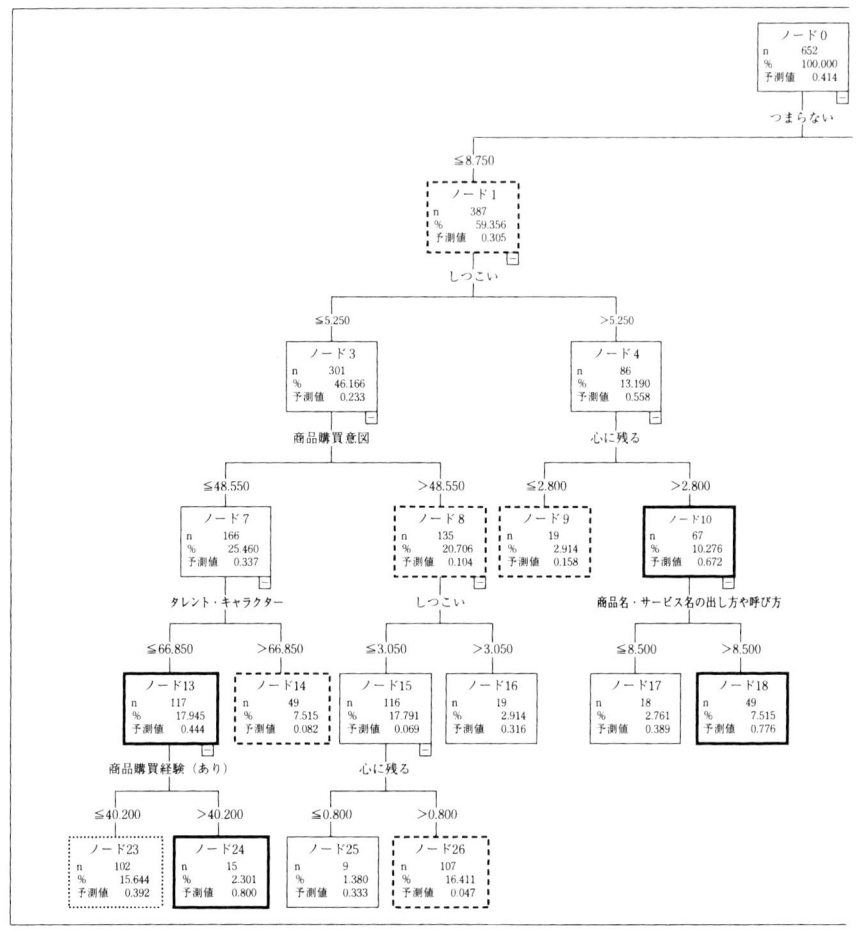

```
                                    ノード0
                                    n      652
                                    %   100.000
                                    予測値 0.414
                                       │
                                    つまらない
                                       │
                                    ≦8.750
                                       │
                                    ノード1
                                    n      387
                                    %    59.356
                                    予測値 0.305
                                       │
                                    しつこい
                           ┌───────────┴───────────┐
                        ≦5.250                   >5.250
                           │                       │
                        ノード3                   ノード4
                        n    301                  n     86
                        %  46.166                 %  13.190
                        予測値 0.233              予測値 0.558
                           │                       │
                      商品購買意図                 心に残る
                    ┌──────┴──────┐         ┌──────┴──────┐
                 ≦48.550      >48.550    ≦2.800        >2.800
                    │            │          │             │
                 ノード7       ノード8    ノード9       ノード10
                 n    166      n    135   n     19      n     67
                 %  25.460     %  20.706  %   2.914     %  10.276
                 予測値 0.337  予測値 0.104 予測値 0.158 予測値 0.672
                    │            │                        │
            タレント・キャラクター                   商品名・サービス名の出し方や呼び方
           ┌────┴────┐                              ┌────┴────┐
        ≦66.850  >66.850                         ≦8.500    >8.500
           │        │                                │         │
        ノード13  ノード14                         ノード17  ノード18
        n   117   n    49                          n    18   n    49
        % 17.945  %  7.515                         %  2.761  %  7.515
        予測値 0.444 予測値 0.082                  予測値 0.389 予測値 0.776
           │                    
                        ┌────┴────┐         しつこい
                     ≦3.050  >3.050
                        │       │
                     ノード15  ノード16
                     n   116   n    19
                     % 17.791  %  2.914
                     予測値 0.069 予測値 0.316
                        │
                     心に残る
      商品購買経験（あり）
   ┌─────┴─────┐                        ┌─────┴─────┐
≦40.200   >40.200                     ≦0.800    >0.800
   │         │                           │          │
ノード23  ノード24                     ノード25   ノード26
n   102   n    15                     n     9    n   107
% 15.644  %  2.301                    %  1.380   % 16.411
予測値 0.392 予測値 0.800              予測値 0.333 予測値 0.047
```

（注）結果の解釈において着目したノードを太い実線（飽きる群）と破線（飽きない群）で囲んでいる。なお，点線

CM カルテの決定木

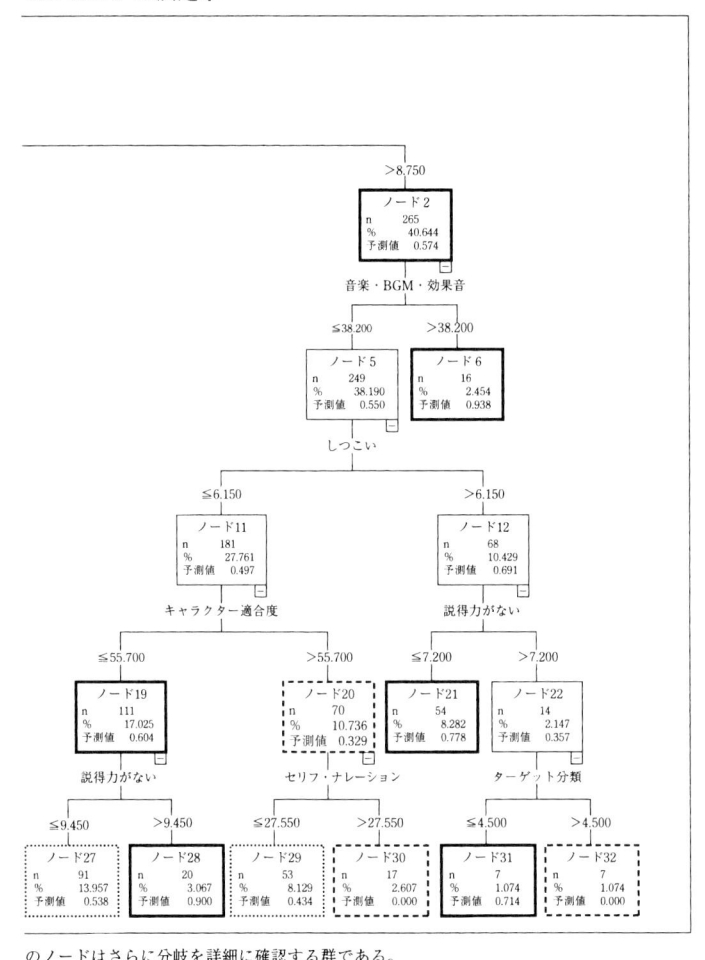

```
                                    >8.750
                              ┌──────────────┐
                              │    ノード2    │
                              │ n      265   │
                              │ %    40.644  │
                              │ 予測値 0.574 │
                              └──────────────┘
                               音楽・BGM・効果音
                    ≤38.200 ┌──────┴──────┐ >38.200
                    ┌──────────────┐ ┌──────────────┐
                    │    ノード5    │ │    ノード6    │
                    │ n      249   │ │ n       16   │
                    │ %    38.190  │ │ %     2.454  │
                    │ 予測値 0.550 │ │ 予測値 0.938 │
                    └──────────────┘ └──────────────┘
                        しつこい
              ≤6.150 ┌──────┴──────┐ >6.150
        ┌──────────────┐         ┌──────────────┐
        │   ノード11    │         │   ノード12    │
        │ n      181   │         │ n       68   │
        │ %    27.761  │         │ %    10.429  │
        │ 予測値 0.497 │         │ 予測値 0.691 │
        └──────────────┘         └──────────────┘
         キャラクター適合度           説得力がない
      ≤55.700 ┌──┴──┐ >55.700   ≤7.200 ┌──┴──┐ >7.200
  ┌────────┐ ┌┄┄┄┄┄┄┄┄┐ ┌────────┐ ┌┄┄┄┄┄┄┄┄┐
  │ノード19 │ │ノード20 │ │ノード21 │ │ノード22 │
  │n    111│ │n     70│ │n     54│ │n     14│
  │% 17.025│ │% 10.736│ │% 8.282 │ │% 2.147 │
  │予 0.604│ │予 0.329│ │予 0.778│ │予 0.357│
  └────────┘ └┄┄┄┄┄┄┄┄┘ └────────┘ └┄┄┄┄┄┄┄┄┘
   説得力がない        セリフ・ナレーション     ターゲット分類
  ≤9.450 >9.450   ≤27.550 >27.550   ≤4.500 >4.500
 ┌─────┐┌─────┐ ┌─────┐┌┄┄┄┄┄┐ ┌─────┐┌┄┄┄┄┄┐
 │N27  ││N28  │ │N29  ││N30  │ │N31  ││N32  │
 │n  91││n  20│ │n  53││n  17│ │n   7││n   7│
 │%13.957││%3.067│ │%8.129││%2.607│ │%1.074││%1.074│
 │予0.538││予0.900│ │予0.434││予0.000│ │予0.714││予0.000│
 └─────┘└─────┘ └─────┘└┄┄┄┄┄┘ └─────┘└┄┄┄┄┄┘
```

┄┄のノードはさらに分岐を詳細に確認する群である。

「しつこい」で分岐し,しつこくないと感じられるノード15（116本）を経て,「心に残る」が高いノード26は「飽きない」の予測率が95.3％であり,107本中102本が飽きないCMとなっている。しつこくなく,買いたいと思わせるCMは,飽きられない。さらに,そこに「心に残る」という要素が加わると,飽きない確率が高くなる。ウェアアウトを発生しにくい良いCM群といえる。

④ ノード0⇒ノード1⇒ノード4⇒ノード9：しつこく,心に残らない

「つまらない」が低く,次に「しつこい」が高く,さらに「心に残る」が低いノード9には19本しか含まれないが,うち3本のみが飽きるCMである。「飽きない」の予測率は84.2％となっている。つまらなくはないが,しつこくて,心にも残らないCMは「飽きない」に分類されるが,果たしてこれらのCMが広告効果のあるものとして評価できるかは疑問である。ノード14と同様,ノード9に属するCMのウェアインの可能性についても,次節の定量分析で詳細に検討する。

⑤ ノード0⇒ノード1⇒ノード4⇒ノード10⇒ノード18：
　　しつこく,心に残り,商品名も印象に残る

一方,ノード4まで同じルートをたどり,「心に残る」で高評価の67本のCM（ノード10）は,「商品名・サービス名の出し方や呼び方」で分岐し,それが印象に残る49本のCM（ノード18）のうち38本が「飽きる」に属し,「飽きる」の予測率は77.6％と比較的高い。つまらなくはないが,しつこくて,心に残り,商品名が印象に残るCMは飽きられやすい。この結果とは逆に,シンジケート型CMカルテの分析では,「商品名が印象に残らない」と飽きる,単なる面白CMと位置づけた（シンジケート型のルート④,ノード19を参照のこと）。ただし,シンジケート型では分岐の基準値が21.5％,オーダーメイド型では8.50％とそのレベルがかなり異なっている。また,逆の結果になった原因に関する考察は推論の域を出ないが,途中のルートが違うこと,その変数の組合せによって「商品名が印象に残る」に関して逆の結果になったと考えられる。ノード18

に属する CM は，単に商品名のみが強く残るようなクリエイティブといえよう。

次に，ノード2以下のルートについて検討する。

⑥ ノード0 ⇒ ノード2 ⇒ ノード6：つまらなく，音の印象が強い
　つまらないと評価され（ノード2），「音楽・BGM・効果音」の印象が強いノード6には16本の CM が属するが，うち15本が飽きる CM であり，その予測率は93.8％に達する。同じ耳から入る要素ではあるが，ナレーションなどの言葉と異なり，音のインパクトは強いという証であろう。

⑦ ノード0 ⇒ ノード2 ⇒ ノード5 ⇒ ノード12 ⇒ ノード21：つまらなく，しつこい
　つまらないと評価されるものの（ノード2），「音楽・BGM・効果音」の印象が弱いノード5は，「しつこい」で二分され，よりしつこいと感じられる68本（ノード12）は，「飽きる」の予測率が69.1％と比較的高い。さらに「説得力がない」で分割され，ネガティブな評価である「説得力がない」が低いにもかかわらず，ノード21の54本のうち，42本が飽きる CM に属し，「飽きる」の予測率が一層高くなる（77.8％）。では，「説得力がない」と感じられるノード22の内訳はどうなっているのか，その点を以下で確認する。

⑧ ノード0 ⇒ ノード2 ⇒ ノード5 ⇒ ノード12 ⇒ ノード22：
　　つまらなく，しつこい　説得力もない
　ノード22は14本しか含まれていないが，「飽きない」9本，「飽きる」5本であり，「飽きる」の予測率は35.7％と低い。しかしながら，これをさらに分割すると興味深い結果が得られた。分岐の基準は「ターゲット」である。ターゲットに合わせた製品やサービスを開発し，ターゲットに合わせた CM を制作・出稿しているので，当然のことながらターゲットにより反応が異なるであろうという仮定の下，ターゲットを説明変数として組み込んだ。しかしながら，

この変数は他のルートでは出現していない。ノード22以下の分岐を見ると，ノード31は男性24歳以下の評価であり，7本しか含まれないが，そのうち5本が飽きるCMとなっている。一方，ノード32は25歳以上の男性と全女性の層で7本とも飽きないCMとなっている。

以上，⑦と⑧を総括すると，「つまらない」，「音楽・BGM・効果音の印象が弱い」，「しつこい」CMは，「説得力がない」が低くても，また，「説得力がない」が高い場合も若年男性からは，飽きるCMと評価される可能性が高いといえる。

⑨ ノード0⇒ノード2⇒ノード5⇒ノード11⇒ノード19⇒ノード28：
　つまらなく，音の印象も弱く，タレントもふさわしくない　説得力もない

「つまらない」と評価され（ノード2），「音楽・BGM・効果音」の印象が弱く（ノード5），「しつこい」が低い（ノード11）は，CMに登場する「キャラクターの適合度」によって，さらに分岐する（ノード19，ノード20）。キャラクター適合度が低く（ノード19），さらに「説得力がない」と感じられたノード28は20本しか含まれないが，うち18本は飽きるCMに属し，その予測率は90.0％に達する。しつこくなくても，つまらなく，音的印象も弱く，起用タレントも評価されず，説得力がないというように，ネガティブな要素が揃った場合，飽きるCMになるという結果は納得性がある。

⑩ ノード0⇒ノード2⇒ノード5⇒ノード11⇒ノード20⇒ノード30：
　タレントがふさわしく，ナレーションも印象的である

一方，しつこくないというノード11まで同じルートをたどり，キャラクターがふさわしいと評価されるノード20は，「セリフ・ナレーション」の印象度で分岐し，その印象が強いノード30の17本のCMはすべて飽きないCMに属する。つまらなく，音的要素も弱いが，しつこくなく，タレントがCMにあっていて，ナレーションなど言語的要素の印象が強ければ，飽きがこない。これらは，タレントの語りかけによるおとなしい印象のCM群とまとめることが

第 9 章　テレビ広告のウェアアウトの発生とその要因　225

図 9-3　ノード23の分岐1

```
            タレント・キャラクター
           ≤66.850  │  >66.850
          ノード13        ノード14
          n   117        n   49
          %   17.945     %   7.515
          予測値 0.444    予測値 0.082

       商品購買経験（あり）
       ≤40.200  │  >40.200
      ノード23        ノード24
      n   102        n   15
      %   15.644     %   2.301
      予測値 0.392    予測値 0.800

   商品・サービスの具体的な機能・特徴
   ≤22.650  │  >22.650
   ノード33        ノード34
   n   68         n   34
   %   10.429     %   5.215
   予測値 0.485    予測値 0.206
```

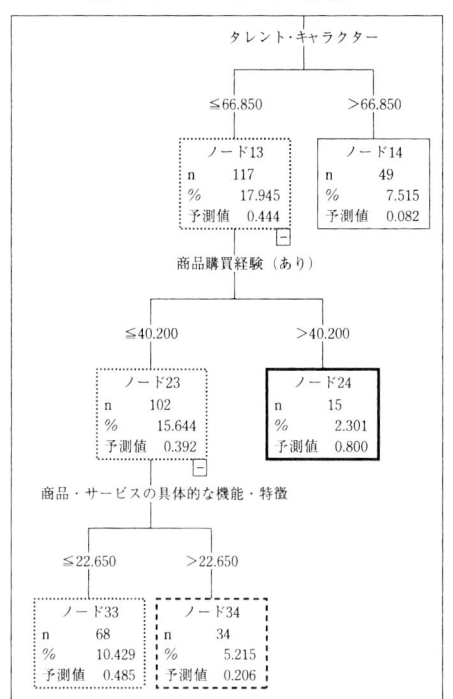

図 9-4　ノード23の分岐2

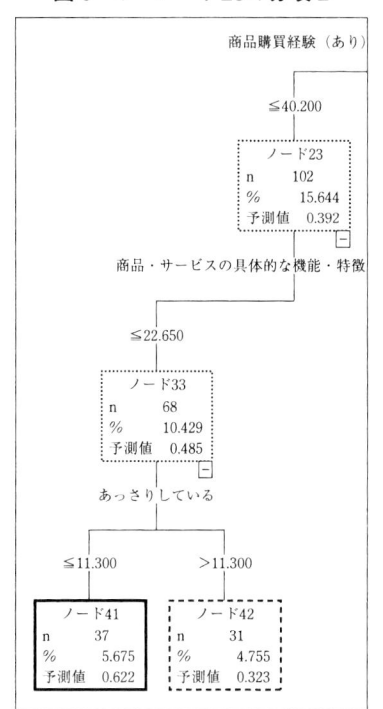

```
        商品購買経験（あり）
                ≤40.200
              ノード23
              n   102
              %   15.644
              予測値 0.392

    商品・サービスの具体的な機能・特徴
    ≤22.650
    ノード33
    n   68
    %   10.429
    予測値 0.485

         あっさりしている
       ≤11.300  │  >11.300
      ノード41        ノード42
      n   37         n   31
      %   5.675      %   4.755
      予測値 0.622    予測値 0.323
```

できよう。

　以上のルートは比較的明快な内容で，その中身も解釈が容易であったが，本分析で特に問題視すべきノードが3ヶ所発生した。ノード23，ノード27，ノード29である。ノード23は102本のCMが含まれ，「飽きない」62本，「飽きる」40本であり，うまく分類できていない。ノード27にも91本のCMがあるが，「飽きる」の予測率は53.8％と半々の発生となっている。53本と属する本数が若干少ないノード29も予測率は43.4％と同様の傾向が見られる。そこで，これら3つのノードについては，さらに分岐を行い，どの変数でどのように識別が可能であるのかを探ることとした。

図9-3に示す通り，ノード23は「商品・サービスの具体的な機能・特徴」により分岐する。

⑪ ノード0⇒ノード1⇒ノード3⇒ノード7⇒ノード13⇒ノード23⇒ノード34：
  購買経験の有無と商品の機能・特徴で分別される

「つまらない」も低く（ノード1），「しつこい」も低いものの（ノード3），購買意図が低く（ノード7），タレント・キャラクターも印象に残らないノード13は，商品の購買経験の有無で分岐する。ノード23は購買経験が少ない群，ノード24は多い群である。ノード24は15本しか属さないが，12本が飽きるCMに分類され，その予測率は80.0％と高い。購買経験だけに依存し，クリエイティブ評価の低い群であるといえる。

一方，ノード23は，商品などの具体的な機能や特徴によって分岐し，機能や特徴が印象に残る場合（ノード34），27本が飽きないCMに属し，「飽きない」の予測率は79.4％である。本分析に用いた製品カテゴリーはトイレタリー製品である。機能や特徴が印象に残る場合，ウェアアウトを起こしにくいという結果は，日々使用する実用品ならではの結果といえる。しかしながら，68本を含むノード33は，「飽きる」の予測率が48.5％と不明確なままである。そこで，さらに分岐を行った（図9-4）。

⑫ ノード0⇒ノード1⇒ノード3⇒ノード7⇒ノード13⇒ノード23⇒ノード33⇒
  ノード41，ノード42：目立たず，ネガティブ評価を得ている

つまらなくはなく（ノード1），しつこくもなく（ノード3），購買意図も低く（ノード7），タレント・キャラクターも印象に残らず（ノード13），購買経験も少なく（ノード23），商品などの具体的な機能や特徴も印象的でない（ノード33）は，「あっさりしている」で分岐する。あっさりしていると思われているノード42は，10本が「飽きる」，21本が「飽きない」に分類され，「飽きない」の予測率は67.7％である。また，あっさりしていると思われていないノード41は，23本が「飽きる」，14本が「飽きない」となり，「飽きる」の予測率は

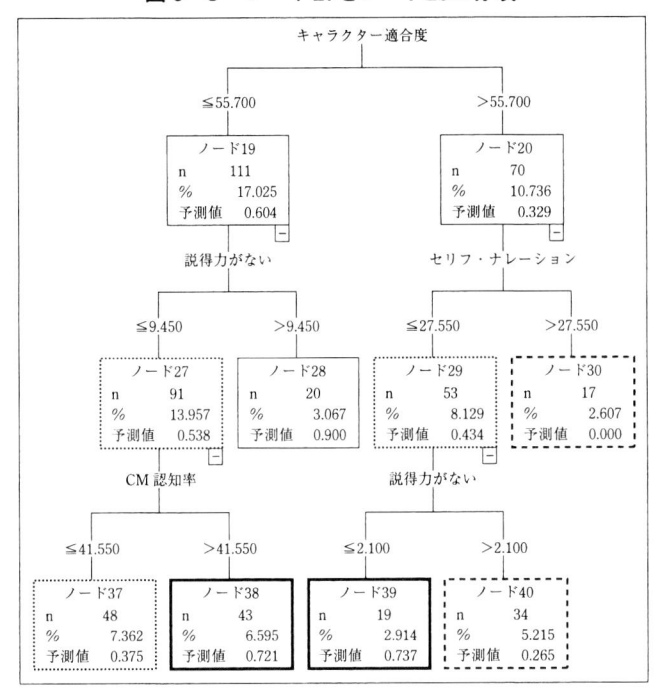

第9章 テレビ広告のウェアアウトの発生とその要因　227

図9-5　ノード27とノード29の分岐

```
                        キャラクター適合度
                    ≦55.700        >55.700
                    ノード19          ノード20
                    n    111         n     70
                    %    17.025      %    10.736
                    予測値 0.604      予測値 0.329

                  説得力がない       セリフ・ナレーション
              ≦9.450    >9.450    ≦27.550    >27.550
              ノード27  ノード28   ノード29    ノード30
              n   91    n   20    n   53      n   17
              %  13.957 %  3.067  %  8.129    %  2.607
              予測値0.538 予測値0.900 予測値0.434 予測値0.000

              CM認知率                  説得力がない
          ≦41.550  >41.550         ≦2.100    >2.100
          ノード37  ノード38         ノード39   ノード40
          n   48   n   43          n   19     n   34
          %  7.362 %  6.595        %  2.914   %  5.215
          予測値0.375 予測値0.721    予測値0.737 予測値0.265
```

62.2％である。予測率としてはある程度の線まで達した。しかしながら，飽きるか否かを判定するため，ここまで各変数を組合せ，分岐を重ねるまでもなく，購買意図，購買経験，タレント，機能や特徴などの項目でネガティブな評価を得ているこのグループは，広告表現戦略の立案に立ち戻って考え直すべき課題を持っているといえるだろう。

　ノード27とノード29は，図9-5に示す通り，それぞれ「CM認知率」，「説得力がない」で分岐する。

⑬ ノード0⇒ノード2⇒ノード5⇒ノード11⇒ノード20⇒ノード29⇒ノード39，ノード40：タレントのみ評価され，つまらなく，印象が弱い

　つまらないと評価され（ノード2），「音楽・BGM・効果音」の印象が弱く（ノード5），しつこくなく（ノード11），キャラクターがふさわしいと評価され（ノード20），「セリフ・ナレーション」の印象度が弱いノード29は，「説得力がない」で分岐する。

　ノード40は説得力がない群である。34本のCMのうち，9本「飽きる」，25本「飽きない」に分類され，「飽きない」の予測率は73.5％である。一方，「説得力がない」が低いノード39には19本しか含まれない。うち14本が飽きるCMであり，「飽きる」の予測率は73.7％となっている。

　全体的に低評価のこのルートにおいて，説得力がないノード40が飽きないという結果になるのは，いわゆるウェアインを起こしていないことを示していると推測できる。

⑭ ノード0⇒ノード2⇒ノード5⇒ノード11⇒ノード19⇒ノード27⇒ノード38：ネガティブな印象を持たれ，タレントも評価されない

　つまらないと評価され（ノード2），「音楽・BGM・効果音」の印象が弱く（ノード5），しつこくなく（ノード11），キャラクター適合度が低く（ノード19），「説得力がない」が低いノード27は図9-5に示す通り，「CM認知率」でさらに分岐する。認知率が高いノード38には43本のCMが含まれ，うち31本が飽きるCMである。その予測率は72.1％となっている。

　ノード27はノード28と比較すると，「説得力がない」は低いものの，ノード28と同様に，しつこくなくても，つまらなく，音的印象も弱く，起用タレントも評価されないといったネガティブな要素が揃っている。さらにその中でも「CM認知率」が高いノード38では，飽きるCMが多く出現するという結果には納得性がある。しかしながら，CM認知率が低いノード37（CM本数68本）は，混在率が高く，不明確であると判断し，さらに分岐を行った（図9-6）。

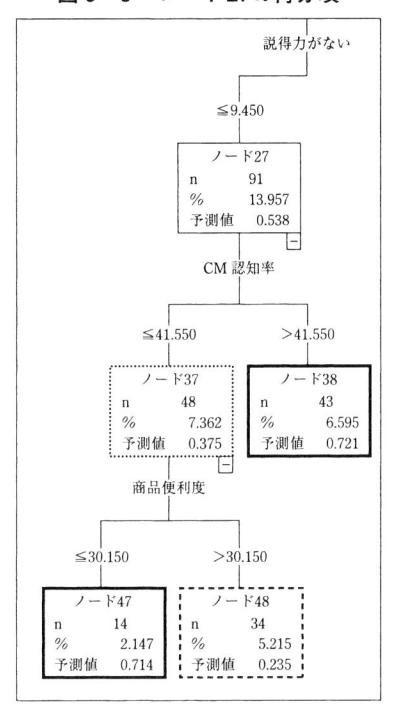

第9章　テレビ広告のウェアアウトの発生とその要因　229

図9-6　ノード27の再分岐

```
                    説得力がない
                      ≤9.450
                    ┌─────────┐
                    │ ノード27  │
                    │ n    91  │
                    │ %  13.957│
                    │予測値 0.538│
                    └─────────┘
                    CM認知率
              ≤41.550        >41.550
          ┌─────────┐    ┌─────────┐
          │ ノード37 │    │ ノード38 │
          │ n    48 │    │ n    43 │
          │ %  7.362│    │ %  6.595│
          │予測値0.375│   │予測値0.721│
          └─────────┘    └─────────┘
          商品便利度
      ≤30.150      >30.150
   ┌─────────┐  ┌─────────┐
   │ ノード47 │  │ ノード48 │
   │ n    14 │  │ n    34 │
   │ %  2.147│  │ %  5.215│
   │予測値0.714│  │予測値0.235│
   └─────────┘  └─────────┘
```

⑮　ノード0⇒ノード2⇒ノード5⇒ノード11⇒ノード19⇒ノード27⇒ノード37⇒ノード47，ノード48：ネガティブ評価であるが，商品便利度で分別される

　ノード37は「商品便利度」で分岐する。便利度が高いと評価されるノード48には，34本のCMが属し，うち26本は飽きないCMである。その予測率は76.5％となった。つまらなく，音的印象も弱く，起用タレントも評価されず，CM認知も低いといったネガティブな要素が揃っているが，商品便利度に対する一定の評価により，飽きないCMになっていると推測される。これに対して，ノード47は商品便利度への反応が低い。14本しか含まれないが，うち10本は「飽きる」に分類され，その予測率は71.4％である。ノード47に属するCMも広告表現戦略の見直しをする必要があるだろう。

以上，オーダーメイド型 CM カルテの分析では多くのルートを確認した。ここで飽きるか否かを中心に CM の良し悪しについてまとめたい。

　まず大きな発見として，「飽きない」というのは，必ずしも良いとはいえないことが示唆された点が挙げられる。本来高評価を得るべき複数項目で評価が低く，「飽きない」に分類される場合，ウェアインが起こっておらず，その結果としてウェアアウトに至っていない可能性があるからである。この点については，CART による決定木分析のみで結論づけるのは危険なため，次節の定量分析で詳細に検討する。

　そうした要素を除外しつつ，いかなる CM が良いといえるのか。まず 1 つ目は，つまらなくはなく，しつこくもなく，買いたいと思わせる CM である。ここに「心に残る」という高評価が加わると，飽きない可能性は一層高まる。2 つ目は，つまらなく，音的要素も弱いが，しつこくなく，タレントが CM に適合し，ナレーションなど言語的要素の印象が強ければ，飽きがこない。タレントの語りかけによるおとなしい印象の CM ではあるが，こうした表現もウェアアウトという観点からは評価できる。

　「購買意図」，「タレント・キャラクター」，「セリフ・ナレーション」，「キャラクター適合度」は層化における重要度の高い変数であり，飽きない CM づくりのために必要な変数であることも新たな知見として得られた。この他に「心に残る」，「商品・サービスの具体的な機能・特徴」，さらに「商品便利度」の項目も影響を及ぼしていることが明らかになった。

　一方，ウェアアウトを起こす「飽きる」CM にはいろいろなルートがあることも見出された。シンジケート型 CM カルテと同様，第 1 分岐は「つまらない」である。また，「しつこい」という変数も重要度が高い。しかしながら，「面白い」は分岐にまったく関係していない。これは，トイレタリー製品の CM において，面白 CM がほとんど制作されていないという実状を反映しているためと考えられる。むしろ，商品の機能・特徴を説明する説得型 CM が多いトイレタリー製品においては，「説得力がない」がウェアアウト発生の兆しをつかむためのチェックすべきネガティブ要因といえる。耳から入る要素と

して，セリフ・ナレーションなどの言語的要素は高評価につながるが，音楽・BGM・効果音はインパクトが強いだけに，ネガティブに働く可能性があることも注意事項である。

シンジケート型CMカルテの分析では投下GRPによる量的効果が見られたが，トイレタリー製品を対象としたオーダーメイド型CMカルテの分析では，GRPによる効果はなく，量的効果に関連するCM認知率がかなり下層で出現しただけである。ターゲットごとのデータを用いて分析を行ったものの，それに関連した知見も十分に発見できたとはいい難い。したがって，オーダーメイド型の分析においても，投下量による量的な問題よりも，また，ターゲット視聴者よりも，広告表現の質的効果の方が飽きるか否かに影響を及ぼすといえる。

4　多変量分散分析と多重比較による分析結果

決定木分析によりテレビ広告を分類し，飽きの発生有無と，どのような広告内容の場合に飽きるのかについて，一定の知見を得ることができた。しかしな

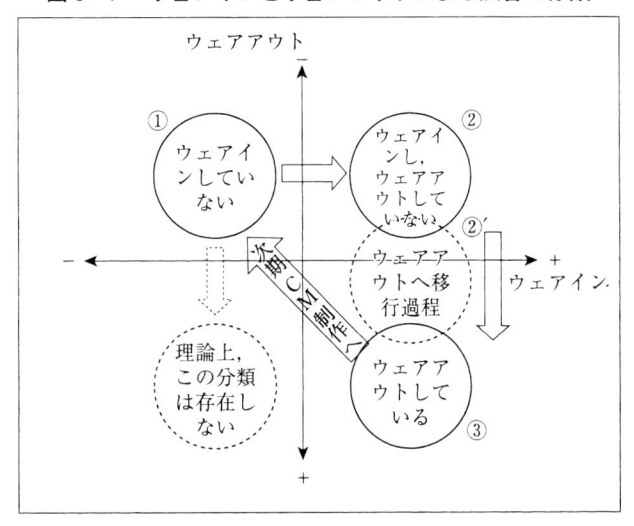

図9-7　ウェアインとウェアアウトによる広告の分類

がら,「飽きる」に分類されない広告が, 本来果たすべき広告効果を発揮しているかどうかは明らかになっていない。ウェアインとウェアアウトの2軸でCMを分類すると図9-7のようになる。CARTによって明らかになったのは, ウェアアウトが発生している「飽きる」広告である（図9-7の③）。仮に飽きないCM群と分類されたとしても, 真に効果があって飽きない場合（図9-7の②）と, ウェアインが発生しておらず, ウェアアウトに至っていない場合（図9-7の①）が混在している可能性がある。また,「飽きる」に移行過程の場合（図9-7の②'）も考えられる。そこで, ノードに含まれるCMがウェアインしているのかどうかについて, 追加分析を行うこととした。

追加分析では, 図9-2の第5層までに出現した「飽きないCM群」のノード9, 14, 26, 30と, これらと比較するために「飽きるCM群」のノード6, 18, 21, 24, 28の計9群を分析に供することとした。分析手法は多変量分散分析と多重比較である。従属変数として, CM認知率, 広告内容理解度, 商品興味関心度, 商品便利度, CM好意度, できばえ採点, 商品購買意図, 商品購買経験, 15秒換算GRPを用いた。

多変量検定の結果, Pillaiのトレース, Wilksのラムダ, Hotellingのトレース, Royの最大根の有意確率は1％水準で有意であり, 9群間に差があることが確認された。しかしながら, 15秒換算GRPは5％水準で有意ではないことも見出された。また, Leveneの誤差分散の等質性検定により, できばえ採点以外は等分散性を仮定できないことが確認されたため, 多重比較はすべての従属変数についてGames-Howellに基づいて行うこととした。

CMカルテでは, CM認知率は全員を対象とし, 回答を得ているが, その後の質問はCM認知者をベースに行っている。そこでまず, CM認知率を用いてウェアイン発生の可能性を確認した。表9-3は, 飽きない群の4ノードに関するCM認知率の多重比較の結果である。

ノード9はノード28とは有意差がないものの, 他のノードに比べて有意に低い（ただし, ノード30とは有意水準10％）という結果になり, ウェアインしていないと判断できる。ノード14, ノード26, ノード30は他のノードと有意差がな

表9-3 飽きない群のCM認知率の多重比較結果

		平均値の差	標準誤差	有意確率			平均値の差	標準誤差	有意確率
N9	N18	-33.240**	5.5398	0.000	N14	N18	-4.802	4.1121	0.961
	N24	-21.129**	5.9216	0.028		N9	28.438**	5.0432	0.000
	N14	-28.438**	5.0432	0.000		N24	7.309	4.6137	0.804
	N26	-29.002**	4.8009	0.000		N26	-0.564	3.0445	1.000
	N28	-3.606	5.5216	0.999		N28	24.832**	4.0877	0.000
	N30	-23.675*	7.4605	0.072		N30	4.764	6.4715	0.998
	N21	-22.692**	5.4438	0.005		N21	5.747	3.9818	0.878
	N6	-23.235**	6.7114	0.036		N6	5.204	5.5914	0.988
N26	N18	-4.239	3.8111	0.971	N30	N18	-9.566	6.8655	0.891
	N9	29.002**	4.8009	0.000		N9	23.675*	7.4605	0.072
	N24	7.873	4.3475	0.675		N24	2.545	7.1771	1.000
	N14	0.564	3.0445	1.000		N14	-4.764	6.4715	0.998
	N28	25.396**	3.7846	0.000		N26	-5.327	6.2845	0.993
	N30	5.327	6.2845	0.993		N28	20.069	6.8509	0.129
	N21	6.310	3.6701	0.733		N21	0.983	6.7882	1.000
	N6	5.767	5.3738	0.972		N6	0.440	7.8415	1.000

(注) **は5％水準で，また*は10％水準で有意差がある。網掛けは飽きない群を示している（以下表9-6まで同様）。

い，もしくは，有意に高いという結果になっており，ウェアインしている可能性が高い。そこで，この3群に関して，広告内容理解度，商品興味関心度，商品便利度，CM好意度，できばえ採点，商品購買意図の多重比較の結果を精査した。

表9-4に示す通り，ノード26は6つの従属変数のいずれにおいても，他のノードに対して有意に高い，もしくは有意差がない場合でも，CM好意度の2つのノードを例外とし，評価が高い傾向が見出された。したがって，ノード26はウェアインしていると断定して良いだろう。

ノード30は，多重比較の結果（表9-5），広告内容理解度，商品興味関心度，

表9-4 ノード26の多重比較結果

広告内容理解度		平均値の差	標準誤差	有意確率	商品興味関心度		平均値の差	標準誤差	有意確率
N26	N18	4.64	1.821	0.229	N26	N18	14.07**	2.879	0.000
	N9	8.74	3.880	0.414		N9	22.19**	5.170	0.009
	N24	2.91	2.341	0.934		N24	19.67**	2.445	0.000
	N14	10.92**	1.923	0.000		N14	26.40**	2.213	0.000
	N28	16.80**	3.396	0.002		N28	33.94**	3.060	0.000
	N30	8.46	3.280	0.261		N30	18.40*	5.380	0.060
	N21	8.32**	1.643	0.000		N21	28.56**	2.550	0.000
	N6	14.59**	3.601	0.019		N6	33.28**	4.350	0.000
商品便利度		平均値の差	標準誤差	有意確率	CM好意度		平均値の差	標準誤差	有意確率
N26	N18	11.05**	2.667	0.003	N26	N18	8.40	2.935	0.111
	N9	11.72	4.969	0.356		N9	18.86**	3.356	0.000
	N24	10.56	3.598	0.148		N24	10.10**	2.957	0.041
	N14	25.58**	2.024	0.000		N14	−1.09	2.884	1.000
	N28	26.42**	3.628	0.000		N28	21.85**	3.216	0.000
	N30	11.85	4.601	0.262		N30	−0.17	3.312	1.000
	N21	16.90**	2.662	0.000		N21	18.46**	2.701	0.000
	N6	26.00**	4.313	0.000		N6	13.37**	3.219	0.007
できばえ採点		平均値の差	標準誤差	有意確率	商品購買意図		平均値の差	標準誤差	有意確率
N26	N18	4.34**	1.061	0.003	N26	N18	15.69**	2.943	0.000
	N9	9.38**	1.434	0.000		N9	22.42**	5.176	0.008
	N24	4.66**	1.082	0.006		N24	19.75**	1.769	0.000
	N14	1.88	0.938	0.542		N14	32.67**	2.070	0.000
	N28	11.87**	1.223	0.000		N28	33.37**	2.539	0.000
	N30	4.20	1.666	0.279		N30	21.99**	6.127	0.045
	N21	9.21**	1.113	0.000		N21	30.55**	2.544	0.000
	N6	8.28**	1.174	0.000		N6	36.31**	4.840	0.000

第9章 テレビ広告のウェアアウトの発生とその要因　235

表9-5　ノード30の多重比較結果

広告内容理解度		平均値の差	標準誤差	有意確率	商品興味関心度		平均値の差	標準誤差	有意確率
N30	N18	-3.83	3.605	0.975	N30	N18	-4.33	5.882	0.998
	N 9	0.27	4.973	1.000		N 9	3.78	7.282	1.000
	N24	-5.55	3.893	0.878		N24	1.27	5.682	1.000
	N14	2.45	3.657	0.999		N14	8.00	5.586	0.873
	N26	-8.46	3.280	0.261		N26	-18.40*	5.380	0.060
	N28	8.34	4.606	0.676		N28	15.53	5.972	0.236
	N21	-0.15	3.518	1.000		N21	10.15	5.728	0.698
	N 6	6.13	4.758	0.927		N 6	14.88	6.725	0.424
商品便利度		平均値の差	標準誤差	有意確率	CM好意度		平均値の差	標準誤差	有意確率
N30	N18	-0.80	5.084	1.000	N30	N18	8.57	3.708	0.360
	N 9	-0.13	6.590	1.000		N 9	19.02**	4.049	0.001
	N24	-1.30	5.629	1.000		N24	10.26	3.725	0.172
	N14	13.72	4.778	0.153		N14	-0.93	3.667	1.000
	N26	-11.85	4.601	0.262		N26	0.17	3.312	1.000
	N28	14.56	5.648	0.236		N28	22.02**	3.934	0.000
	N21	5.05	5.082	0.983		N21	18.63**	3.525	0.000
	N 6	14.15	6.110	0.364		N 6	13.54**	3.936	0.039
できばえ採点		平均値の差	標準誤差	有意確率	商品購買意図		平均値の差	標準誤差	有意確率
N30	N18	0.14	1.812	1.000	N30	N18	-6.30	6.639	0.987
	N 9	5.18	2.053	0.258		N 9	0.42	7.887	1.000
	N24	0.46	1.824	1.000		N24	-2.25	6.208	1.000
	N14	-2.32	1.742	0.912		N14	10.68	6.301	0.743
	N26	-4.20	1.666	0.279		N26	-21.99**	6.127	0.045
	N28	7.67**	1.911	0.010		N28	11.37	6.470	0.707
	N21	5.01	1.843	0.186		N21	8.55	6.472	0.914
	N 6	4.08	1.880	0.451		N 6	14.32	7.671	0.640

表9-6　ノード14の多重比較結果

広告内容理解度		平均値の差	標準誤差	有意確率	商品興味関心度		平均値の差	標準誤差	有意確率
N14	N18	－6.28	2.436	0.210	N14	N18	－12.33**	3.248	0.008
	N9	－2.18	4.204	1.000		N9	－4.22	5.384	0.996
	N24	－8.01	2.846	0.149		N24	－6.73	2.870	0.343
	N26	－10.92**	1.923	0.000		N26	－26.40**	2.213	0.000
	N28	5.88	3.762	0.816		N28	7.53	3.409	0.421
	N30	－2.45	3.657	0.999		N30	－8.00	5.586	0.873
	N21	－2.60	2.306	0.968		N21	2.15	2.960	0.998
	N6	3.68	3.948	0.989		N6	6.88	4.602	0.846
商品便利度		平均値の差	標準誤差	有意確率	CM好意度		平均値の差	標準誤差	有意確率
N14	N18	－14.52**	2.962	0.000	N14	N18	9.49	3.331	0.115
	N9	－13.86	5.134	0.203		N9	19.95**	3.707	0.000
	N24	－15.02**	3.822	0.017		N24	11.19**	3.350	0.042
	N26	－25.58**	2.024	0.000		N26	1.09	2.884	1.000
	N28	0.84	3.851	1.000		N28	22.94**	3.581	0.000
	N30	－13.72	4.778	0.153		N30	0.93	3.667	1.000
	N21	－8.68*	2.958	0.094		N21	19.55**	3.127	0.000
	N6	0.43	4.501	1.000		N6	14.47**	3.584	0.007
できばえ採点		平均値の差	標準誤差	有意確率	商品購買意図		平均値の差	標準誤差	有意確率
N14	N18	2.46	1.177	0.489	N14	N18	－16.98**	3.289	0.000
	N9	7.50**	1.522	0.001		N9	－10.25	5.380	0.617
	N24	2.77	1.196	0.359		N24	－12.93**	2.300	0.000
	N26	－1.88	0.938	0.542		N26	－32.67**	2.070	0.000
	N28	9.99**	1.324	0.000		N28	0.70	2.934	1.000
	N30	2.32	1.742	0.912		N30	－10.68	6.301	0.743
	N21	7.32**	1.224	0.000		N21	－2.13	2.938	0.998
	N6	6.40**	1.279	0.001		N6	3.64	5.058	0.998

第9章 テレビ広告のウェアアウトの発生とその要因　237

図 9-8　CM 認知率と投下 GRP

（縦軸左：認知率(%)、縦軸右：GRP(%)、横軸：ノード 6、ノード 9、ノード 14、ノード 18、ノード 21、ノード 24、ノード 26、ノード 28、ノード 30）

□ CM 認知率　── 15秒換算 GRP

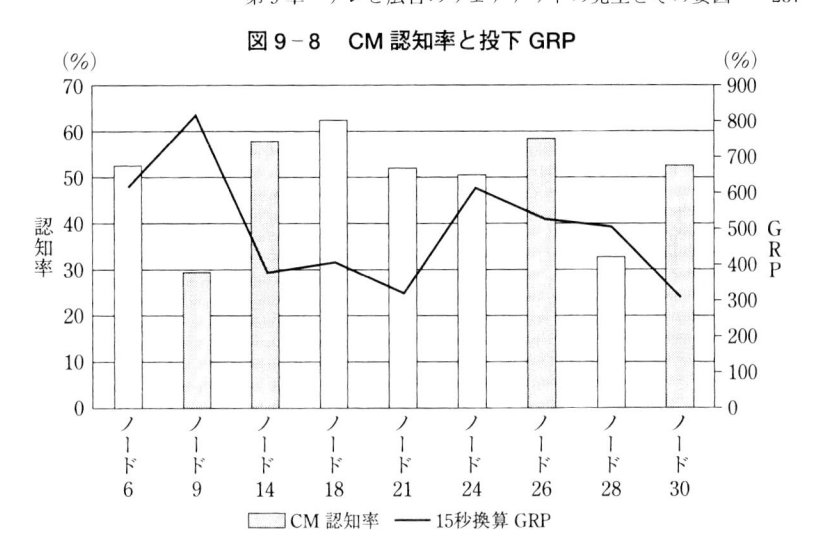

商品便利度で他のすべてのノードと有意差がなく，できばえ採点，商品購買意図に関してもそれぞれ1つのノードを除いて有意差がない。唯一，CM 好意度において，飽きる群のノード28，ノード21，ノード6と有意差があり，また，ノード18，ノード24に対して有意差はないものの，評価が高い傾向が見られる。さらに，ウェインしていないノード9と比べ，有意に高い。CM 好意度のみで判断することは多少問題といえるが，CART の結果と総合して，ウェインしていると考える。

一方，ノード14は CM 好意度の点でノード30と似た傾向を示し，できばえ採点では飽きる群のノード28，ノード21，ノード6より有意に高い。しかしながら，商品興味関心度，商品便利度，購買意図において問題があり，この点でノード30とは異なる（表9-6）。商品興味関心度ではノード18，商品便利度と購買意図ではノード18とノード24に対して有意に低い。したがって，ノード14はウェインしていないと判断するのが妥当といえよう。

以上，飽きる群5つのノードと比較しながら，飽きない群4つのノードのウェインについて検討した。その結果，ノード26はウェインしている，ノード30は弱いながらウェインしている，ノード9とノード14はウェインして

いないと結論づけることができる。

　図9-8はCM認知率と投下GRPの平均値を図示したものである。ノード9はCM認知率を向上させること，ノード14は，広告投下量を増やすことにより，商品興味関心度，便利度，購買意図を高める必要があるだろう。さらに，ノード30も広告投下を十分に行い，各評価項目の得点を高め，ウェアインを確固たるものにすることが課題といえる。

5　なぜウェアアウトは発生するのか

　本章では，どのような内容の広告がウェアアウトを起こすのか，逆に，どのような内容であればウェアアウトが発生しにくいのかに着目し，ウェアアウトの発生要因を探るべく，データ・マイニング手法を用いて検討した。フィールド調査で得られた2種類のデータソースを分析した結果，以下の知見を見出すことができた。

・「飽きる」か否かを最初に分類するのは「つまらない」という要因である。「つまらない」は，「飽きる」が属する「面白・過剰感因子」とは独立の「親近性・共感性因子」の1項目であり，「つまらない」と感じるかどうかによって，「飽きる」が識別できるというのは興味深い発見といえる。

・「つまらない」という評価が低く，また，「購買喚起」の高評価が加われば，ウェアアウトを起こしにくい，まさに「買いたくなるCM」としてポジティブ効果が期待できる。逆に，「つまらない」と評価され，「キャラクター適合度」も低く，「しつこい」CMは飽きられる。

・「面白い」というポジティブな評価項目は，長期的に広告を投下する際，「面白い」の高評価がむしろ足かせになる危険性をはらんでいるという意味で注意すべきである。面白いCMであっても，「セリフ・ナレーション」といった言語的要素によって，飽きられないようクリエイティブ上の工夫が必要であろう。

・「飽きない」という評価は，必ずしも良いとはいえないことも示唆された。

ポジティブ反応を測定する複数項目で評価が低く，飽きない場合，そもそもウェアインが発生しておらず，その結果としてウェアアウトに至っていない可能性がある。
・広告投下量はほとんど影響しないという点も発見である。データソースとして，広告内容に対する反応を測定する「CM カルテ」を用いたためと考えられるが，本分析の結果は，投下量による量的効果よりも，広告表現の質的効果の方が飽きるか否かに影響することを示唆している。

トイレタリー製品のカテゴリーのみに見出された特徴は以下の通りである。
・製品の機能・特徴を説明する説得型 CM が多いトイレタリー製品のカテゴリーでは，「説得力がない」はネガティブ要因として，大きな影響を及ぼす。ウェアアウト発生の兆しをつかむためにチェックすべき項目といえる。逆に，「心に残る」，「商品・サービスの具体的な機能・特徴」，さらに「商品便利度」の高評価は，ウェアアウト発生に対して抑制効果がある。
・耳から入る要素として，セリフ・ナレーションなどの言語的要素は高評価につながるが，音楽・BGM・効果音はインパクトが強いだけに，ネガティブに働く可能性がある。
・決定木分析で示唆を得たウェアインの発生有無を確認するため，CM 認知率，広告内容理解度，商品興味関心度，商品便利度，CM のできばえ採点などの測定尺度を用いて，定量分析を行った。その結果，飽きない CM に分類される場合でも，ウェアアウトの前提となるウェアインが発生していないケースがあることが検証された。

「つまらない」という反応がポイントになるので，この点について考察を加えたい。「つまらない」の意味を大辞泉で引くと，「①面白くない，興味を引かない，②とりあげる価値がない，たいしたものではない，③意味がない，ばかげている，④それだけの甲斐がない，ひきあわない」となっている。いずれも「価値がない」という点で相通じている。また，「くだらない」という言葉もあ

るが，この場合，あるものの評価が低いことに重点があり，「つまらない」とは必ずしも同義ではない。「つまらない」の場合，そのものに対する評価とは限らず，より心が引かれない，楽しめない状態を指している。アンケートの回答者が厳密にどの意味で「つまらない」にマークを付けているかは不明であり，また，「くだらない」と同義の可能性もある。しかしながら，いずれにしても当該 CM に対して価値が認められないことを示しており，「飽きる」の識別に関する重要項目になっていると推察される。ブランドにとって今重要なのは「価値の提供」である。広告においても，それは例外ではなく，情報としての価値がなくなる，つまり，つまらないと感じられると広告に対して飽きてしまうのであれば，広告といえども「価値の提供」がキーワードになるといえる。

最後に，今後の課題として 2 点挙げたい。1 つ目は，データ・マイニングを行う前提となるサンプル数である。本分析ではデータの制約上，マイニングに必要なケースを十分に揃えることができなかった。できる限り多くの製品・サービスのカテゴリーを対象とした分析を行い，モデルの妥当性・安定性を検討すべきと考える。2 つ目の課題は，投下量の影響の再検討である。分析に用いた広告量のデータは，投下期間も CM ごとに異なり，短いものでは 1 ヶ月以下の集中的な投下，また 1 年以上にも及ぶ長期間の CM もあった。単なる投下 GRP のみならず，集中型，連続型，分散型（たとえば，パルシング型，フライティング型）などの投下パターンによるカテゴリー分類化，投下期間の数値化など，変数の作り方を工夫し，その影響を見る必要もある。その際には，1 つ目の課題と関連するが，より多くのケースを用意し，分析に供することが重要であろう。

【付記】本章は，竹内淑恵（2010），「なぜウェアアウトは発生するのか：広告内容による影響」『イノベーション・マネジメント』，No. 7，1-27 頁をもとに加筆修正したものである。

（1） データを提供いただいた㈱ビデオリサーチに感謝申し上げる。
（2） 各 CM の平均投下回数はシンジケート型 251.3 回，オーダーメイド型 191.2 回である。
（3） 広告内容理解以下の質問項目は CM 認知者のみに回答を得ている。

（4） 複数回答とした項目以外はすべて単一回答である。
（5） シンジケート型19項目，オーダーメイド型20項目（「あっさりしている」あり）で構成されている。また，㈱ビデオリサーチでは，各評価項目を因子分析にかけ，4次元に整理している。
（6） オーダーメイド型では「購買意図」と称しているが，質問内容は同じである。
（7） オーダーメイド型のみ質問している。
（8） 分類は男13～17歳，男18～24歳，男25～34歳，男35～49歳，女13～17歳，女18～24歳，女25～34歳，女35～49歳，独身OL，主婦である。

終章　実務へのインプリケーションと残された研究課題

1　実務へのインプリケーション

　第2章から第9章までの実証結果だけをもって，広告効果測定に関する一般化や理論化はできないが，ある一定の成果は得られた。そこで，実務に役立つと考えられる知見をインプリケーションとしてまとめておきたい。

① 測定尺度に関する知見
　　知見1：広告表現内容による短期効果は，認知率，好意度，購買意図のいずれの尺度を用いても測定できる。したがって，広告投下の目的に応じて使い分ければ良い。ただし，以下の知見2と知見3を加味した上で決める必要がある。
　　知見2：認知率，好意度，購買意図に有効な広告表現内容は必ずしも一致せず，好きになる広告と買いたくなる広告は別物といえる。
　　知見3：認知率と好意度では，広告表現内容間の差が大きいが，購買意図では統計的に有意差はあるものの，その差は小さい。
② 認知率とブランド・パワーに関する知見
　　知見4：相対的に強いブランドでは，前期の認知率の残存効果が大きく，当期の広告投下量の影響は小さい。しかしながら，残存効果は逓減するので，長期的に広告投下を中止するのは危険である。
　　知見5：相対的に弱いブランドでは，当期の広告投下量に依存して認知が形成されるので，継続的に広告を投下して，まず基盤を作る必要がある。新規に認知を獲得することから始めて，それを維持・強化することが大切といえる。

知見6：広告投下パターンの良し悪しは，ブランド・パワー，製品カテゴリーによる違いなどがあり，一概にはいえない。前期の残存効果が認められる製品カテゴリー（たとえばビール）では，強いブランドであれば分散型投下で認知率を維持できるが，弱いブランドの場合，回復が困難なほど低下するので，分散型は避けた方が良い。一方，当期の広告投下量による効果が大きい製品カテゴリー（たとえば即席麺）では，ブランドの強さにかかわらず，集中的に投下することが望ましい。

③ プロモーション効果に関する知見

知見7：広告投下量は，広告認知率や店頭配荷率を媒介変数とすることにより，販売実績へのプラス効果ありと認められる。

知見8：広告は消費者の認知，好意度形成などを目的として投下され，プル戦略として用いられるが，ブランドの取扱店率を向上させるための流通対策としても有効な手段である。広告はプルとプッシュという2つの役割を担っている。

知見9：低関与の製品カテゴリーの広告では，店頭化促進のためのプッシュ効果が，一方，比較的関与の高い製品カテゴリーの場合，消費者に対する直接的なプル効果が大きい。

④ 誤認に関する知見

知見10：広告に対して誤認していると，レイアウトや文字の大きさ，色づかいなどの印象を高く評価するほど，広告への理解に対して強く影響する傾向がある。

知見11：誤認のようなネガティブ効果を扱う場合，定量分析のみならず，消費者が自由に回答した発言内容を用いて，定性的な分析も合わせて行うことが大切である。

⑤ 個人要因，ブランド要因に関する知見

知見12：携帯電話や医療保険のようなサービス財の場合，価値観よりも関与の方が広告効果の発現に強く関係し，中でも感情的関与の影響

が大きい。

知見13：ブランドへの知覚価値は直接的に広告効果に影響を与える。また，既有のブランド・イメージは間接的に作用し，特に，認知的ブランド・イメージよりも感情的ブランド・イメージの影響の方が大きい。

⑥ 累積効果に関する知見

知見14：購買意図形成に対する累積効果は，どのような広告表現内容にも認められるが，必ずしもプラス効果ばかりとはいえない。累積に伴って効果が下がるケースや，上昇・下降あるいは下降・上昇の混合型も存在する。

知見15：短期効果を狙うのであれば，「インパクト」やある程度の「しつこさ」は必要であるが，長期的にはこれらの印象は避けた方が良い。「親しみ」や「説得力」は購買意図に有効に働く。さらに，意外な結果ではあるが，「平凡」という印象も悪くはない。まさに，継続は力なりといえる。

知見16：広告投下の効果測定に際して，短・長期のメディア・ミックス，消費者のメンタル・プロセス，さらには店頭要素としての配荷率と製品単価を組み込み，販売実績への影響を検証する必要がある。

⑦ ウェアアウトに関する知見

知見17：ウェアアウトの発生は，広告表現内容による影響を受ける。

知見18：飽きが発生していないからといって安心できない。ウェアインに至っていない可能性を検証した上で判断すべきである。

知見19：飽きの発生に対して，言語的要素（ナレーションやセリフなど）より音楽・BGM・効果音といった音的要素のインパクトが大きい。

知見20：飽きの発生に「つまらない」という評価が影響を及ぼす。より優れた広告クリエイティブを開発するとともに，情報としての価値や鮮度の経時的な変化をチェックし，「つまらない」，「飽きた」と思われないようにメンテナンスする必要がある。

各章で断片的であった結果も横断して見ると，いろいろな点が明らかになったといえる。しかしながら，広告コミュニケーション効果のすべてが解明できたわけではなく，どのような研究でもそうであるように，本書にも課題が残されている。第2章～第9章の章末には個別の課題を取り上げたので，以下では，より広い視野から包括的に今後取り組むべき課題について記したい。

2 残された課題

◆ 消費者に対する深い洞察

　企業からの情報提供活動は，モノを売り，利益を得るための一環として，また，その手段として行われる。一方，消費者が情報を流す局面では，一部の例外はあるだろうが，直接的な金銭的対価を目的としているとは考え難い。では，消費者は自ら情報を発信したり，企業へ情報をフィードバックする際，どのような利益やベネフィットを求めて，情報発信側に回るのだろうか。消費者は情報を発信するという行為自体に価値を見出し，自己を確認し，自己満足や自己実現を味わうのではないかと考えられる。したがって，企業側の対応も苦情処理や意見収集というネガティブな発想では成立しない。また，マスコミが強者だとすれば，消費者による口コミは弱者的なニュアンスを持つが，もはや口コミという名称がふさわしくないほど，消費者の情報発信力は侮れないものとなった。ブランドは価値の提供だといわれるが，消費者自身も自己の価値を提供することに意味や意義を見出すようになってきたのだろう。

　本著で提案した「広告刺激・消費者反応に関する包括モデル」は，「個人要因」として消費者の価値観や関与を加味し，「広告への反応」という成果変数の説明力を高めている。また，実証分析でもその点が統計的に検証された。しかしながら，その成果はまだ限定的といえる。今後も，消費者反応を定期的にトラッキングして，知見を蓄積したい。加えて消費者反応を理解する方法が増えたことにも着目すべきと考える。従来は，購買行動という結果，あるいはその代理変数である認知率や好意度，購買意図で成果を測定してきた。しかしな

がら，今や企業は，送った情報が価値あるものだったかどうかに関して，消費者のメンタル・プロセスに直接踏み込むことができる。もちろん，踏み込み方を間違えると，情報発信力を持った消費者の反撃に会い，ネガティブな情報を消費者から伝達されることになるので注意が必要である。アンケートによる定量調査では消費者のインサイトを探ることは困難であり，限界もある。ダイレクトに消費者の発言そのものを解釈・分析する手法（たとえば，テキスト・マイニングやポストモダン・アプローチ）を用い，消費者の心の変化の兆しをタイミングよく取り込めるかどうかが，成否を決めることになるだろう。また，視標追跡法は第1章で既述の通り，海外ではすでに盛んに検討されているが，日本では取り組まれ始めているものの，まだ事例が少ない。さらに，脳科学分野でも新しいチャレンジが行われ[1]，消費者の深層が解明されつつあり，着目すべきといえる。いずれの方法を用いるにしても，他分野の理論や枠組みとの融合をはかりながら，消費者への接近と深い洞察を行うことが今後の研究テーマとして重要課題になると考える。

◆ 広告投下量や広告媒体に関するさらなる検討

　本書では，広告投下量がもたらす「量的効果」と広告表現内容による「質的効果」の両側面からの検討が重要であるという立場から分析を行ったが，筆者のバックグラウンドや興味関心から「質的効果」にやや傾注した感がある。広告投下量も単にGRPや金額として扱うだけでなく，広告投下量の「質」にも今後着目したいと考える。広告投下量のパターンに関しては，本書でも一部明らかになったが，製品カテゴリーの拡大やブランドごとの分析も必要といえる。また，放送曜日やその時間帯の検証，さらには視聴ターゲットによる効果の差異も取り組むべき課題である。

　広告媒体に関する検討も積み重ねなければならない。従来型のメディアが企業から消費者が情報を受け取る「情報流入型」であるのに対して，新規メディアは消費者自らが積極的に情報を求める「情報取得型」の色彩が強い。こうした特性の違いに焦点を当て，新規メディアのうちどのメディアでどのような効

果があるのかを,場合によっては効果測定の枠組みの変更までをも視野に入れて検討する必要がある。インターネットにおける情報の普及や伝播,消費者の果たす役割などの研究もすでに進められているが,広告効果測定という観点に立って検討を行う際,これまでの広告効果測定の枠組みを超えて,消費者同士による相互作用を加味することが重要と考える。

一方,新規メディアから攻勢をかけられている従来型メディアの今後の方向性に関する検討も取り組むべき研究テーマである。たとえば,新聞広告が挙げられる。電通が発表した「2009年（平成21年）日本の広告費」[2]によると,新聞広告費はインターネット広告費（ただし,媒体費と広告制作費の合算）に抜かれ,構成比としては,インターネットがテレビに次ぐ第2位に浮上した。まさに今,印刷媒体としての存在意義が問われているといえる。しかしながら,新聞広告には新聞広告ならではの役割があるはずである。一例ではあるが,社会的観点に立ち,世論形成を目的とした「議題を設定する」機能は,今後のテーマとして取り上げるべきだろう。媒体特性を生かした広告活動の展開の重要性は,これまでもメディア・ミックスの視点から主張されてきた。今後のテーマとして,新規メディアの台頭という状況を踏まえ,新・既各媒体の役割と意義を再検証することは価値があるといえる。

◆ 優れた広告クリエイティブの開発

本書の研究アプローチの多くは,仮説検証型である。したがって,統計的分析手法による限界ともいえるが,今後の方向性を提示あるいは示唆するものではなく,過去のデータに基づく分析となっている。広告表現の企画・開発は,「アートの世界」として研究対象として踏み込み難く,サイエンスからの接近が困難な分野である。しかしながら,製品開発分野においてテキスト・マイニングを用いて,「チャンス発見」が試みられているように,広告クリエイティブでもそうした取り組みが必要と考える。広告は映像的要素,コピー要素,音的要素などのいろいろな要素が絡み合い,1つのクリエイティブが完成されるため,どのような表現手法を採れば,優れた広告クリエイティブの開発に役立

つのか，現時点では具体的な方向性を明示することはできない。しかしながら，今後他分野の応用事例などをリサーチし，また，広告会社のクリエイターや広告制作会社のディレクター，プロデューサーへのヒアリングなどを含めて，課題を整理し，研究の枠組みを設定したいと考える。

◆ ネガティブ効果のさらなる検討と失敗事例の分析

　欧米では，広告への誤認やウェアアウトに関して多くの先行研究があることは，第1章のレビューで記した通りである。それに比して，残念ながら日本では，この種のネガティブ効果に関する研究はまだ事例が少ないのが実状である。広告会社や媒体社は，クライアントに対して「広告にはネガティブ効果があります」とは公言しにくいだろう。しかしながら，企業のコンプライアンスに対する姿勢が問われるような悪意を持って公表された広告は論外として，良かれと思って使用した表現が誤解を招くこともあるし，優れた広告表現内容であっても時間の経過とともに消耗することは避けられない。「ネガティブ効果があるから，広告を止めましょう」という短絡的な話ではない。より良いポジティブ効果を発揮させるためにどうしたら良いのか，あるいは，新しい広告の制作と投下というメンテナンスの問題にどのように対処すべきなのかという前向きな話として，ポジティブ効果と表裏一体の関係にあるネガティブ効果を検討する必要があると考える。本書で検証したケースだけでネガティブ効果の全貌が明らかになったとは決していえない。対象をさらに拡大し，さまざまな事例を取り上げて検討することが必要であろう。特に新規メディアでは，消費者が発言力を行使しやすく，企業がコントロールできない状況の発生も大いに懸念される。しかも，そうした制御不可能なケースでは，たとえば広告に対する不満などネガティブな情報として流布する可能性が高いだろう。したがって，ネガティブ効果による悪影響の解明は，企業のリスク・マネジメントの観点からも着手すべきテーマと考える。

　最後に，ネガティブ効果に関連して「失敗」について言及したい。企業にとって失敗事例は封印したいものといえる。しかしながら，成功事例より失敗事

例こそ，学ぶべき点が多いだろう。原因を究明するための精緻な分析を行うことが，同じ過ちを繰り返さず，次なる成功への近道となると考える。誹謗・中傷の類になる可能性をはらむ失敗事例を研究テーマとし，精査することは，確かに微妙な問題を含んでいる。評論や批判は誰でもでき，ある種無責任なものとなりやすい。研究者としての見識が問われ，公平かつ客観的な立場から分析・検証する真摯な姿勢が求められる。また，研究成果の公表が困難なケースも予想される。この種の研究に対する企業側の理解も必要となり，産学が連携を取ることも視野に入れなければ実現できないだろう。しかしながら，広告効果の理論の発展を目指して，また，実務の成功事例を増やすためにも，失敗事例の原因解明は検討すべき課題であると考える。

　上記のように，今後の課題をまとめてみると，まだ残された課題は多く，真に「広告コミュニケーション効果」について明確化できたといえないと指摘を受ける可能性もある。しかしながら，マーケティングはその名の通り market + ing の現在進行形であり，市場は生きており，創られるものである。その活動の1つである広告コミュニケーションは今激変している。そして，広告コミュニケーションの代替案はいくつもあり，答えは1つではない。だからこそ，常に新しい取り組みが行われ，市場での成果を基に，成功かあるいは失敗かの結論が導かれることになる。起業家にビジネスの成功の秘訣を聞いた際，「小さく生んで育てることだ」と異口同音にいわれた。同様に，研究に対する取り組みも，1つ1つの研究課題にチャレンジしながら成果を結実させ，それを蓄積することが大切である。本書を「広告コミュニケーション効果」の解明の第1歩とし，今後も生きている市場を見つめ，現在進行形の市場で発生している諸問題を新たな研究課題として設定することにより，広告効果の理論と実務の発展に貢献したいと考える。

（1）Zaltman, G (2003), *How Customers Think : Essential Insights into the Mind of the Market*, HBS Press（ジェラルド・ザルトマン著，藤川佳則・阿久津 聡訳，『心脳マーケティング－顧客の無意識を解き明かす』(2005年，ダイヤモンド社). マーテ

ィン・リンストローム著,千葉敏生訳,『買い物する脳 驚くべきニューロマーケティングの世界』(2008年,早川書房) などに詳しく解説されている。
(2)　http://www.dentsu.co.jp/news/release/2010/pdf/2010020-0222.pdf を参照されたい (アクセス日2010年 3 月 1 日)。

参 考 文 献

青木幸弘 (1987),「消費者情報探索の分析」奥田和彦・阿部周造編著『マーケティング理論と測定―LISRELの適用』中央経済社, 47-72頁。

青木幸弘 (1991),「広告情報処理に対する関与効果の研究」『マーケティング・サイエンス』, No. 37, 49-60頁。

青木幸弘 (2000),「ブランド構築における基本問題・その視点, 枠組み, 課題」青木幸弘・岸 志津江・田中 洋編著『ブランド構築と広告戦略』, 日経広告研究所, 53-107頁。

阿部周造 (1984),「消費者情報処理理論」中西正雄編著『消費者行動分析のニュー・フロンティア―多属性分析を中心に―』, 誠文堂新光社, 119-163頁。

阿部周造 (1987),「広告評価と銘柄評価」奥田和彦・阿部周造編著『マーケティング理論と測定―LISRELの適用』, 中央経済社, 115-127頁。

阿部 誠 (2003),「広告は売上に本当に効果があるのか?」『マーケティング・ジャーナル』, Vol. 90, 4-16頁。

梅津八三・相良守次・宮城音弥・依田新監修 (1994),『新版 心理学事典』, 平凡社。

小川浩孝 (2002),「小売バイヤーのブランド選択基準とブランド情報接触」『法政大学大学院紀要』, 第49号, 135-154頁。

大滝 厚・堀江宥治・D. Steinberg (1998),『応用2進木解析法―CARTによる―』, 日科技連出版社。

片平秀貴 (1987),『マーケティング・サイエンス』, 東京大学出版会。

片平秀貴・八木 滋 (1989),「プロモーション/広告効果の潜在クラスター・ロジット・モデル:シングル・ソース・データの適用」『マーケティング・サイエンス』, Vol. 33, No. 1, 1-20頁。

狩野 裕・三浦麻子 (2002),『グラフィカル多変量解析(増補版)』, 現代数学社。

岸 志津江 (1997a),「広告によるブランド・エクイティ形成」青木幸弘・小川孔輔・亀井昭宏・田中 洋編著『最新ブランド・マネジメント体系』, 日経広告研究所, 209-226頁。

岸 志津江 (1989b),「広告への感情的反応と広告効果過程」第23次吉田記念事業財団研究助成報告書。

岸 志津江 (2000),「ブランド構築と広告コミュニケーション」青木幸弘・岸 志津江・田中 洋編著『ブランド構築と広告戦略』, 日経広告研究所, 108-130頁。

木戸 茂 (1997),「ブランド構築と広告の蓄積効果」青木幸弘・小川孔輔・亀井昭宏・田中洋編著『最新ブランド・マネジメント体系』, 日経広告研究所, 227-240頁。

木戸 茂 (2000),「ブランド・マネジメント支援のためのデータベース構築」青木弘幸・岸志津江・田中 洋編著『ブランド構築と広告戦略』, 日経広告研究所, 279-301頁。

小嶋外弘・杉本徹雄・永野光朗 (1985),「製品関与と広告コミュニケーション効果」『広告科学』, Vol. 11, 34-44頁。

杉田義弘・水野　誠・八木　滋 (1992),「多項ロジット・モデルによる広告効果の測定」『マーケティング・サイエンス,』Vol.1, No.1・2, 1-11頁。

杉本徹雄編 (1997),『消費者理解のための心理学』,福村出版。

住谷　宏 (1991),「成果を高める量販店政策に関する経験的研究」『マーケティング・ジャーナル』,Vol.42, 16-25頁。

竹内淑恵 (1998),「テレビ広告のウェアアウトの形成過程とその影響」『マーケティング・サイエンス』,Vol.7, No.1・2, 21-39頁。

竹内淑恵・西尾チヅル (1998),「ブランド・エクイティと広告効果」『マーケティング・サイエンス』Vol.6, No.2, 67-90頁。

田中　洋・丸岡吉人著,仁科貞文監修 (1991),『新広告心理』,株式会社電通。

豊田秀樹 (1998),『共分散構造分析〈入門編〉―構造方程式モデリング』,朝倉書店。

古川一郎・片平秀貴 (1995),「カテゴリー効果と動的効果を考慮した広告クリエイティブ効果の分析」第28次吉田記念事業財団研究助成報告書。

マダラ, G.S. (1996),『計量経済分析の方法　第2版』(和合　肇訳著) シーエーピー出版。

三谷宏治・大原正道 (2003),「マーケティングROI」『ハーバード・ビジネス・レビュー』第28巻, 第6号, 42-55頁。

守口　剛 (1993),「項目反応理論を用いた市場反応分析：価格プロモーション効果とブランド選好度の測定」『マーケティング・サイエンス』,Vol.2, No.1・2, 1-14頁。

山下貴子 (2007),「金融商品選択過程におけるマーケティング・コミュニケーション戦略の分析～団塊世代以上の高齢者家計を対象に～」『平成18年度（第40次）助成研究集（要旨）』,129-145頁。

渡部　洋 (1994),「テスト理論」東京大学教養学部統計学教室編『基礎統計学II　人文・社会科学の統計学』,東京大学出版会,331-348頁。

Aaker, D. A. (1991), *Managing Brand Equity Capitalizing on the Value of a Brand Name*, The Free Press. (陶山計介・中田善啓・尾崎久仁博・小林　哲訳『ブランド・エクイティ戦略―競争優位をつくりだす名前,シンボル,スローガン』ダイヤモンド社,1994年)

Aaker, D. A. (1996), *Building Strong Brands*, The Free Press (陶山計介・小林　哲・梅本春夫・石垣智徳訳『ブランド優位の戦略―顧客を創造するBIの開発と実践』,ダイヤモンド社,1997年)

Aaker, D. A. and A. L. Biel (1993), *Brand Equity & Advertising : Advertising's Role in Building Strong Brands*, Lawrence Erlbaum Associates.

Aaker, D. A. and D. E. Bruzzone (1981), "Viewer Perceptions of Prime-Time Television Advertising," *Journal of Advertising Research*, Vol. 21, No. 5, pp. 15-23.

Aaker, D. A. and D. M. Stayman (1990), "Measuring Audience Perceptions of Commercials and Relating Them to Ad Impact," *Journal of Advertising Research*, Vol. 30, No. 4, pp. 7-18.

Aaker, D. A. and J. M. Carman (1982), "Are You Over Advertising?" *Journal of Advertising Research*, Vol. 22, No. 4, pp. 57-70.

Aaker, D. A., R. Batra and J. G. Myers (1992), *Advertising Management*, 4th Edition, Prentice-Hall International.

Ackoff, R. L. and E. J. R. Emshoff (1975), "Advertising Research at Anheuser-Busch, inc. (1963-68)," *Sloan Management Review*, Vol. 16, No. 2, pp. 1-16.

Alpert, F.H., M. A. Kamins and J. L. Graham (1992), "An Examination of Reseller Buyer Attitudes Toward Order of Brand Equity," *Journal of Marketing*, Vol. 56, No. 3, pp. 25-37.

Anand, P. and B. Sternthal (1990), "Ease of Message Processing as a Moderator of Repetition Effects in Advertising," *Journal of Marketing Research*, Vol. 27, No. 3, pp. 345-353.

Appleton-Knapp, S. L., R. A. Bjork and T. D. Wickens (2005), "Examining the Spacing Effect in Advertising : Encoding Variability, Retrieval Processes, and Their Interaction," *Journal of Consumer Research*, Vol. 32, No. 2, pp. 266-276.

Arbuckle, J. L. and W. Wothke (1995), *Users' Guide Version 4.0*, SmallWaters Corporation.

Armstrong, G. M., M. N. Gurol and F. A. Russ (1979), "Detecting and Correcting Deceptive Advertising," *Journal of Consumer Research*, Vol. 6, No. 3, pp. 237-246.

Armstrong, G. M., M. N. Gurol and F. A. Russ (1980), "Defining and Measuring Deception in Advertising : A Review and Evaluation," *Current Issues & Research in Advertising*, Vol. 3, No. 1, pp. 17-39.

Armstrong, G. M., M. N. Gurol and F. A. Russ (1983), "A Longitudinal Evaluation of the Listerine Corrective Advertising Campaign," *Journal of Public Policy & Marketing*, Vol. 2, No. 1, pp. 16-28.

Assael, H. (1998), *Consumer Behavior and Marketing Action*, South-Western College Publising.

Assmus, G., J. U. Farley and D. R. Lehmann (1984), "How Advertising Affects Sales: Meta-Analysis of Econometric Results," *Journal of Marketing Research*, Vol. 21, No. 1, pp. 65-74.

Barone, M. J., V. A. Taylor and J. E. Urbany (2005), "Advertising Signaling Effects for New Brands: The Moderating Role of Perceived Brand Differences," *Journal of Marketing Theory and Practice*, Vol. 13, No. 1, pp. 1-13.

Bass, F. M., N. Bruce, S. Majumdar and B. P. S. Murthi (2007), "Wearout Effects of Different Advertising Themes: A Dynamic Bayesian Model of the Advertising-Sales Relationship," *Marketing Science*, Vol. 26, No. 2, pp. 179-195.

Batra, R. and M. L. Ray (1985), "How Advertising Works at Contact," in Alwitt, L. F.

and A. Mitchell eds., *Psychological Processes and Advertising Effects*, Lawrence Erlbaum Associates, pp. 13-43.

Batra, R. and M. L. Ray (1986), "Situational Effects of Advertising Repetition: The Moderating Influence of Motivation, Ability, and Opportunity to Respond," *Journal of Consumer Research*, Vol. 12, No. 4, pp. 432-445.

Batra, R., D. R. Lehmann, L. Burke and P. Jae (1995), "When Does Advertising Have an Impact? A Study of Tracking Data," *Journal of Advertising Research*, Vol. 35, No. 5, pp. 19-32.

Bawa, K. (1990), "Modeling Inertia and Variety Seeking Tendencies in Brand Choice Behavior," *Marketing Science*, Vol. 9, No. 3, pp. 263-278.

Bitta, A. J. D., K. B. Monroe and J. M. McGinnis (1981), "Consumer Perception of Comparative Price Advertising," *Journal of Marketing Research*, Vol. 18, No. 4, pp. 416-427.

Blair, M. H. (1987), "An Empirical Investigation of Advertising Wearin and Wearout," *Journal of Advertising Research*, Vol. 27, No. 6, pp. 45-50.

Blair, M. H. (2000), "An Empirical Investigation of Advertising Wearin and Wearout," *Journal of Advertising Research*, Vol. 40, No. 6, pp. 95-100.

Brown, S. P. and D. M. Stayman (1992), "Antecedents and Consequences of Attitude toward the Ad: A Meta-Analysis," *Journal of Consumer Research*, Vol. 19, No. 1, pp. 34-51.

Bultez, A. V. and P. A. Naert (1979), "Does Lag Structure Really Matter in Optimizing Advertising Expenditures?," *Management Science*, Vol. 25, No. 5, pp. 454-465.

Burke, R. R., W. S. DeSarbo, R. L. Oliver and T. S. Robertson (1988), "Deception by Implication: An Experimental Investigation," *Journal of Consumer Research*, Vol. 14, No. 4, pp. 483-494.

Burke, R. R. and T. K. Srull (1988), "Competitive Interference and Consumer Memory for Advertising," *Journal of Consumer Research*, Vol. 15, No. 1, pp. 55-68.

Calder, B. J. and B. Sternthal (1980), "Television Commercial Wearout: An Information Processing View," *Journal of Marketing Research*, Vol. 17, No. 2, pp. 173-186.

Clarke, D. G. (1976), "Econometric Measurement of the Duration of Advertising Effect on Sales," *Journal of Marketing Research*, Vol. 13, No. 4, pp. 345-357.

Cohen, D. (1972), "Surrogate Indicators and Deception in Advertising," *Journal of Marketing*, Vol. 36, No. 3, pp. 10-15.

Cohen, D. (1975), "Remedies for Consumer Protection: Prevention, Restitution, or Punishment," *Journal of Marketing*, Vol. 39, No. 4, pp. 24-31.

Colley, R. H. (1961), *Defining Advertising Goals for Measured Advertising Results*, Association of National Advertisers.（八巻俊雄訳『目標による広告管理』ダイヤモン

ド社,1966)

Cowley, E. and E. Janus (2004), "Not Necessarily Better, but Certainly Different: A Limit to the Advertising Misinformation Effect on Memory," *Journal of Consumer Research*, Vol. 31, No. 1, pp. 229-235.

Craig, C. S., B. Sternthal and C. Leavitt (1976), "Advertising Wearout: An Experimental Analysis," *Journal of Marketing Research*, Vol. 13, No. 4, pp. 365-372.

Curhan, R. C. and R. J. Kopp (1988), "Obtaining Retailer Support for Trade Deals: Key Success Factors," *Journal of Advertising Research*, Vol. 27, No. 6, pp. 51-60.

Danaher, P. J., A. Bonfrer and S. Dhar (2008), "The Effect of Competitive Advertising Interference on Sales for Packaged Goods," *Journal of Marketing Research*, Vol. 45, No. 2, pp. 211-225.

Darke, P. R. and R. J. B. Ritchie (2007), "The Defensive Consumer: Advertising Deception, Defensive Processing, and Distrust," *Journal of Marketing Research*, Vol. 44, No. 1, pp. 114-127.

Deighton, J., C. Henderson and S. Neslin (1994), "The Effects of Advertising on Brand Switching and Repeat Purchasing," *Journal of Marketing Research*, Vol. 31, No. 1, pp. 28-43.

Dekimpe, M. G. and D. M. Hanssens (1995), "The Persistence of Marketing Effects on Sales," *Marketing Science*, Vol. 14, No. 1, pp. 1-21.

Derbaix, C. M. (1995), "The Impact of Affective Reaction on Attitudes toward the Advertisement and the Brand: A Step toward Ecological Validity," *Journal of Marketing Research*, Vol. 32, No. 4, pp. 470-479.

D'Souza, G. and R. C. Rao (1995), "Can Repeating an Advertisement More Frequently Than the Competition Affect Brand Preference in a Mature Market?," *Journal of Marketing*, Vol. 59, No. 2, pp. 32-42.

Dyer, R. F. and P. G. Kuehl (1974), "The Corrective Advertising Remedy of the FTC: An Experimental Evaluation," *Journal of Marketing*, Vol. 38, No. 1, pp. 48-54.

Dyer, R. F. and P. G. Kuehl (1978), "A Longitudinal Study of Corrective Advertising," *Journal of Marketing Research*, Vol. 15, No. 1, pp. 39-48.

Eastlack, Jr., J. O. and A. G. Rao (1989), "Advertising Experiments at the Campbell Soup Company," *Marketing Science*, Vol. 8, No. 1, pp. 57-71.

Edell, J. A. and M. C. Burke (1987), "The Power of Feelings in Understanding Advertising Effects," *Journal of Consumer Research*, Vol. 14, No. 3, pp. 421-433.

Erdem, T. and B. Sun (2002), "An Empirical Investigation of the Spillover Effects of Advertising and Sales Promotions in Umbrella Branding", *Journal of Marketing Research*, Vol. 39, No. 4, pp. 408-420.

Ettenson, R. and J. Wagner (1986), "Retail Buyer's Saleability Judgments: A Comparison of Information Use across Three Levels of Experience," *Journal of Retailing*, Vol. 62, No. 1, pp. 41-63.

Ford, G. T. and J. E. Calfee (1986), "Recent Developments in FTC Policy on Deception," *Journal of Marketing*, Vol. 50, No. 3, pp. 82-103.

Gaeth, G. J. and T. B. Heath (1987), "The Cognitive Processing of Misleading Advertising in Young and Old Adults: Assessment and Training," *Journal of Consumer Research*, Vol. 14, No. 1, pp. 43-54.

Gardner, D. M. (1975), "Deception in Advertising: A Conceptual Approach," *Journal of Marketing*, Vol. 39, No. 1, pp. 40-46.

Gibson, L. D. (1996), "What Can One TV Exposure Do?" *Journal of Advertising Research*, Vol. 36, No. 2, pp9-18.

Grass, R. C. and W. H. Wallace (1969), "Satiation Effects of TV Commercials," *Journal of Advertising Research*, Vol. 9, No. 3, pp. 3-8.

Greenberg, A. and C. Suttoni (1973), "Television Commercial Wearout," *Journal of Advertising Research*, Vol. 13, No. 5, pp. 47-54.

Greyser, S. A. (1973), "Irritation in Advertising," *Journal of Advertising Research*, Vol. 13, No. 1, pp. 3-10.

Harris, R. J., T. M. Dubitsky and S. Thompson (1979), "Learning to Identify Deceptive Truths in Advertising," *Current Issues & Research in Advertising*, Vol. 2, No. 1, pp. 73-91.

Haugtvedt, C. P., D. W. Schumann, W. L. Schneier and W. L. Warren (1994), "Advertising Repetition and Variation Strategies: Implications for Understanding Attitude Strength," *Journal of Consumer Research*, Vol. 21, No. 1, pp. 176-189.

Heeler, R. M., M. J. Kearney and B. J. Mehaffry (1973), "Modeling Supermarket Product Selection," *Journal of Marketing Research*, Vol. 10, No. 1, pp. 34-37.

Howard, J. A. and J. N. Sheth (1969), *The Theory of Buyer Behavior*, Wiley.

Hughes, G. D. (1992), "Realtime Response Measures Redefine Advertising Wearout," *Journal of Advertising Research*, Vol. 32, No. 3, pp. 61-77.

Jacoby, J. and C. Small (1975), "The FDA Approach to Defining Misleading Advertising," *Journal of Marketing*, Vol. 39, No. 4, pp. 65-68.

Jacoby, J. and W. D. Hoyer (1982), "Viewer Miscomprehension of Televised Communication: Selected Findings," *Journal of Marketing*, Vol. 46, No. 4, pp. 12-26.

Jacoby, J. and W. D. Hoyer (1989), "The Comprehension/Miscomprehension of Print Communication: Selected Findings," *Journal of Consumer Research*, Vol. 15, No. 4, pp. 434-443.

Jacoby, J. and W. D. Hoyer (1990), "The Miscomprehension of Mass-Media Advertising Claims: A Re-analysis of Benchmark Data," *Journal of Advertising Research*, Vol.

30, No. 3, pp. 9-16.
Jedidi, K., C. F. Mela and S. Gupta (1999), "Managing Advertising and Promotion for Long-Run Profitability," *Marketing Science*, Vol. 18, No. 1, pp. 1-22.
Johar, G. V. (1995), "Consumer Involvement and Deception from Implied Advertising Claims," *Journal of Marketing Research*, Vol. 32, No. 3, pp. 267-279.
Johar, G. V. (1996), "Intended and Unintended Effects of Corrective Advertising on Beliefs and Evaluations : An Exploratory Analysis," *Journal of Consumer Psychology*, Vol. 5, No. 3, pp. 209-230.
Jones, J. P. (1995), *When Ads Works : New Proof That Advertising Triggers Sales*, Lexington Books.
Jones, J. P. and M. H. Blair (1996), "Examining "Conventional Wisdoms" about Advertising Effects with Evidence from Independent Sources," *Journal of Advertising Research*, Vol. 36, No. 6, pp. 37-59.
Keller, K. L. (1993), "Conceptualizing, Measuring, and Managing Customer-based Brand Equity," *Journal of Marketing*, Vol. 57, No. 1, pp. 1-22.
Keller, K. L. (1998), *Strategic Brand Management: Building, Measuring, and Managing Brand Equity*, Printice-Hall. (恩蔵直人・亀井昭宏訳『戦略的ブランド・マネジメント』, 東急エージェンシー, 2000年)
Kent, R. J. and C. T. Allen (1994), "Competitive Interference Effects in Consumer Memory for Advertising : The Role of Brand Familiarity," *Journal of Marketing*, Vol. 58, No. 3, pp. 97-105.
Kirmani, A. and V. Zeithaml (1993), "Advertising, Perceived Quality and Brand Image," in Aaker, D. A. and A. L. Biel eds., *Brand Equity & Advertising : Advertising's Role in Building Strong Brands*, Lawrence Erlbaum Associates, pp. 143-161.
Kirmani, A. (1997), "Advertising Repetition as a Signal of Quality : If It's Advertised So Much, Something Must Be Wrong," *Journal of Advertising*, Vol. 26, No. 3, pp. 77-86.
Kotler, P. and K. L. Keller (2008), *Marketing Management*, 13th Edition, Prentice Hall.
Krishnan, H. S. and D. Chakravarti (1993), "Varieties of Brand Memory Induced by Advertising : Determinants, Measures, and Relationships," in Aaker, D. A. and L. Biel eds., *Brand Equity & Advertising : Advertising's Role in Building Strong Brands*, Lawrence Erlbaum Associates, pp. 213-231.
Krugman, H. E. (1972), "Why Three Exposure May Be Enough," *Journal of Advertising Research*, Vol. 12, No. 6, pp. 11-14.
Kusum, L. A., D. R. Lehmann and S. A. Neslin (2003), "Revenue Premium as an Outcome Measure of Brand Equity," *Journal of Marketing*, Vol. 67, No. 4, pp. 1-17.
Law, S (2002), "Can Repeating a Brand Claim Lead to Momory Confusion? The Effects

of Claim Similarity and Concurrent Repetition," *Journal of Marketing Research*, Vol. 39, No. 3, pp. 366-378.
Lilien, G. L., P. Kotler and K. S. Moorthy (1991), *Marketing Models*, Prentice-Hall.
Littele, J. D. C. (1979), "Aggregate Advertising Models: The State of the Art," *Operations Research*, Vol. 27, No. 4, pp. 629-667.
Lodish, L. M., M. M. Abraham, J. Livelsberger, B. Lubetkin, B. Richardson and M. E. Stevens (1995), "A Summary of Fifty-Five In-Market Experimental Estimates of the Long-Term Effect of TV Advertising," *Marketing Science*, Part 2 of 2, Vol. 14, No. 3, pp. G133-G139.
Lodish, L. M., M. Abraham, S. Kalmenson, J. Livelsberger, B. Lubetkin, B. Richardson and M. E. Stevens (1995), "How T.V. Advertising Works: A Meta-Analysis of 389 Real World Split Cable T. V. Advertising," *Journal of Marketing Research*, Vol. 32, No. 2, pp. 125-139.
Luts, R. J. (1985), "Affective and Cognitive Antecedents of Attitude toward the Ad: A Conceptual Framework," in Alwitt, L. F. and A. A. Mitchell eds., *Psychological Processes and Advertising Efeects*, Lawrence Erlbaum Associates, pp. 45-63.
Machleit, K. A., C. T. Allen and T. J. Madden (1993), "The Mature Brand and Brand Interest: An Alternative Consequence of Ad-Evoked Affect," *Journal of Marketing*, Vol. 57, No. 4, pp. 72-82.
MacInnis, D., A. G. Rao and A. M. Weiss (2002), "Assessing When Increased Media Weight Helps Sales of Real World Brands," *Journal of Marketing Research*, Vol. 39, No. 4, pp. 391-407.
Mahajan, V. and E. Muller (1986), "Advertising Pulsing Policies for Generating Awareness for New Products," *Marketing Science*, Vol. 5, No. 2, pp. 89-106.
Mahajan, V., E. Muller and S. Sharma (1984), "An Empirical Comparison of Awareness Forecasting Models of New Product Introduction," *Marketing Science*, Vol. 3, No. 3, pp. 179-197.
Malaviya, P. (2007), "The Moderating Influence of Advertising Context on Ad Repetition Effects: The Role of Amount and Type of Elaboration," *Journal of Consumer Research*, Vol. 34, No. 1, pp. 32-40.
Malaviya, P., J. Kisielius and B. Sternthal (1996), "The Effect of Type of Elaboration on Advertisement Processing and Judgment," *Journal of Marketing Research*, Vol. 33, No. 4, pp. 410-421.
Malaviya, P. and B. Sternthal (1997), "The Persuasive Impact of Message Spacing," *Journal of Consumer Psychology*, Vol. 6, No. 3, pp. 233-255.
Masterson, P. (1999), "The Wearout Phenomenon," *Marketing Research*, Vol. 11, No. 3, pp. 26-31.

Mazis, M. B. and J. E. Adkinson (1976), "An Experimental Evaluation of a Proposed Corrective Advertising Remedy," *Journal of Marketing Research*, Vol. 13, No. 2, pp. 178-183.

McQuarrie, E. F. and D. G. Mick (1992), "On Resonance : A Critical Pluralistic Inquiry into Advertising Rhetoric," *Journal of Consumer Research*, Vol. 19, No. 2, pp. 180-197.

Mehta, A. (1994), "How Advertising Response Modeling (ARM) Can Increase Ad Effectiveness," *Journal of Advertising Research*, Vol. 34, No. 3, pp. 62-74.

Mehta, A. (2000), "Advertising Attitudes and Advertising Effectiveness," *Journal of Advertising Research*, Vol. 40, No. 3, pp. 67-72.

Messmer, D. J. (1979), "Repetition and Attitudinal Discrepancy Effects on Affective Response to Television Advertising," *Journal of Business Research*, Vol. 7, No. 1, pp. 75-93.

Meyers-Levy, J. and P. Malaviya (1999), "Consumers' Processing of Persuasive Advertisements : An Integrative Framework of Persuasion Theories," *Journal of Marketing*, Vol. 63, No. 4, pp. 45-60.

Miniard, P. W., S. Bhatla and R. L. Rose (1990), "On the Formation and Relationships of Ad and Brand Attitudes : An Experimental and Causal Analysis," *Journal of Marketing Research*, Vol. 27, No. 3, pp. 290-303.

Mizerski, R.W., N. K. Allison and S. Calvert (1980), "A Controlled Field Study of Corrective Advertising Using Multiple Exposures and a Commercial Medium," *Journal of Marketing Research*, Vol. 17, No. 3, pp. 341-348.

Moldovan, S. E. (1985), "Copy Factors Related to Persuasion Scores," *Journal of Advertising Research*, Vol. 24, No. 6, pp. 16-22.

Montgomery, D. B. (1975), "New Product Distribution : An Analysis of Supermarket Buyer Decisions," *Journal of Marketing Research*, Vol. 32, No. 3, pp. 255-264.

Morgan, N. A. and L. Rego (2009), "Brand Portfolio Strategy and Firm Performance," *Journal of Marketing*, Vol. 73, No. 1, pp. 59-74.

Naik, P. A., M. K. Mantrala and A. G. Sawyer (1998), "Planning Media Schedules in the Presence of Dynamic Advertising Quality," *Marketing Science*, Vol. 17, No. 3, pp. 214-235.

Naik, P. A. and K. Raman (2003), "Understanding the Impact of Synergy in Multimedia Communications", *Journal of Marketing Research*, Vol. 40, No. 4, pp. 375-388.

Naik, P. A., K. Raman and R. S. Winer (2005), "Planning Marketing-Mix Strategies in the Presence of Interaction Effects," *Marketing Science*, Vol. 24, No. 1, pp. 25-34.

Nedungadi, P., A. A. Mitchell and I. E. Berger (1993), "A Framework for Understanding the Effects of Advertising Exposure on Choice," in Mitchell, A. A., *Advertising*

Exposure, Memory and Choice, Lawrence Erlbaum Associates, pp. 89-116.
Nerlove, M. and K. J. Arrow (1962), "Optimal Advertising Policy under Dynamic Conditions," *Economica*, Vol. 29, pp. 129-142.
Olson, J. C. and P. A. Dover (1978), "Cognitive Effects of Deceptive Advertising," *Journal of Marketing Research*, Vol. 15, No. 1, pp. 29-38.
Pechmann, C. and D. W. Stewart (1988), "Advertising Repetition : A Critical Review of Wearin and Wearout," *Current Issues and Research in Advertising*, Vol. 11, No. 2, pp. 285-330.
Pedrick, J. H. and F. Z. Zufryden (1991), "Evaluating the Impact of Advertising Media Plans : A Model of Consumer Purchase Dynamics Using Single Source Data," *Marketing Science*, Vol. 10, No. 2, pp. 111-130.
Petty, R. E., J. T. Cacioppo and D. Schumann (1983), "Central and Peripheral Routes to Advertising Effectiveness : The Moderating Role of Involvement," *Journal of Consumer Research*, Vol. 10, No. 2, pp. 135-146.
Pieters, R., E. Rosbergen and M. Wedel (1999), "Visual Attention to Repeated Print Advertising : A Test of Scanpath Theory," *Journal of Marketing Research*, Vol. 36, No. 4, pp. 424-438.
Pieters, R. and M. Wedel (2004), "Attention Capture and Transfer in Advertising : Brand, Pictorial, and Text-Size Effects", *Journal of Marketing*, Vol. 68, No. 2, pp. 36-50.
Pieters, R. and M. Wedel (2007), "Goal Control of Attention to Advertising : The Yarbus Implication," *Journal of Consumer Research*, Vol. 34, No. 2, pp. 224-233.
Pieters, R., M. Wedel and J. Zhang (2007), "Optimal Feature Advertising Design Competitive Clutter," *Management Science*, Vol. 53, No. 11, pp. 1815-1828.
Preston, I. L. and J.I. Richards (1989), "The Costs of Prohibiting Deceptive Advertising —Are They as Substantial as Economic Analysis Implies?" *Advances in Consumer Research*, Vol. 16, No. 1, pp. 209-214.
Preston, I. L. and J.I. Richards (1993), "A role for consumer belief in FTC and Lanham Act deceptive advertising cases," *American Business Law Journal*, Vol. 31, No. 1, pp. 1-29.
Preston, I. L. (1983), "A Review of the Literature on Advertising Regulation," *Current Issues & Research in Advertising*, Vol. 6, No. 2, pp. 1-37.
Preston, I. L. (1987), "A Review of the Literature on Advertising Regulation, 1983-1987," *Current Issues & Research in Advertising*, Vol. 10, No. 2, pp. 297-325.
Ray, M. L. and A. G. Sawyer (1971a), "Behavioral Measurement for Marketing Models : Estimating the Effects of Advertising Repetition for Media Planning," *Management Science*, Vol. 18, No. 4, pp. 73-89.

Ray, M. L. and A. G. Sawyer (1971b), "Repetition in Media Models: A Laboratory Technique," *Journal of Marketing Research*, Vol. 8, No. 1, pp. 20-29.

Rethans, A. J., J. L. Swasy and L. J. Marks (1986), "Effects of Televison Commercial Repetition, Receiver Knowledge, and Commercial Length: A Test of the Two-Factor Model," *Journal of Marketing Research*, Vol. 23, No. 1, pp. 50-61.

Richards, J. I., J. C. Andrews and T. Maronick (1995), "Advertising research No.s from FTC versus Stouffer Foods Corporation," *Journal of Public Policy & Marketing*, Vol. 14, No. 2, pp. 301-309.

Richards, J. I. and I. Preston (1992), "Proving and Disproving Materiality of Deceptive Advertising Claims," *Journal of Public Policy & Marketing*, Vol. 11, No. 2, pp. 45-56.

Rosbergen, E., R. Pieters and M. Wedel (1997), "Visual Attention to Advertising: A Segment-Level Analysis," *Journal of Consumer Research*, Vol. 24, No. 3, pp. 305-314.

Rosch, J. T. (1975), "Marketing Research and the Legal Requirements of Advertising," *Journal of Marketing*, Vol. 39, No. 3, pp. 69-72.

Rossiter, J. R. and P. J. Danaher (1998), *Advanced Media Planning*, Kluwer Academic Publishers.

Russo, J. E., B. L. Metcalf and D. Stephens (1981), "Identifying Misleading Advertising," *Journal of Consumer Research*, Vol. 8, No. 2, pp. 119-131.

Sawyer, A. G. and D. J. Howard (1991), "Effects of Omitting Conclusions in Advertisements to Involved and Uninvolved Audiences," *Journal of Marketing Research*, Vol. 28, No. 4, pp. 467-474.

Sawyer, A. G. and R. J. Semenik (1976), "Carryover Effects of Corrective Advertising," *Advances in Consumer Research*, Vol. 5, No. 1, pp. 343-351.

Schlinger, M. J. (1979), "A Profile of Responses to Commercials," *Journal of Advertising Research*, Vol. 19, No. 2, pp. 37-46.

Schumann, D. W., R. E. Petty and D. S. Clemons (1990), "Predicting the Effectiveness of Different Strategies of Advertising Variation: A Test of the Repetition-Variation Hypotheses," *Journal of Consumer Research*, Vol. 17, No. 2, pp. 192-202.

Schutz, H. G. and M. Casey (1981), "Consumer Perception of Advertising as Misleading," *Journal of Consumer Affairs*, Vol. 15, No. 2, pp. 340-357.

Sethuraman, R. and G. J. Tellis (1991), "An Analysis of the Tradeoff Between Advertising and Pricing," *Journal of Marketing Research*, Vol. 31, No. 2, pp. 160-174.

Shimp, T. A. (1978), "Do Incomplete Comparisons Mislead?" *Journal of Advertising Research*, Vol. 18, No. 6, pp. 21-27.

Shimp, T. A. (1979), "Social Psychological (Mis) Representations in Television Advertising," *Journal of Consumer Affairs*, Vol. 13, No. 1, pp. 28-40.

Shimp, T. A. and Preston, I. L. (1981), "Deceptive and Nondeceptive Consequences of Evaluative Advertising," *Journal of Marketing*, Vol. 45, No. 1, pp. 22-32.

Siddarth, S. and A. Chattopadhyay (1998), "To Zap or Not To Zap: A Study of the Determinants of Channel Switching During Commercials," *Marketing Science*, Vol. 17, No. 2, pp. 128-138.

Simon, H (1982), "ADPLUS: An Advertising Model with Wearout and Pulsation," *Journal of Marketing Research*, Vol. 19, No. 3, pp. 352-363.

Singh, S. N. and C. A. Cole (1993), "The Effects of Length, Content, and Repetition on Television Commercial Effectiveness," *Journal of Marketing Research*, Vol. 30, No. 1, pp. 91-104.

Singh, S. N., M. L. Rothschild and G. A. Churchill Jr. (1988), "Recognition Versus Recall as Measures of Television Commercial Forgetting," *Journal of Marketing Research*, Vol. 25, No. 1, pp. 72-80.

Smith, D. C. and C. W. Park (1992), "The Effects of Brand Extensions on Market Share and Advertising Efficiency," *Journal of Marketing Research*, Vol. 29, No. 3, pp. 296-313.

Snyder, R. (1989), "Misleading Characteristics of Implied-Superiority Claims," *Journal of Advertising*, Vol. 18, No. 4, pp. 54-61.

Sriram, S., S. Balachander and M. U. Kalwani (2007), "Monitoring the Dynamics of Brand Equity Using Store-Level Data," *Journal of Marketing*, Vol. 71, No. 2, pp. 61-78.

Tellis, G. J. (1988a), "Advertising Exposure, Loyalty and Brand Purchase: A Two Stage Model of Choice," *Journal of Marketing Research*, Vol. 25, No. 2, pp. 134-144.

Tellis, G. J. (1988b), "The Price Elasticity of Selective Demand," *Journal of Marketing Research*, Vol. 25, No. 4, pp. 331-341.

Tellis, G. J. (2004), *Effective Advertising: Understanding When, How, and Why Advertising Works*, Sage Publications.

Tellis, G. J., R. Chandy and P. Thaivenich (2000), "Which Ad Works, When, Where, and How Often? Modeling the Effects of Direct Television Advertising", *Journal of Marketing Research*, Vol. 37, No. 1, pp. 32-46.

Unnava, H. R. and D. Sirdeshmukh (1994), "Reducing Competitive Ad Interference," *Journal of Marketing Research*, Vol. 31, No. 3, pp. 403-411.

Vakratsas, D. and T. Ambler (1999), "How Advertising Works: What do we really know?", *Journal of Marketing*, Vol. 63, No. 1, pp. 26-43.

Volkov, M., M. Harker and D. Harker (2006), "People Who Complain about Advertising: The Aficionados, Guardians, Activists and Seekers," *Journal of Marketing*

Management, Vol. 22, No. 3/4, pp. 379-405.

Wells, W. D., C. Leavitt and M. McConville (1971), "A Reaction Profile for TV Commercials," *Journal of Advertising Research*, Vol. 11, No. 6, pp. 11-17.

Wilkie, W. L., D. L. McNeill and M. B. Mazis (1984), "Marketing's "Scarlet Letter": The Theory and Practice of Corrective Advertising," *Journal of Marketing*, Vol. 48, No. 2, pp. 11-31.

Wright, A. A. and J. G. Lynch Jr. (1995), "Communication Effects of Advertising Versus Direct Experience When Both Search and Experience Attributes Are Present," *Journal of Consumer Research*, Vol. 21, No. 4, pp. 708-718.

Zaichkowsky, J. L. and D. P. Sadlowsky (1991), "Misperception of Grocery Advertising," The Journal of Consumer Affairs, Vol. 25, No. 1, pp. 98-109.

Zhang, J., M. Wedel and R. Pieters (2009), "Sales Effects of Attention to Feature Advertisements: A Bayesian Mediation Analysis," *Journal of Marketing Research*, Vol. 46, No. 5, pp. 669-681.

Zielske, H. A. (1959), "The Remembering and Forgetting of Advertising," *Journal of Marketing*, Vol. 23, No. 1, pp. 239-243.

Zielske, H. A. and Henry, W. A. (1980), "Remembering and Forgetting Television Ads," Journal of Advertising Research, Vol. 20, No. 2, pp. 7-13.

Zinkhan, G. M. and C. Fornell (1985), "A Test of Two Consumer Response Scales in Advertising," *Journal of Marketing Research*, Vol. 22, No. 4, pp. 447-452.

索　引

〈欧文〉

AGFI　93, 198
AIC　93, 200
CART　210
Cronbach の α　117, 142
DAGMAR　15, 193
GFI　93, 198
Jaccard 係数　158
Key Graph　157
Koyck 型　43, 60
Mind-TOP™　58, 59, 91
RMR　96
RMSEA　93, 198
Scheffé 法　80
SKU　91
S-O-R モデル　2
Ward 法　79, 178

〈ア行〉

赤ノード　158
一様型　33
因子分析　77, 117, 142
インターネット調査　61
ウェアアウト　7, 39, 40, 43, 50, 195, 209, 218
ウェアイン　39, 195, 218
打消し表示　108, 138, 140
永続的関与　113
オーダーメイド型 CM カルテ　211

〈カ行〉

外生変数　36, 114, 143
階層効果モデル　3, 38
外的探索　2
価格感受性　38
価格弾力性　36
学習　39, 66
──── 構成概念　3
価値観　7, 113, 142
感情的関与　113
感情的反応　13, 14, 17, 74, 76
間接効果　124, 128, 203
観測変数　142, 197, 205
関与　7, 17, 113
企業イメージ　8
キャリーオーバー効果　34, 36
行政指導　111
強調表示　108, 138, 140
共分散構造分析　92, 117, 142, 197
クォータ法　61
口コミ　2, 246
──── 効果　33
クラスター　158
──── 分析　79, 178
繰り返し効果　13, 19
黒ノード　158
経験財　38, 113
警告　29, 107, 111
景品表示法　29, 108
決定木　210
好意　55, 73
──── 度　7, 73, 169
広告
──── イメージ　73, 76, 78, 169, 171
──── 関与　113
──── 想起継続率　55, 58, 70
──── 想起参入率　55, 58, 70
──── 弾力性　37
──── 投下量　6, 33, 44, 57, 67, 89, 103, 218
──── 媒体　7
──── 表現内容　6, 22, 32, 48
──── への態度　10, 13, 14, 16, 104, 117, 143
交互作用　42

公正取引委員会　29, 107
行動的態度　74
購買
───意図　5, 55, 73, 74, 82, 104, 169
───関与　113
───行動　5
個人要因　7, 113
誤認　7, 22, 23, 28, 107

〈サ行〉

サービス・ドミナント・ロジック　135
再生率　14, 45
ザッピング現象　43
残存効果　34, 60
時系列データ　34
刺激　2
────反応モデル　2
視標追跡法　15, 20, 247
実験群　25
実験手法　25
実体的刺激　2
質的効果　9
シナジー効果　34
島　158
シミュレーション　66
社会的刺激　2
従属変数　63
自由度調整済み決定係数　62
周辺ルート　17
順向効果　21
状況関与　113
使用経験　38
象徴的刺激　2
情緒の態度　74
消費者情報処理　4
シングルソース　193
シンジケート型CMカルテ　211
信頼財　28, 38, 113
スキャンパネルデータ　44
スピルオーバー効果　31
スプリットケーブル・テスト　32

精緻化見込みモデル　17
製品
───カテゴリー　55, 61, 70, 98, 176
───関与　91, 113
───ライフサイクル　36, 37, 176
潜在変数　100, 117, 142, 197
想起集合　59
総合効果　124, 128, 203
測定尺度　2, 10, 13, 41

〈タ行〉

対照群　25
態度　3, 5, 74
多重比較　80
但し書き　28, 113
多母集団の同時分析　99, 125, 148, 151
短期記憶　4, 5
短期効果　8, 9, 10, 13, 22
探索財　38
遅延効果　21, 25, 42, 195
知覚　2, 28
───価値　30
───構成概念　2
───品質　20, 30, 36
知識　5
茶筌　157
注意（刺激─反応モデル）　2
注意（誤認関連）　29, 107, 111
中枢ルート　17
長期記憶　4, 5
長期効果　8, 9, 10, 29, 32, 39
直接効果　124, 203
低関与学習　22
訂正広告　23, 28
データ・マイニング　209, 238
手がかり　30
テキスト・マイニング　157, 247
デメリット表示　113
テレビCMカルテ　75
店頭配荷　8, 89
───率　91, 102

索　引　269

投下パターン　67
統合型マーケティング　6
独立変数　63
トラッキング　58, 71, 204, 246

〈ナ行〉

内生変数　166
内的整合性　118, 142
二重媒介仮説　16
認知　5
────的関与　113
────的態度　74
────的反応　15, 74, 76
────率　55, 70, 73, 80, 89, 169
ネガティブ効果　9, 10

〈ハ行〉

媒介変数　46, 89, 127, 204, 209
排除命令　111, 137, 140
ハブ　158
バラエティ・シーキング　17, 98
パルシング型　33, 43, 240
ハワード-シェスモデル　2
反応　2
非標準化係数　101, 126
標準化係数　100
標準誤差　101, 126
フィードバック　8
プッシュ戦略　48, 89
不当表示　108
フライティング型　240
ブランド
────・アイデンティティ　59
────・イメージ　5, 29, 30, 115, 143
────・エクイティ　5, 10, 29, 56, 169
────・スイッチ　34
────・パワー　55, 56, 59, 60, 70
────・マネジメント　56
────・ロイヤルティ　29, 43

────育成　10, 55, 205
────拡張　30
────価値　10, 29, 49, 55, 115
────考慮率　60
────属性　30
────知識　7
────知名　5
────認知　30
────への態度　10, 13, 14, 16, 104
────要因　7, 113
────理解　3
────連想　5, 30
フリークエンシー　38
プル戦略　48, 89
プロモーション効果　7, 13, 47
分散分析　80
文脈　21
ベネフィット　59
忘却　45, 66
ポジティブ効果　9, 10
ホリスティック・マーケティング　5

〈マ行〉

マーケティングROI　104, 205
メタ分析　29, 35
メディア・ミックス　103, 196, 245
メンタル・プロセス　10, 29, 103, 194, 245

〈ヤ行〉

有利誤認　29, 110
優良誤認　29, 110, 137

〈ラ行〉

ライフスタイル　114
リーチ　38
理解　5, 55, 74
量的効果　9
連続型　43, 240
累積効果　49, 169, 171, 198

筆者紹介

1978年	お茶の水女子大学家政学部食物学科卒業
1996年	筑波大学大学院修士課程 経営・政策科学研究科経営システム科学専攻修了 修士（経営学）
1999年	筑波大学大学院博士課程 経営・政策科学研究科企業科学専攻修了 博士（経営学）
1978年	ライオン株式会社入社 家庭科学研究所，広告制作部にて勤務
2001年	株式会社電通EYE入社 ブランド戦略プランニング室室長を経て
2003年	法政大学経営学部教授 現在にいたる
2009年〜現在	日経広告研究所客員
2015年〜2021年	内閣府消費者委員会・新開発食品調査部会臨時委員
2019年〜現在	日本広告学会理事
2020年〜現在	アルフレッサ ホールディングス株式会社社外取締役

主要業績

- 編著 『リレーションシップのマネジメント』文眞堂（2014）
- 「ブランド・コミュニティ研究へのマルチレベル分析の適用可能性－Facebookページへのリレーションシップがロイヤルティに及ぼす影響の検討－」『イノベーション・マネジメント』，16巻53-78頁（2019）
- 「Facebookページにおける消費者エンゲージメント行動：『いいね』とコメントの差異」『イノベーション・マネジメント』，17巻59-88頁（2020）
- 「Facebookページにおけるネガティブ効果の発生とリレーションシップへの影響」『イノベーション・マネジメント』，18巻55-88頁（2021）

広告コミュニケーション効果

ホリスティック・アプローチによる実証分析

2010年10月1日　初　版
2013年9月1日　第2刷
2021年10月20日　オンディマンド版1刷

著作者　竹内　淑恵（たけうち　としえ）
発行者　千倉　成示

〒104-0031　東京都中央区京橋2-4-12
㈱千倉書房
TEL 03（3273）3931　FAX 03（3273）7668
https://www.chikura.co.jp/

©2010 竹内淑恵，Printed in Japan
印刷・製本　藤原印刷株式会社
ISBN978-4-8051-0954-0
乱丁・落丁本はお取り替えいたします

JCOPY 〈(社)出版者著作権管理機構 委託出版物〉

本書のコピー，スキャン，デジタル化など無断複写は著作権法上での例外を除き禁じられています。複写される場合は，そのつど事前に，(社)出版者著作権管理機構（電話03-5244-5088，FAX 03-5244-5089，e-mail: info@jcopy.or.jp）の許諾を得てください。また，本書を代行業者などの第三者に依頼してスキャンやデジタル化することは，たとえ個人や家庭内での利用であっても一切認められておりません。